상가 투자에 돈 있다

아파트보다 안전하고 펀드보다 수익률 높은

상가투자에 돈 있다

경국현 지음

이코_북
Eco.BooK

아파트보다 안전하고 펀드보다 수익률 높은

상가투자에 돈 있다

초판 1쇄 발행 2007년 12월 27일
초판 5쇄 발행 2016년 4월 28일

지은이 경국현

펴낸이 박종홍
펴낸곳 이코북

주소 서울시 구로구 경인로 55 재도빌딩 206호
전화 (02)335-6936 **팩스** (02)335-0550
이메일 happybookpub@gmail.com

ISBN 978-89-90856-26-5 03320
값 15,000원

돈이 되는 상가, 독이 되는 상가

'돈 되는 상가 하나 가졌으면' 하는 바람을 누구나 가지고 있다. 단지 그렇게 할 수 없는 경제적 상황을 안타까워 할 뿐이다. 그러다가 종자돈이 모이면 상가 투자에 관심을 가져보지만, 상가 투자를 한다는 것은 말처럼 그리 쉬운 일이 아니다.

어떻게 보면 부동산 투자는 자본주의 사회에서 일반인이 실천할 수 있는 최고의 사고파는 행위다. 왜냐하면 일반 투자자들이 가지고 있는 자산의 대부분을 투자하기 때문이다. 부동산 투자는 한 번 투자 행위를 하고, 투자 자금을 회수한 후 다시 투자하기까지 몇 년이 걸릴지 알 수 없다. 어쩌면 평생에 한두 번의 투자 행위로 끝날 수 있는 장기 투자의 성격이 강하다.

투자의 결과로 인해 투자자의 인생과 삶이 바뀔 수 있는 것이 부동산 투자다. 따라서 수익형 부동산인 상가에 투자하려면 각별히 신중을 기해야 하고, 가능한 모든 것을 세밀하게 검토한 후 투자 행위를 하는 것이 바람직하다.

상가 투자에는 여러 가지 종류가 있지만 대부분 상가 투자를 한다고 하면 신규 분양상가를 고려하는 것이 일반적이다. 따라서 이 책에서는 상가에 투자할 때 꼭 필요한 주요 검토사항을 필자의 신규 상가를 중심으로 한 분양 영업 및 투자 상담 사례를 중심으로 살펴보고자 노력했다. 또한 이론적으로 알고 있는 지식들이 실제 의사결정 및 투자 행위에 어떻게 접목할 수 있는지에 관심을 기울였다.

상가 분양시장에서 필자보다 더 많은 영업 경험을 가지고, 수많은 투자 상담을 했던 분양 현장의 선배들이 보기에는 이 책의 내용이 하수들이나 아는 수준일 수도 있다.

그러나 상가 투자를 하고 싶어 하는 일반 투자자들에게는 투자를 할 때 부딪칠 수 있는 다양한 상황에 대해 실제로 필자가 현장에서 경험한 사례 중심으로 이야기를 했으므로 충분한 간접 경험이 될 수 있다고 판단했다. 필자는 일반 투자자들이 이 책에 있는 상가 투자 성공 사례와 실패 사례를 통해 값비싼 수업료를 내는 일이 없기를 바란다. 부동산 투자는 한 번 실패하면 다시 회복할 수 없는 특징을 가지고 있으므로 돌다리를 두드리는 심정으로 이 책을 읽어보길 바란다.

어찌되었든 투자 행위에서 최종적인 책임은 투자자에게 있다. 분양 현장에 있는 영업사원이 화려한 미사여구와 달콤한 화법으로 투자 유혹을 했던, 미래가치가 없는 상가를 잘못된 시장조사 및 데이터 분석으로 투자 결정을 하게끔 조언했던, 담당 영업사원이나 조언을 해준 그 어떤 컨설턴트를 탓할 필요가 없다. 시행사의 부도로 사업이 중단돼 투자 원금을 날렸어도, 그 모든 책임은 투자자가 혼자 짊어져야하는 것이 현실이다.

상가 투자로 돈을 번 사람도 많고, 잃은 사람도 많다. 상가 투자에는 많은 기회가 있지만 또한 생각지도 않은 위험과 함정이 도사리고 있다. 상가 투자를 할 계획인 일반 투자자들에게 이 책이 상가 분양 시장을 제대로 이해해서 실패하지 않고 성공적인 투자를 하는데 조금이라도 도움이 되었으면 하는 바람을 가져본다.

끝으로 분양시장과 인연을 맺으면서 현장에서 함께 일하고, 물심 양면으로 도와주고, 격려해주는 부동산 업계의 많은 지인들에게 지면으로 감사의 말을 전한다.

2007년 12월
경국현

C O N T E N T S

3 초보자가 꼭 알아야 할 상가 투자 기초 지식 23가지

④ 상가 투자, 사업 타당성 분석 10가지

⑤ 초보자가 빠지기 쉬운 상가 투자의 함정

❻ 실전에 바로 써 먹는 상가 투자 노하우 8가지

1

상가 투자가 돈이 될 수밖에 없는 이유 5가지

돈 벌고 싶으면 수익형 부동산에 투자하자

　박남길(가명, 45세) 씨는 코스닥 업체 영업이사로 근무 중인데, 회사에서 받은 우리사주를 처분한 돈과 직장생활을 하면서 은행에 틈틈이 불입해왔던 적금을 해약해 조성한 5천만 원을 주식에 투자했다. 그는 서울 강북에 45평의 아파트를 소유하고 있는데다, 아내가 고등학교 수학교사로 일하고 있어 경제적 어려움은 없는 상황이었다.

　5천만 원은 전액 여유자금으로 주식에 투자하면서 심리적 압박감은 크게 없었다. 게다가 재테크 공부를 하는 셈치고 작정한 투자였기 때문에, 마음이 편한 상태로 주가의 등락에 일희일비 하지 않았다. 이 돈은 주가가 오르락내리락 하면서 7천만 원으로 올랐다가 5천만 원으로 떨어지기도 했다.

　하지만 1년 후, 이제 어느 정도 주식에 눈을 떴다고 생각할 무렵 뜻밖의 일을 당하고 말았다. 이른바 '작전주'에 휘말려서 5천만 원이 600여만 원으로 토막난 것이다.

　이 무렵에 박이사와 필자의 인연이 시작됐다. 당시 박이사는 여윳돈으로 투자한 것이라 경제적으로 큰 타격을 받은 것은 아니지만 자존심이 상당히 상해 있었다.

필자는 박이사에게 '상가 투자에 관심을 가져보라.'고 권했지만, 그는 부동산 투자보다 주식투자에 관심이 훨씬 더 많아서 처음에는 부동산 투자에 부정적인 견해를 갖고 있었다. 그러나 필자와 몇 차례의 만남을 통해 부동산 투자가 아파트, 상가, 토지, 교환, 경매, 빌딩, 오피스 등에 따라 그 접근 방법이 다르고, 또 세부적으로 들어가게 되면 각각의 특성에 따라 공부해야 할 부분이 다양함을 알게 되었다. 그러던 어느 날 상가에 투자하고 싶다면서 필자에게 자문을 구했다.

주식에 대한 투자 논리를 갖고 있어서일까? 상가 투자는 철저하게 투자 논리로 이해하고 접근해야 한다는 지적을 박이사는 쉽게 이해했다.

그런 만남이 있고나서 약 6개월 뒤쯤 박이사가 요구하는 것과 유사한 물건이 나타났다. 필자는 실 투자금 3억 5천만 원 정도에서 아파트 단지 입구에 있는 근린상가의 투자 타당성을 나름대로 설명했다. 수익률 약 9%에 임대가 맞추어진 신규 상가였다. 박이사는 그동안 상가 투자에 대한 공부가 있어서 그랬는지 바로 의사결정을 했다. 2005년 초에 소개해준 그 상가는 현재 1억 원 정도의 시세 차익이 예상된다. 박이사는 지금 월 순수익 250만 원 정도의 임대료 수입에다 시세 차익까지 볼 수 있음에 상당히 만족하고 있다.

자본주의 사회에서 투자는 기본이다

　자본주의 사회에서의 투자 활동은 사회인의 한사람으로서 살아가기 위한 기본 활동 중의 하나다. 현 사회에서 투기 개념이 아닌 합법적으로 투자 행위를 할 수 있는 것들은 여러 가지가 있을 수 있지만 크게 주식, 채권, 부동산으로 요약할 수 있다. 다른 여러 가지 투자도 있을 수 있지만 이 세 가지가 대다수의 일반인이 할 수 있는 투자 활동의 기본이다. 자본주의 사회에서는 누구나 돈을 벌어야 한다. 먹고 자고 입는 기본적인 사람살이에도 돈은 꼭 필요하다. 그렇다면 이렇게 꼭 필요하고 소중한 돈은 어떻게 벌고, 모아서 크게 불릴 수 있을까?

　돈은 국가, 기업, 일반인의 투자 활동으로 인해 주식, 부동산, 채권으로 이동하면서 움직여 가고 있다. 이것이 돈이 움직이는 원리고 흐름이다. 누구나 투자를 통해 돈을 모으고 돈을 불리고 싶을 것이다. 그러나 주식에 투자를 했거나 부동산에 투자를 했거나 소위 돈을 벌었다고 하는 사람들을 주변에서 만나보기란 어려운 일이다. 한순간은 돈을 벌었다는 사람이 있지만 계속적으로 투자 자금을 키워 가는 사람들은 극소수다. 대부분의 사람들이 쪽박 찬 후 손 털고 나오는 게 현실이다. 이유가 뭘까? 그것은 해당 시장에 대한 지식과 투자 환경의 변화를 간과하기 때문이지만, 가장 근본적인 문제는 투자자의 마음 속에 있는 욕심 때문이다.

만약에 로또에 당첨된다면

　'로또복권 50억 원이 당첨되면 뭘 할까?' 대부분의 사람들은 이런 행복한 상상을 해보았을 것이다. 필자도 가끔 잠 못 드는 밤에 이런 공상을 해보면, 그 생각만으로도 기분이 좋아지면서 불면의 밤이 전혀 지루하지 않다.

일반적으로 로또에 당첨이 된다면 좀 더 좋은 주거환경과 입지를 갖춘 동네로 이사해 큰 평수의 집을 장만하는 것이 첫 번째 순서일 것이다. 다음으로는 그동안 돈 없어서 못해본 것들을 원 없이 해보지 않을까? 먹고, 입고, 놀아 볼 것이다. 하지만 먹고, 입고, 노는 비용은 생각만큼 많이 들지 않는다. 여기까지 사용해도 아마 50억 원에서 20억 원도 못 쓸 것이다. 나머지 30억 원을 어떻게 사용할까? 아마도 대부분의 사람들은 금융상품에 예치해 놓는 방법, 주식에 투자하는 방법, 그리고 부동산에 투자하는 방법 중 한 가지를 선택할 것 같다. 가장 많은 사람들이 부동산 투자를 선택할 것이고, 땅이나 아파트보다는 상가에 투자할 것이다. 그 이유는 생활비를 위해 일정한 임대 소득이 필요하고, 나중에 처분할 때 시세 차익도 노릴 수 있으며, 현금이 필요할 경우 쉽게 현금화 할 수 있는 환금성이 우수하기 때문이다.

●●° 앞으로는 수익형 부동산이 투자의 중심이 된다

부동산 시장뿐만 아니라 자본주의 사회에서 모든 시장은 항상 살아 있다. 머물러 있는 것은 이미 시장이 아니다. 살아 움직이고 변화 발전하는 것이 시장의 참모습이다. 그러므로 시장 참여자는 아무런 준비 없이 과거의 경험만으로 살아 움직이는 시장에 뛰어들어서는 안 된다.

아파트나 토지는 이제 투자 상품으로는 메리트가 점차적으로 떨어지고 있다. 정부의 아파트 공급정책, 부동산 보유에 대한 중과세, 세

계화되는 금융 환경, 지역개발의 한계, 고령화 사회, 부동산 투자에 대한 사회적 정서 등으로 분석해 볼 때 안정적인 임대 수익을 가져다 주는 수익형 부동산에 대한 투자 수요는 증가할 수밖에 없는 것이 부동산 시장의 큰 흐름이다.

부동산 투자의 트렌드가 변하고 있다. 부동산 투자를 하겠다고 하는 사람들이라면 이 트렌드를 주의깊게 살펴야 한다. 필자는 앞으로 몇 년간은 과도기라고 보고 있다. 최근에 각광을 받는 타운 하우스도 이러한 과도기에 나오는 현상으로 봐야 한다. '사두면 나중에 다 올라!' 라는 경험적 사고에서 나온 부동산 투자 마인드는 상가 투자에서 만큼은 이제 적용되지 않는다.

시장이 변하면 나도 변해야 한다. 그렇지 않으면, 부동산 투자로 돈 벌 생각을 버려야 한다.

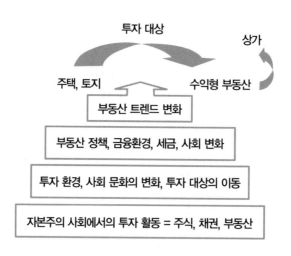

• 부동산 투자로 돈 벌려면 상가 투자가 좋다

　임대료 발생에 의한 안정적인 운영 수익과, 매도 시 예상할 수 있는 시세 차익을 통한 처분 수익을 노릴 수 있다는 것이 상가가 가지고 있는 최고의 장점이다.

　아파트나 토지는 미래를 예측하는 것이 상가보다 쉽다. 부동산 정책과 계획들에 대한 자료수집, 개발 가능성에 대한 타당성 등을 분석하다보면, 가격이 상승하는 지역이 어느 정도 예측 가능하고 그 변수라고 하는 것이 그리 많지 않다. 그러나 그런 지역이 나에게 올 확률은 지극히 낮다. '판교 로또'라는 말이 있었다. 당첨이 되면 돈이 되지만 내가 당첨될 확률이 낮은 것이다. 돈 되는 지역은 나에게만 정보가 열려 있는 것이 아니라, 국민 모두에게 열려 있는 정보이기 때문이다. 정보를 공유하는 인터넷 시대에 운에 맡기고 투자하는 행위는 이미 투자가 아니다. 따라서 아파트나 토지로 돈을 벌 수 있는 시대는 이제 서서히 가고 있다.

　하지만 상가는 예외다. 정보는 똑같이 열려 있지만, 그것을 해석하고 활용하는 방법에 따라 결과는 하늘과 땅 차이가 될 수도 있다. 이제는 투자자들이 정부의 부동산 정책, 낮은 금리, 고령화 사회, 국민 정서 등을 살펴보면서 상가 투자 시대가 다가오고 있다고 느껴야한다. 준비하는 자만이 돈을 번다.

　하지만 상가 투자에는 변수가 너무 많다. 그래서 그 변수를 알기 위해 공부해야 한다. 공부 안 하면 돈을 못 번다. 반대로 공부하면 99% 벌 수 있다. 상권이 좋다고, 접근성이 좋다고, 유동인구가 많다고 해서 투자했다가 쪽박 찬 투자자들이 많다. 반대로 접근성, 상권이 다소 안 좋아 보였어도 미래가치 및 변수에 대한 정확한 분석을 통해 대박을 만들어 낸 투자자들도 많다. 계약금 1억 원을 투자해 몇 개월 만에 1~2억 원을 만들어 낸 투자자들뿐만 아니라, 월 임대 수익만으로도 가족 생활비뿐만 아니라 취미생활과 문화생활로 여유롭게 인생을 보내는 투자자들이 한두 명이 아니다.

상가시장은 그 어떤 부동산 상품보다 더 빠르게 요동치면서 변하는 곳이다. 그래서 매력이 있는 시장이다. 정말이지 제대로 알고 투자만 잘하면 일반인들이 쉽게 생각할 수 없는 그런 돈을 벌 수 있다.

고령화 사회에서는 상가가 최고다

　김창식(가명, 60대) 씨는 퇴직 후 상가 투자에 대해 필자에게 상담 요청을 했다. 퇴직금과 그동안 여기 저기 투자해 놓았던 자금을 모아서 상가를 구입하고 싶다는 내용이었다. 상가 구입 목적은 안정적인 임대 소득을 통해 노부부의 여생이 다 할 때까지 생활비 및 용돈으로 사용하고자 함이다. 모 기업의 차장으로 일하는 아들이 있지만, 왠지 모르게 며느리에게 받는 용돈도 눈치 아닌 눈치가 보인다는 것이다. 신문에서 '노후 보장에는 상가가 좋다.' 라는 기사형 광고를 읽고 '바로 이거다.' 싶어 지인을 통해 필자에게 연락을 취한 경우다.

　그에게 투자가 가능한 금액이 약 6억 원 정도 있었다. 대출금을 약 30~40% 이용하면 약 10억 원대의 상가는 쉽게 구할 수 있을 것 같아서 수익이 나올만한 신규 상가를 집중적으로 찾아 다녔다. A급 상권에서 1층 전면부 상가를 10억 원대에 얻기는 좀 어려운 금액이지만, 당장 급하게 상가를 찾아야 하는 것이 아니므로 여유를 가지고 평소 알고 지내던 부동산 업자 및 분양 영업사원들에게 부탁을 해 놓았다.

　5개월쯤 지나서 서울 근교 K시에 있는 5층 건물이 10억 5천만 원에 수배 되었다. 임대 소득이 주목적이지 처분 소득이 주목적이 아니라서 향후 임대에 대한 공실 가능성 및 적정 임대가 수준을 중심으로 시장조사를 실시했다. 나름대로 탐문조사를 마친 결과 수익률 11.7%대라는 예상수익률이 나왔다. 물론 정확한 수익률 분석을 하면 조금 낮추어질 것이지만 큰 변수는 없다고 생각했다.

아무튼 1층부터 5층까지 임대료로 받는 월세 합계는 740만 원, 대출은 3억 원(대출이자 6.2%)이며, 보증금은 1억 5천만 원이었다. 매월 585만 원의 임대 소득으로 두 분이 생활하기에는 전혀 지장이 없는 금액이다. 지방이라고는 하지만 서울에서 자동차로 약 30분이면 도착하는 거리이므로 관리하는데 전혀 지장이 없어 보였다.

만약 서울이라면 위와 같은 수익률의 5층 건물을 구하기는 힘들다. 그러나 투자 목적이 처분소득을 염두에 둔 것이 아니라 노후 생활자금이 목적이므로 향후 환금성 및 미래가치를 중심으로 바라보는 처분소득은 검토에서 과감하게 생략했다.

월 580만 원 정도의 임대 수익은 노부부들이 아들과 며느리에게 눈치 안보고 당당한 생활을 할 수 있는 원동력이 되었다.

●°° 퇴직하고도 최소한 25년을 더 살아야 한다

한 분야에 평생 매진하며 사는 사람들이나 예술가들을 보면 먼저 부럽다는 생각이 든다. 일생 동안 자기가 좋아하는 일을 하면서, 먹고 사는 문제까지 해결 할 수 있으니 말이다.

직장생활을 하다 보면 사표의 유혹에 흔들리면서 갈등의 하루하루를 보내는 것이 평범한 샐러리맨이고, 언제 짤릴지 모르는 것이 386

세대, 사오정 세대라고들 한다. 평생 직업이 없으니, 제2의 직업, 제3의 직업을 준비해야 한다. 평균수명이 늘어남에 따라 경제 활동을 하는데 있어서도 예전에는 60세 정도에 은퇴하면 되었는데, 이제는 55세 쯤 은퇴해도 꽤 오래 버텼다는 생각이 드는 시대다. 아니 정년을 마치고 나서도 앞으로 대학졸업하고 살아온 세월만큼을 더 살아야 한다는 현실에 눈앞이 캄캄해질 수밖에 없다.

대부분의 직장인들은 55세를 전후해서 직장생활을 정리할 것이다. 경험생명표에 의하면 우리나라 남자의 평균수명은 77~78세다. 지금의 중년들이 그 나이가 되면 평균 수명은 85세를 전후 한다고 한다.

그렇다면 간단히 계산해도 55세 쯤 직장을 그만두고도 지금껏 학교 졸업 후 정년퇴직할 때까지 일해온 세월만큼을 더 경제적 소득을 창출하면서 살아야 한다는 것이다. 그 기나긴 세월을 새로운 직업으로 살아가면서 경제적 수입을 얻든지, 아니면 자식에게 의지하든지, 아니면 벌어 놓은 돈으로 생활을 해야 한다. 그러므로 학교 졸업 후 익히고 배운 경험과 기술로 평생 한 가지 직업만 갖고 살아가기란 하늘의 별따기 만큼이나 어려운 일이다.

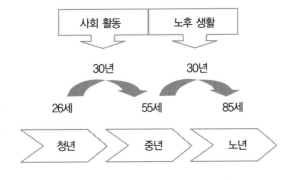

늙어서도 안정적인 수입이 필요하다

일반적인 상식이라면 늙고 힘 없으면 자식에게 의탁하고 남은 여생을 마감하는 것이 당연하다. 그런데 그 당연한 것이 이제 점점 눈치 보이고 낯설게만 느껴지는 사회가 되어가고 있다. 그리고 점차적으로 사회가 노령화가 되면서 나이 먹었다고 해서 자식들에게 손 벌리고 살 수도 없는 노릇이다. 자식들이나 나이 든 부모나 먹고 살기 위해서는 일을 해야 하는 시대가 왔다. 바야흐로 고령화 사회인 것이다.

최근에 어느 정도 나이가 있는 분들과 투자 상담을 하는 중에 투자 목적을 여쭈어 보게 되면 노후 걱정 때문에, 특히 배우자를 위해서 상가 하나 장만하려고 한다는 의견을 많이 듣는다. 자기가 죽으면 자식들에게 괄시받지 말고 당당하게 살기를 바라는 부부의 사랑인 것이다. 아마도 미래에 대한 불확실성 내지는 불안감 때문이라고 생각한다.

지금 인생의 중년을 살아가는 30대~50대 사람들에게 돈 없이 늙어가는 것은 이제 두려움이고 공포인 것이다. 그리고 언제부터인지 모르지만 우리나라 출산율이 떨어지고 있다. 세계에서 인정받는 저출산국이다. 우리나라가 세계에서 가장 빠르게 고령화 사회로 들어갈 것이라는 통계청 자료가 있는 것을 보면 고령화 사회는 이미 100% 예정되어 있다.

따라서 늙어서도 안정적인 수입이 필요하다. 최근 70세가 넘어서도 경제활동을 하는 분들을 만날 수 있다. 여유가 없기 때문이다. 여유에는 물질적, 심리적 여유가 있어야 하고, 그 어느 것도 소홀히 할 수 없다. 기대 수명이 85~90세를 기록할 지금의 중년들이 70~80세가 되는 30~40년 뒤에는 더욱 더 말할 필요가 없다.

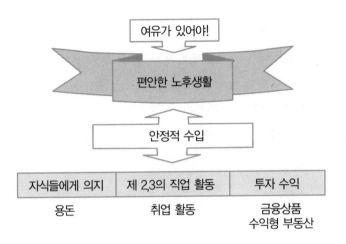

사는데 지장이 없다

일생에 있어서 경제적 소득의 정점에 있는 40대~50대들은 '상가 하나 가지고 있었으면' 하는 바람을 누구나 꿈꾸고 있다. 그래서 '상가를 살까? 아파트 평수를 늘려서 갈까?' 고민을 한다. 이 고민의 중심에는 '자식에게 눈치보며 몸을 맡길 것인지, 노후 대책을 제대로 세워야 할 것인지'가 또아리를 틀고 있다. 누군가가 상가 하나 가지고 있다고 하면 제일 먼저 드는 생각이 '뭐, 앞으로 먹고 사는데 지장은 없겠구나!' 이다. 결국 모아 놓은 현금이나 안정적인 수익이 없으면, 늙을 자유도 없는 것이 앞으로 다가올 고령화 사회다.

앞으로 외환위기 때처럼 고금리 시대가 올 것이라고 생각하는 사람은 없을 것이다. 물론 온다고 주장을 하는 사람들도 있겠지만 그것은 한나라의 경제구조, 산업구조, 대외 무역 규모, 국민 소득, 사회적 정서 등을 보았을 때 우리나라에서 또다시 과거의 고금리 시대, 즉 은행에 목돈을 넣어 놓고 이자로만 가정 경제를 꾸려 나가는 것은 힘들다는 것이 경제학자들의 주장이다.

이러한 저금리 시대 경제구조에서 은행 금리보다 아주 월등하면서 꾸준하게 임대 소득이 보장되는 상가는 지금 중년을 보내고 있는 40대~50대들에게는 엄청난 유혹이다. 고령화 사회에는 매월 꾸준하게 임대 소득이 발생하는 상가 이상의 투자 상품은 없기 때문이다.

내 주머니에 돈이 있어야 부자다

　김선희(가명, 37세) 씨는 인터넷 모임에서 필자와 만났다. IT업계에서 기업 경영 컨설팅을 하는 컨설턴트로서 남부럽지 않은 연봉을 받고 있고, 회사도 나름대로 인지도가 있는, 국내에서 알아주는 리딩 업체였다. 아직 미혼이었던 그녀는 임대 수익과 시세 차익을 함께 노리고 있었다. 다소 공격적인 투자 마인드를 갖고 있는 사람이란 것을 처음 상담 의뢰를 한 이메일을 통해 알 수 있었다.

　재테크에 많은 관심이 있는 분으로 주식에도 상당한 금액을 투자하는 여성이었다. '먼 미래를 위해서는 주식보다 부동산이 더 안정적인 투자일 것 같다.'는 생각의 전환으로 필자에게 신규 상가에 대한 투자 상담을 의뢰하게 된 것이다.

　투자 상담을 하고 한 2개월쯤 뒤에 경기도 일산에 있는 지하철 역 앞에 있는 1층 근린상가를 추천했다. 그 상가는 준공까지 약 1년 정도 남아 있었다. 그래서 투자 결정을 한동안 미루던 중에 필자가 계산해 준 입점 가능 업종에 대한 분석과 예상수익률을 보고는 투자 결정을 했던 것으로 기억한다. 무엇보다 상가 투자를 확신한 결정적 계기는 입점 가능 업종에 대한 필자의 의견에 공감했기 때문이다.

준공 시점 3개월 전쯤에서 예상했던 대로 유명 브랜드 커피숍에 임대가 되었다. 수익률은 11% 수준으로서 거의 연봉 수준의 수익을 상가 투자로 만들어 낸 것이다. 즉 정상적인 직장생활로 인한 급여 외에 매월 월급 수준의 돈이 통장에 입금된다.

소개를 하고 난 후 한동안 잊고 있었는데 연락이 왔다. 그는 함께 식사를 하면서 "돈이 통장에 매월 꼬박 꼬박 쌓이는 것이 너무 좋다. 월급만으로도 생활비를 충당하고 어느 정도 저축을 할 수 있다. 월급여 수준의 돈이 별도로 통장에 들어오는 기분은 아무도 모를 것이다. 그래서 그런지 직장생활도 더 재미있다."라며 자랑을 했다.

●ᵒ 돈은 굴려야 한다

부자가 되는 방법은 간단하다. 돈이 들어오면 '어떻게 어디에 돈을 사용할까?' 하면서 돈쓰는 재미로 사는 것이 아니라, 들어온 돈을 '어떻게 굴려서 더 큰 돈을 만들 수 있을까?' 하고 고민하는 사람들이 부자가 될 확률이 높다. 재테크의 시작은 돈을 굴려야 한다고 생각하는 순간부터다. 돈이 굴러가는 과정에 좀 더 큰 뭉칫돈이 되기 위해서는 현금화할 수 있는 중간 작업이 필요하다.

상가는 부동산 상품 중에서 현금화가 아주 용이한 투자 상품이다. 매월 임대 소득은 생활을 보다 윤택하게 할 뿐만 아니라, 좀 더 다양한 투자 상품에 관심을 갖게 해줄 수 있으며, 향후 시세 차익은 보다 더 큰 투자 상품을 검토할 수 있게 해준다.

그래서 어느 정도 목돈이 생기면 부동산 투자에 관심을 가지게 되고, 수익형 부동산인 상가를 중심에 놓고 검토한다. 앞에 언급한 김선희 씨는 누구보다 발 빠르게 그리고 지혜롭게 움직인 사례다. 주식 투자를 하면서 투자에 대한 기본적인 감각을 익히고, 주식과 금융상품을 통해 어느 정도의 자금이 모이자 과감하게 상가 투자에 관심을 가진 것이다. 상가 투자로 인해 매월 발생하는 임대료는 또 다른 금융상품의 투자원금이 되고, 상가의 시세도 꾸준히 상승세에 있으므로 김선희 씨가 운영하는 돈은 주식에서 상가로, 다시 상가에서 주식으로 오고 가면서 점점 덩치를 키워 나가는 것이다.

아무튼 월급에 헉헉거리면서 하고 싶은 취미생활은 꿈으로만 그저 간직하고 '언젠가는 하겠지!' 하는 일반인들에 비하면, 자신의 일상적인 생활과 취미 생활을 하고도 여윳돈이 매월 발생하고, 그 여윳돈이 금융상품으로 재투자되고 있는 김선희 씨는 부자라고 봐야 할 것이다.

재테크가 그림으로 끝나면 안 된다

일반 사람들이 재테크를 한다고 하면 제일 먼저 금융상품을 살펴볼 것이다. 금융상품을 통한 목돈 마련이 아마도 대부분 1차적인 접근 방법일 것이며, 그 외에 보험, 연금 등의 금융자산 포트폴리오를 구성하리라 생각한다. 여기까지는 거의 누구나 하는 재테크 방식이다. 그러면서 어느 정도 나이가 들고, 사회적 경험이 쌓여나가면서 재테크 하면 바로 주식이나 부동산을 떠올린다.

아마도 여기서부터가 정말 재테크다운 재테크일 것이다. 주식이나 부동산은 장밋빛 그림이 아주 잘 그려지는 재테크 상품들이기 때문이다. 물론 그것이 그림으로 끝나서 아쉽기는 하지만 말이다. 누구나 호랑이를 그리고 싶지만 시간이 지나감에 따라 고양이를 그리고 있는 자신을 발견하고 낙담하는 것이 인지상정이다. 그나마 고양이라도 그려지면 다행이다. 이도 저도 아닌 그림이 그려지면 그야말로 쪽박이다.

땅 부자는 부자가 아니다

부동산이라는 것이 사놓고 있으면 돈을 벌어 주는가? 아니다. 팔아서 현금화해 내 주머니에 넣어야 비로소 나의 돈인 것이다. 사람마다 견해 차이는 있겠지만 필자는 '장부상 부자는 부자가 아니다.' 라고 본다. 땅 부자는 굶어 죽을 수도 있다. 주식으로 돈을 벌었다고 오늘 흥청망청 술 먹었다가 내일 아침 주식이 폭락해 결국에는 깡통계좌가 되어 버리는 경우도 많다. 현명한 주식 투자자는 주식이 올라서 투자원금이 장부상 플러스가 되면, 바로 플러스 된 것만큼 빼서 현금화 하는 사람들이다.

땅 많은 거지를 부러워 할 필요는 없다. 그런 사람들은 죽을 때까지 궁색하게 살다가 세상을 하직하는 경우가 많다. 결국 그 땅은 자식들이 혹은 엉뚱한 사람들이 재산 정리하여 현금을 가지고 폼 나게 사는 법이다. 필자가 아는 분도 비교적 많은 부동산을 선대로부터 물려받았지만 당신은 선대의 유산이라 팔 수 없다고 생각해 허물어져 가는 시골의 초라한 주택에서 쓸쓸히 말년을 보냈다. 하지만, 그 분이 세상을 떠나자마자 각지에 흩어져 살고 있던 다섯 명의 자녀들이 모든 부동산을 바로 현금화해 분배하는 것을 보고 땅 부자는 부자가 아니라는 생각이 들었다.

상가 투자는 미래가치에 투자하는 것이다

홍미연(가명, 42세) 씨는 고등학교에 다니는 아들, 중학생의 딸이 있지만 남편과 사별하여 홀로 경제생활을 책임져야 하는 분이었다. 필자와는 인터넷을 통해 인연을 맺었다. 홍씨로부터 "상가를 하나 사고 싶은데 도움을 받고 싶다."는 메일을 받았다. 홍씨와 연락을 취하여 투자 금액을 알고는 철저하게 안정적인 임대 수익을 줄 수 있는 신규 분양 상가를 찾아 다녔다.

한동안 눈에 띄는 상가가 없었는데 모 분양 영업사원으로부터 연락이 왔다. 선임대가 맞추어진 분양 물건이 있으니 보러 오라고 해서 허겁지겁 달려가 보니 뚜레쥬르가 입점해 영업을 개시한지 1주일이 된 신규 분양 점포였다. 분양도 되기 전에 임대가 맞추어진 것이다. 2층에는 국민은행이 있고, 5층, 6층에는 학원이, 4층에는 병원과 한의원이 입점 예정이었다. 분양도 다른 곳은 빠져 나갔는데 뚜레쥬르가 코너 상가임에도 불구하고 분양이 안 되어 있었다.

원인을 분석해 보니, 코너 상가라서 분양가격이 높았고, 주변의 시세보다 다소 비싼 금액이었다. 상권이 활성화 되어 있는 지역도 아닌 일반 아파트 지역 앞 로터리에 위치한 근린상가이고, 수익률이 7% 정도로 계산되었다. 그러니 투자자들이 좀 망설였던 것이다.

그러나 현장조사를 통해 내막을 들여다보니 7%의 임대수익률은 뚜레쥬르를 선임대 하면서 임대를 맞추어 주고자 낮은 임대료가 책정된 것을 확인할 수 있었다. 정상적인 임대료라면 10% 정도의 수익률을 쉽게 예상할 수 있었다. 그리고 전체적인 소비 경기가 안 좋은 시점이기 때문에 앞으로 경기가 더 나빠지지 않는다면 수익률은 더 올라가면 올라갔지 떨어질 확률은 낮았다. 즉 현재보다는 미래가 더 좋아 보이는 상가였다.

뚜레쥬르의 인테리어가 그 로터리에서 제일 멋졌다. 입지나 접근성, 코너 상가, 신규 상가 건물, 배후에 신규 아파트 단지 등을 보았을 때 가치는 잠재력이 있는데 단지 임대 수익이 7%라는 것이다. 7%가 작은 숫자는 아니지만 강남이나 1급 상권이 아니기 때문에 일반 투자자들에게 7%가 불안하게 다가왔을 수도 있다고 판단했다. 홍미연 씨에게 연락해 위 상가를 보여 주고, 2년 뒤 다시 임대할 경우 임대료 조정이 가능하며, 안정적인 임대 수익으로서는 다소 미흡하지

홍미연 씨 투자 물건인 뚜레쥬르

만 향후 처분시 점포 소유자로서 많은 이득을 볼 수 있을 것이므로 의사결정을 하도록 했다. 그리고 필자는 취득한 정보를 통해 가치 분석을 했을 경우 향후 약 2년 후에는 시세 차익을 최소 1억 원 이상 쉽게 볼 수 있을 것으로 말씀드렸다.

1년 정도가 지난 시점에 홍미연 씨에게 연락을 취해 부동산에 매물로 내놓아 볼 것을 권유했다. 그리고 초기 매입 가격보다 2억 원 정도 높게 내놓으라고 했다. 이유는 뚜레쥬르의 매출이 기대 이상으로 잘 되고 있다는 정보를 입수했기 때문이다. 또한 처음에 필자가 물건을 분석할 때 취득한 정보 중에 뚜레쥬르 점포사업자가 분양을 받고자 분양 대행사와 상담을 했던 것을 알고 있었다. 단지 분양을 받아서 하는 것이 유리한지, 임차를 얻어서 하는 것이 유리한지 저울질 하다가 분양을 포기하고 임대차 계약을 했는데 상가에 대한 가치를 과소평가 한 것이다.

최종적으로 매입자는 뚜레쥬르 점포사업을 하고 있던 사장님이 매입했는데 가치 분석에 대한 판단 실수로 1억 5천만 원을 더 주고 상가를 매입하게 되었던 것이고, 홍씨는 1억 5천만 원을 1년 만에 벌 수 있었던 것이다. 다른 사람에게 매도가 되면 1년 뒤에 임대차 계약에 대한 보장을 받을 수 없었기 때문이다.

부동산은 정해진 가격이 없다

부동산의 경제 사이클은 다른 투자 상품과는 비교가 안 될 정도로 길다. 그러나 상가는 그 사이클이 다른 부동산보다는 작다는 점을 알아야 한다. 한 가지의 시장 변수로 상가의 가치는 오르락내리락 할 수 있는데 이러한 폭은 다른 부동산의 가치 변화보다 더 크다.

그렇기 때문에 투자 시에 가치에 대한 분석이 중요하다. 가장 좋은 것은 지금은 다소 안 좋아 보여도 앞으로 상권이 좋아질 그런 곳에 투자하는 것이다. 그러나 그런 곳은 결국은 보이지 않는 미래가치를 이야기 하는 것이므로 의사결정을 하기가 너무 어렵다. 만약에 예측이 빗나가면 투자 이익을 얻는 것이 아니라 애물단지로 전락하기 때문이다. 그것이 쉽다면 대한민국에서 상가 투자로 돈을 못 벌 사람은 없을 것이다.

파는 사람은 높게 팔려고 하고, 사는 사람은 싸게 사려고 하는 것이 부동산이다. 그리고 파는 사람이 급한 경우에는 시세보다 싸게 팔 것이고, 사는 사람이 욕심이 있으면 비싸게도 구입하는 것이 부동산이다. 정해진 가격이 없다. 부르는 것이 값이다. 비싸다고 항의해 보았자, 뭐 가진 사람이 안 팔겠다는데 방법이 없는 것이다. 비싸게 받는다고, 또 싸게 산다고 누가 뭐라 할 사람이 없는 곳이 부동산 시장이다.

● 미래가치를 사고판다

부동산 투자의 기본적 접근 논리는 가격 상승에 대한 기대감을 가지고 현시점에서 특정 가격으로 부동산을 사고파는 것이라고 볼 수 있다. 미래가치가 없는 부동산을 투자의 관점에서 매입하는 사람은 한 사람도 없다.

주택의 대표인 아파트나 토지에 대한 투자는 미래가치에 대한 정보 취득이 상당히 어렵다. 또한 일단 정보가 입수될 경우, 그 정보는 나만 아는 것이 아닌 모두에게 공개된 경우가 일반적이다. 따라서 한 발 앞선 투자를 위한 일부 특정 세력의 정보 수집 능력을 일반 투자자들이 따라갈 수 없다. 그 점을 노리고 땅을 파는 것이 기획부동산이며, 아파트나 택지 개발은 분위기에 휩쓸리는 '묻지마 투자'가 되어 버려 소위 '떴다방'이 나타나는 것이다.

그러나 자신의 노력과 공부, 그리고 투자 습관에 따라 남보다 한발 앞선 미래가치 분석을 상가 투자에서는 할 수 있다. 따라서 부동산 투자를 합리적으로 하고자 한다면 상가 투자를 그 중심에 놓는 것이 바람직하다. 상가 투자는 미래가치의 중요도를 평가함에 있어서 다양함이 있을 수밖에 없기 때문에, 투자자의 성향에 따라 다양한 접근 논리로 해석할 수 있다. 쉽게 이야기 하면 누가 더 제대로 가치 분석을 했는가에 따라 희비가 엇갈리는 것이다.

상가를 투자하는 입장에서는 미래가치를 긍정적으로 보고 투자하는 것이고, 상가를 처분하는 입장에서는 미래가치를 다소 부정적으로 보고 매도하는 것이다. 미래가치에 대한 잘못된 판단은 엄청난 손실로 다가올 것이고, 미래가치에 대한 정확한 판단은 엄청난 이익으로 다가 오는 것이 상가 투자 게임의 법칙이다. 따라서 누가 정확하게 미래가치를 분석하였는지가 중요하다. 필자는 미래가치는 파는 사람의 권리가 아니라 사는 사람의 권리라고 보고 있다. 왜냐하면 미래가치가 파는 사람의 권리라면 미래가치까지 현재 시점에서 금액으로 모두 환산해 그 금액으로 상가를 매입한다면 시체 차익으로 인한 처분 소득을 보고자 투자하는 투자 활동은 있을 수 없다. 따라서 분양가가 쓸데없이 높은 상가는 쳐다보지 말아야 한다. 한탕주의를 노린 사업자의 횡포라서 그러한 분양가는 거품이 잔뜩 끼게 마련이다.

가치를 발견하고 찾아가는 과정은 각각의 상가마다 다르다고 봐야 한다. 주식처럼 내재가치주를 찾는 공식이나 일반화된 방법론은 없다고 생각한다. 상권이 좋아서, 코너상가라서, 유동인구가 많아서, 입지가 좋아서 투자해 성공한 사람들보다는 실패한 사람들이 이 시장에는 더 많다. 그래서 상가 투자도 쉽지 않다는 것이다. 가치가 뛰어난 황금주를 찾아야 하는 것이 주식투자의 성공법칙이듯이 상가 투자도 미래가치가 뛰어난 상가를 찾아내야 한다. 그러나 그 가치가 누구에게는 황금으로 보이고 다른 누구에게는 쓰레기로 보이는 것이다. 따라서 남들이 보기에는 쓰레기지만 정확한 가치 분석을 통해 황금주가 될 수 있는 상가에 투자하면 돈방석에 앉는다.

앞에서 언급한 홍미연 씨가 투자한 상가는 현재보다는 미래가치가 뛰어난 상가였다.

부동산 정책은 상가 투자자 편이다

가끔 부동산 관계자들과 이야기 해보면, 차기 정권에서 부동산 정책이 다소 완화될 것이라고 예견하는 분들이 있다. 그러나 필자는 차기 정권에서도 큰 변화는 그리 많지 않으리라 본다. 부동산 투자는 대개의 경우 투기로 이해하고 받아들이는 것이 사회적 정서다. 부동산의 시세 차익을 불로소득으로 보기 때문이다. 그러한 소득이 사회적 갈등이 되고, 계층간의 위화감, 그리고 부동산 투자를 하기에는 자금 마련이 어려운 대다수 사람들로 하여금 무력감을 느끼게 하고 있다. 따라서 어느 정권이 부동산 정책을 마련해도 참여정부가 주도하고 있는 부동산 정책의 근간을 뿌리 채 변경하기는 어렵다.

최근 몇 년 참여정부의 강력한 부동산 정책으로 인해 부동산 자금은 주택시장에서 상가, 오피스텔로 이동하고 있다. 강남권에 대한 부동산 수요의 대체 효과를 노리기 위해 신도시가 계속 확정되면서 아파트 가격의 하락세는 전체적으로 확산되고 있다. 다소 상승세로 반전되기도 했으나, 하향 안정세가 주를 이룰 것으로 전문가들은 예상하고 있다. 또한 고령화 사회가 진행되면 아파트에 대한 수요는 어쩔 수 없이 줄어들 것이다. 이러한 이유로 주택에 대한 투자 가치는 점차 약화될 수밖에 없다. 더군다나 분양가 상한제, 대출 규제 강화, 청약가점제를 비롯한 주택에 대한 규제 정책으로 주택에 대한 가수요가 점점 줄어들고 있는 것이 현실이다. 또한 주택의 분양권에 대한 지속적인 전매 제한을 강화한 것은 아파트에 대한 투자심리를 크게 감소시키고 있다. 이제 아파트 수요는 실수요자 중심으로 정착될 것으로 본다.

물론 이러한 규제가 있음에도 불구하고 편법과 불법으로 주택 시장을 노려, 단타로 치고 빠지는 투자자들도 있지만 지속적인 투기 단속으로 인해 대세에는 큰 지장이 없다. 재산세, 종합 부동산세, 양도소득세에 대한 참여정부의 강력한 세금 정책은 부동산 투자 시장에서 상가가 점점 그 중심에 자리 잡을 수밖에 없다는 것이 대다수 부동산 전문가들의 예측이다.

토지의 경우에 있어서는 2005년도 8.31 부동산 종합대책 이후 토지 실거래가 신고제, 비업무용 토지에 대해서는 60%의 중과세, 토지 거래 허가제의 확대 실시 등으로 인해 투자자들이 매입을 꺼려하고 있는 것이 요즘 추세다. 신도시, 혁신도시, 행정도시, 과학도시 등의 개발 호재 지역은 이미 충분히 가격이 상승해 있다. 토지 거래 허가 구역으로 지정되어 있는 토지가 전국적으로 약 20% 이상임을 알아야 한다. 토지 거래 허가 구역에서 시세 차익을 보고 땅을 사는 투자자들은 없을 것이다. 더군다나 2007년부터는 외지인이 토지를 팔 때는 양도소득세의 약 60%까지 세금을 낼 가능성이 있다. 더군다나 종합부동산세 대상 중에 농지는 빠지지만 임야의 경우는 3억 원 이상의 공시가격일 경우 종합부동산세의 대상이 되고 있으며, 이러한 것은 투자자에게 세금에 대한 부담을 가지게 하는 것이다.

종합적으로 부동산 정책에 대한 것을 순서 없이 나열해 보면 청약 가점제 방식으로 인한 청약제도 변경, 개발이익환수제, 투자과열지구확대, 종합부동산세 부과 대상 확대, 세대별주택담보대출제한, 보유세의과표확대, 양도소득세강화, 다주택자의대상확대, 주택거래신고제, 토지거래허가구역 확대 등이 있다.

그러면 향후 차기 정권에서 부동산 정책이 변한다고 하면, 수요와 공급의 기본 경제적 논리에 맞추어 놓지 않은 현 참여정부 정책의 일부가 변할 것으로 필자는 보고 있다. 즉 공급량을 늘리지 않고 세금과 거래를 현실화하기 위한 규제 중심이 된 정책들 중에서 세금은 다소 완화가 될 것으로 본다. 간단히 검토해 보면 보유세와 양도소득세를 둘 다 강화시킨 부동산 정책은 잘못되었다. 보유세는 강화하되, 양도소득세는 다소 완화 시켜주어야 부동산 공급량이 늘어날 것으로 본다. 어차피 시장은 수요와 공급으로 가격이 책정된다. 따라서 공급량에 밀접한 관계가 있는 양도소득세는 차기 정권에서는 다소 완화될 것으로 판단된다.

이러한 정책의 결과로 주택이나 토지 등에서 단타로 시세 차이를 노리고 투자하는 투자자들은 이제 서서히 보기가 힘들 것이다. 물론 토지의 경우에 있어서는 우리나라의 문화, 환경, 사회 정서상 장기투자의 대상으로는 검토할 수 있다. 우리나라에서 땅값이 떨어진 때는 외환위기 시절을 빼고는 단 한 번도 없었다는 것을 알아야 한다. 땅에 대한 소유욕이 강한 국민적 정서 때문에 누구나 돈 벌면 내 이름으로 된 내 땅을 소유하려고 한다. 그러나 땅에 대한 투자는 기나긴 장기투자이기 때문에 투자비용의 회수가 힘들다. 자식을 위해 부동산에 투자한다면 땅투자를 적극적으로 검토해 볼 필요가 있다. 물론 상속과 증여에 대한 고민을 먼저 해야 한다.

이러한 이유들 때문에 앞으로 투자 마인드로 부동산을 검토한다고 하면 수익형 부동산이 될 수밖에 없으며, 상가 투자에 대한 검토는 필수라고 봐야 한다. 정부의 부동산 정책은 투자자들로 하여금 상가 투자를 할 수밖에 없도록 하고 있으며, 앞으로 부동산 투자로 돈을 벌고 싶다면 상가 투자에 대한 관심의 끈을 놓지 않아야 한다.

2

오르는 상가를 고르는 방법 18가지

상식적으로 투자하는 것이 좋다

　내가 보기에 좋은 떡은 남이 보기에도 좋은 떡이다. 그런데 내가 보기에는 좋으나, 남이 아니라고 하면 그 이유가 뭔지 생각해 볼 필요가 있다. 상가 투자 상담을 하다 보면 그런 경우를 자주 본다. 설계도만 보고 투자 결정을 하는 것이 신규 분양 상가다. 그림이 이렇게 저렇게 그려질 것이라는 상상을 가지고 투자를 결정한다. 물론 준공 후 투자를 하는 경우도 있지만, 신규 분양 상가의 경우는 준공 전에 건물 골조가 어느 정도 올라가면서 분양을 하는 경우가 일반적이다. 내 판단이 옳을 수도 있지만, 전문가를 포함한 주변 사람들이 모두 아니라고 하는데 끝까지 우겨서 분양받을 까닭은 없다. 수십, 수백 개의 신규 분양 상가가 서울 도심에 있다. 다 검토할 수도 없다. 남들은 아니라고 하는데 내가 보기에 좋다면 딱 두 가지 이유일 것이다. 내가 남보다 부동산 투자에 동물적 감각이 있다든지, 아니면 한 고집 하는 성격대로 소위 똥고집을 부리고 있는 경우다. 나에게 하늘이 내려준 천부적인 투자 감각이 없다고 생각하면 투자의 순간에 냉정을 찾아야 한다.

✦ 상가 투자를 할 때 반드시 명심해야 할 것 ✦

- 상가 가격이 저점일 때 투자해야 한다. 경기에는 싸이클이 있으므로 누구나 불경기라고 할 때 투자를 심각하게 고려해 보아야 한다.
- 유동인구는 노점상이 있느냐 없느냐, 많으냐 적으냐로 판단할 수 있다.
- 사람들이 흘러가는 상가보다는 사람들이 모이는 상가를 찾아야 한다.
- 낮은 지대가 좋다.
- 일반 상가와는 다른 차별화된 상가를 찾는다.
- 주변에 낡고 오래된 건물이 많이 보이면 피하는 것이 좋다.
- 저녁 무렵의 유동인구를 살펴보아야 한다. 상가의 활성화는 저녁 무렵부터이기 때문이다.
- 4차선 도로변의 상가에 투자하는 것이 좋다.
- 500m이내에 교차로나 그와 유사한 것이 있으면 좋다
- 상권이 더이상 넓어질 지리적 공간이 없으면 좋다.
- 지상 2층보다는 지하 1층이 더 좋은 경우가 많다.
- 주차장이나 역세권이 있는 상가를 노려라.
- 자본수익률 10%이상 되는 상가에 투자하자.
- 코너 상가는 가치가 가장 뛰어나다.
- 접근성이 좋은 상가, 입지가 우수한 상가에 투자하자.
- 지렛대 법칙에 근거해 타 자본을 적극 이용한다.
- 전문가와 상담한다.
- 분양광고는 한 번 더 검토한다.
- 의심쩍은 것들은 계약서에 명시해 책임 소재를 분명히 해두자.
- 주변에 있는 유사 상가의 시세를 파악해라.
- 사무실이나 공공기관 대학가 주변 및 유흥 시설이나 공연 시설이 있는 상가를 노려라.
- 랜드마크가 될 만한 상가 건물인지 보라.
- 권리금이 없는 곳은 투자하지 않는 것이 좋다.
- 시행사의 사업 추진 능력 및 실적을 검토해 보고 투자하자.
- 사업 대상지의 권리 분석을 잘 해야 한다.
- 투자 결정 시 발생되는 세무 문제를 따져 보아라.
- 발품을 팔아서 직접 보고 판단해라.
- 검토는 신중하게, 의사결정은 빠르게 하자.

좋은 입지를 갖춘 점포에 투자하라

　입지는 상가가 위치하고 있는 공간적 개념을 뜻한다. 우리가 상가에 투자하고자 한다면 우선 상권이 좋은 지역을 찾아다닐 것이다. 상권이 좋은 지역을 찾았으면 그 다음에는 경쟁력이 있는 상가 건물을 찾을 것이다. 그리고 마지막으로 상가의 층이나 위치를 정하는 것이 순서다.

　입지분석을 하기 위해서는 지역에 대한 환경 조사가 기본적으로 선행되어야 한다. 이것은 점포가 위치하고 있는 상권의 특성을 파악하기 위한 것이다. 주로 유동인구의 분석, 교통량에 대한 검토, 지역의 시설 환경 요인들, 상업적 환경 등을 살펴보는 것이다. A급 점포라고 말하는 것은 바로 입지가 뛰어난 상가를 말한다. 입지가 좋으면 당연히 권리금도 비싸다. 그러나 신규 상가는 권리금은 없지만 바닥권리금이 형성되어 있는 경우가 많다. 점포사업의 업종에 따라 다르지만 일반적으로 업계에서는 6:4 혹은 7:3으로 입지가 매출액을 좌우한다고 보고 있다. 입지가 좋으면 점포사업자의 영업을 위한 노력 없이도 매출액을 꾸준하게 유지할 수 있다. 그러므로 입지가 좋은 상가가 투자가치가 높다.

좋은 입지를 갖춘 점포를 찾는 방법은 동선에 대한 검토가 가장 중요하다. 동선은 점포의 위치에 따라 외부 동선과 내부 동선을 검토해야 한다. 전면부에 있는 상가라고 하면 유동인구의 동선에 대해서 연구해야 할 것이고, 상가 내부에 있는 상가라고 하면 내부 동선에 대한 연구가 있어야 한다. 그런데 이러한 동선에 대한 검토는 내가 소비자가 되어 움직여보는 것이 제일 좋은 방법이다. 그런데 외부 동선은 쉽게 검토할 수 있지만 문제는 내부 동선이다. 상가 분양을 받게 되면 건물이 다 준공이 되어 검토하는 경우보다는 평면도 보고 검토하는 경우가 많기 때문에 내부 동선을 정확하게 분석하고 검토하기가 쉽지 않다. 특히 대형 상가의 경우 내부 동선이 어떻게 되는가에

지역적 요인에 의한 입지는 좋으나, 내부동선이 안 좋아서 외부로 출입구를 만든 2층 코너 상가

따라 상가의 가치가 달라지는 것이다. 더군다나 쇼핑몰의 경우에는 내부 동선이 투자에 대한 성패까지 좌우한다. 방법은 평면도를 보면서 머릿속에 그림을 그려 보는 수밖에 없다. 내가 손님이 되어 쇼핑을 한다고 가정하고 상상 속에서 동선에 대한 그림을 그리면서 투자하고자 하는 점포의 입지를 검토해 봐야 한다. 통상적으로 우리는 엘리베이터 옆, 에스컬레이터 근처, 내부 동선 라인의 코너가 우수한 입지를 갖춘 것으로 이야기 한다. 또한 입지는 업종과 밀접한 관계가 있다. 그래서 투자자들보다도 점포사업자들이 창업을 하는 과정에서 입지분석을 소홀히 하면 사업에 실패하는 경우가 많다. 그러나 투자자는 관점을 점포사업자와 달리해야 한다. 투자자는 업종에 대한 검토보다는 상가 점포가 가지고 있는 근본적 가치를 따지는 차원에서 입지를 검토하는 것이 바람직하다. 입지가 뛰어난 점포는 임대를 걱정할 필요가 없다. 즉 임대를 걱정할 필요가 없는 상가는 미래가치가 뛰어난 상가라고 볼 수 있다.

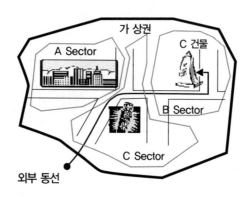

동선의 흐름을 파악해라

　성필준(가명, 44세) 씨는 상가를 하나 장만하고 싶다며 필자에게 '괜찮다' 싶은 물건이 있으면 연락을 달라고 했다. 3~4개월이 지날 무렵 필자는 모 역세권에 극장건물이 들어서는 신규 상가를 하나 보았다. 바닥면적이 넓어서 건물로 들어오는 출입구가 3개이고, 1층에는 숍(shop)으로 MD가 구성되는 근린상가였다. 주 출입구는 4차선 도로 앞에 하나 나 있고, 부 출입구는 주 출입구 좌측으로, 그리고 나머지는 후면 쪽에 두 곳이 있었다. 이미 주 출입구 양쪽으로는 분양이 완료되었고, 좌측 측면에 있는 부출입구 옆에 있는 코너 상가와 중앙의 엘리베이터 앞에 있는 상가도 분양이 끝난 상태였다.

　필자가 투자자에게 급하게 연락을 취해 오라고 한 것은 후면 출입구의 가치가 너무 높았기 때문이었다. 물론 주 출입구 앞에 버스 정류장이 있고, 좌측 출입구 쪽 코너 상가도 가치가 있음에도 불구하고 후면 출입구가 그에 버금간다고 판단을 했던 것이다. 더군다나 후면 출입구라는 것 때문에 정면 출입구와 가격차가 하나도 없었다. 통상적으로 후면이라고 하면 아무리 출입구가 있을지언정 정면 주 출입구와 비교해 가격차가 나는 것이 상식인데 그렇지 않았다. 투자자가 오자마자 후면 출입구 우측 상가 분양을 받아볼 것을 권했다. 투자자가 설계 도면과 가격을 유심히 보더니 아무래도 자기가 보기에는 후면은 가치가 없어 보인다는 것이다. 왜 후면이 좋은지 이해가 안 간다고 했다. 필자는 먼저 투자자를 데리고 밖으로 나왔다. 투자자는 자가용을 타고 왔으니 유동인구가 어떻게 흘러오는지 몰랐다. 투자자하고 역 앞까지 걸어가면서 시간을 재 보았다. 약 5분 정도가 걸리며, 투자 대상인 상가 건물까지 오는 길은 대중교통이 다니는 도로를 따라 오는 방법과 도로 뒷길, 즉 먹자 길로 내려오는 방법 두 가지가 있었다. 역 앞에서 사람들이 도로를 따라 가는지, 먹자 길로 가는지, 그 비율은 얼마나 되는지 조사했다. 시간이 어두워져서 저녁시간이 가까워질수록 먹자 길로 들어서는 사람들은 점점 더 많아졌고, 퇴근 시간이 끝난 후 먹자 길은 사람들이 어깨를 부딪치며 다닐 정도로 불어났다. 그렇지만 도로를 따라 가는 상가의 전면부는 유동인구가 늘기는 했지만 뒷길에 비할 바가 못되었다.

투자자가 설계도면을 다시 보자고 하더니 뒷길로 뚫려있는 후면 출입구 우측의 상가보다는 코너가 더 좋아 보인다고 했다. 이제 전면 쪽은 쳐다보지도 않았고 오로지 후면 쪽에서 코너인가, 아니면 후면 출입구 바로 우측인가 그것만 선택하면 되었다. 필자는 그 선택을 투자자에게 맡겼다. 투자자는 상가가 완성되면 대부분의 사람들이 후면 출입구를 이용할 것이라고 확신했다. 그렇다면 다른 투자자들은 이러한 사실을 왜 몰랐을까? 그것은 설계도면만 봐서는 알 수 없는 사실이 현장에서는 발견되기 때문이다. 그리고 한낮에 왔다가 그냥 가면 유동인구의 동선 파악을 제대로 못하기 때문이다. 영업사원이 투자자들에게 언급을 전혀 안 해 주었을 것이라고는 생각 안 한다.

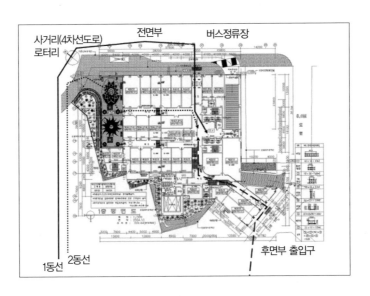

모든 영업사원이 가장 좋아 보이는 물건을 먼저 자신들하고 연결된 투자자들에게 소개시켜 주려고 했을 것이다. 가장 좋은 물건을 소개해주어야 계약이 성사될 확률이 높기 때문이다.

그러나 버스 정류장이 주 출입구 앞에 있다는 것을 알고 있는 투자자가, 주 출입구의 크기를 도면상으로 보고 전면보다는 후면을 먼저 분양받겠다고 하기에는 주변 조사를 충분히 하지 않는다면 쉽게 판단하기 힘들다. 도면상으로 실제 동선을 추측한다면 후면이 아니라 전면이 주 출입구이거나 좌측의 측면 출입구가 중심이 된다. 그러나 주변 지역 요인을 분석해 보면 투자 대상 건물의 동선은 시작점이 후면이 될 확률이 높다. 그러한 주변의 지역요인을 알기 때문에 분양가격의 차가 별로 없다고 볼 수 있다. 그러나 그러한 배경을 충분히 유추하지 못했다면 일반인들은 당연히 전면을 먼저 선택할 수밖에 없다. 왜냐하면 설계도만 보고서 동선을 정확하게 유추하는 것이 말처럼 쉽지 않기 때문이다.

접근성이 좋아야 좋은 상가다

접근성에 대한 이해

좋은 상가를 찾기 위해 접근성을 검토하는 것은 매우 중요한 요소다. 이 접근성에 대해서 논하기 전에 우리는 부동산의 기본 개념부터 살펴보아야 한다. 토지는 예로부터 항상 부동, 불변, 부증의 성질을 가지고 있다. 따라서 산업사회가 되기 전의 토지는 비옥한 토지가 그 가치를 인정받았다. 비옥도에 따라서 토지의 좋고 나쁨이 구분 되었다. 그러나 농경사회에서 산업사회로 넘어가면서 토지의 이용이 농경사회와는 다르게 다양화 되었다. 새로운 부가가치를 창출할 수 있으므로 그 사용 용도가 다양화되는 것은 당연하다. 그러면서 사람들은 위치의 중요성을 따지게 되었다.

허드(R.M. Hurd)는 '지가는 경제적 지대에 바탕을 두며, 지대는 위치에, 위치는 편리함에, 편리함은 가까움에 의존한다.'고 말했다. 즉 편리하고 가깝다는 것은 접근이 용이하다는 것이다. 접근이 용이하다는 것은 시간적, 경제적, 거리적 부담이 타 부동산에 비해 적은 것

1층 전면부임에도 불구하고
접근성이 안 좋은 상가

을 이야기 한다. 이러한 용이함에 따라서 부동산의 사용용도가 달라 질 수 있는 것이다. 그리고 이러한 차이가 부동산의 가격 차이로 나 타난다. 따라서 상가 투자에서 접근성을 검토하는 것은 바로 이러한 부동산의 기본적 관점에서 보아야 하는 것이다. 상가의 용도에 맞는 상가의 입지조건은 바로 상가의 가격에 반영될 것이며, 그렇지 않은 상가에 비해 가격 차이는 크게 나타난다. 따라서 상가의 접근성은 어 떠한지, 주변의 교통과 유동인구의 동선에 따른 접근성이 좋은지 나 쁜지 먼저 살펴보아야 한다. 또한 주변의 환경조건은 어떻게 구성되 어 있으며, 그 중에서도 어떠한 환경이 상가의 접근성에 영향을 줄 수 있는지 조사해야 한다.

가깝다고 다 좋은 것은 아니다

상가의 위치와 주변의 환경은 같은 운명이라고 봐야 한다. 하지만 가깝다고 해서 상가의 접근성이 다 좋은 것은 아니다. 예를 들어 현대인들은 자동차 문화가 보편화되어 있다. 가벼운 쇼핑을 하더라도 자동차를 가지고 가는 경우가 대부분이다. 거리는 가깝고 좋은데 주차장이 아주 멀리 떨어져 있다면 상가의 가치는 떨어진다. 상가는 바로 가까운 거리에 있다. 그러나 바로 앞에 도로가 있다고 생각해 보자. 그 도로에 횡단보도가 없어서 빙 돌아서 가야 한다면 그 상가의 접근성은 떨어진다고 판단해야 한다. 같은 상가 건물이라고 해도 입구 앞에 있는 것이 아니라 입구에 들어서서 한참 뒤에 있다면, 그 상가의 가치는 전면부에 있는 상가의 가치와는 상당한 차이가 있다. 일반인들이 상가 투자를 하면서 자주 놓치고 실수하는 부분이 접근성이다. 이것은 상권 분석을 할 때 동선과도 다소 관계가 있기는 하지만 접근성이란 관점에서 따로 보아야 한다.

배후 세력이 너무 멀리 있는 사거리에 위치한 나홀로 상가

10분이면 갈 수 있다고 말은 하지만 실제 가보면 20분 걸리는 경우가 있다. 따라서 접근성을 검토할 경우에는 실제 걸리는 거리, 생각으로 느끼는 의식 거리 등을 복합적으로 검토해야 한다. 상가는 그

상가의 용도가 다 있다. 따라서 상가의 용도에 따라 접근성의 중요도가 높고 낮음이 정해진다. 그리고 그 중요도에 따라 상가 투자 기준을 만들어야 한다.

투자에서의 안정성은 투자행위를 하고 난 뒤, 미래에 처분해서 처분소득을 보고자 할 경우에 합리적인 회수가 가능해야 한다. 그러나 상가 투자에서는 이런 회수가 다른 부동산에 비해 어려울 수 있다. 학문적으로는 이러한 현상을 '원금 위험 부담'이라고 한다. 따라서 안정적인 수익을 가져다 줄 수 있는 수익성 분석을 정확하게 해야 한다. 수익 창출이 뛰어난 상가나, 미래의 자산 가치가 뚜렷한 상가는 접근성이 뛰어나고, 이러한 뛰어난 접근성을 가지고 있는 상가는 처분이 쉽다. 접근성이 뛰어난 상가는 투자자들에게 만족스러운 결과를 가져다준다.

문화 콘텐츠가 있는 상가라면
무조건 투자해라

　시행사업을 꿈꾸고 있거나 시행사업을 하고 있는 사업자를 흔히 디벨로퍼(Developer)라고 한다. 이들은 사회가 필요로 하는 아파트, 상가 등 여러 가지 건축물을 기획해 공급하는 사람들이다. 상가 분양을 하는 분양 영업사원들의 최종적인 꿈은 아마도 디벨로퍼로 성장하는 것일 것이다. 수많은 디벨로퍼들이 있지만 상가 개발만 전문적으로 하는 디벨로퍼들의 숫자는 전체 디벨로퍼에서 작은 부분을 차지하지 않을까. 우리가 잘 알고 있는 테마상가, 복합상가, 근린상가, 그리고 최근에는 민자역사와 같은 상가들을 이들이 사업 기획해 시장에 공급하고 있다. 상가에 대한 시행사업과 테마상가 및 쇼핑몰에 투자하면 돈을 벌 수 있다는 것을 널리 알린 것은 프라임산업의 테크노마트와 동대문 지역의 밀레오레 사업을 통해서다. 그 뒤를 이어서 이들의 사업을 모방하고, 조금 변형된 모습으로 상가들이 시장에 공급되었다.

　흔히들 업계에서 시행사의 말은 50%만 믿어도 많이 믿는 것이라고 한다. 그만큼 한탕주의 사업을 기획하고 있는 것이 현실이다. 개발 사업을 하면서 꾸준하게 지속적으로 하는 사람들은 별로 없다. 이런 저런 사정으로 부동산에 발을 담구어 어쩌다 보니 시행을 하게 되는 경우가 많으며, 그렇다 보니 한방에 돈을 벌고자 하는 사람들이 많다. 사실 시행사업이라고 하는 것은 한 번만 제대로 성공하면 일반인들이 만질 수 없는 돈을 벌 수 있다. 그러다보니 어떤 상가 개발이 성공했다고 하면 창의적인 기획력 없이 유행처럼 번지고 만다. 대개가 비슷비슷한 규모의 땅에 그대로 옮겨다 놓은 것 같은 그저 그런 MD구성을 하고 시장에 공급한다. 아직은 국내의 디벨로퍼 시장이 성숙기에 있는 것이 아니라 시장 진입기라서 그렇다고 봐야 할 것이다. 시간이 가면 갈수록 실력과 사회적 책임감, 그리고 기획력이 없는 디벨로퍼들은 자리를 잡지 못할 것이다. 이것은 분양 영업사원들에게도 같이 적용할 수 있다. 어쨌든 시장은 변하고 있으며, 유능하고 기획력이 뛰어난 디벨로퍼들이 다양한 문화 콘텐츠를 가지고 상가 공급을 하리라 본다. 남들이 미리 생각지 못했던 동선이나 건물 구조, 그리고 MD 구성은 그 지역의 랜드마크가 될 것이다. 흔히들 랜드마크라고 하는 건물을 보면 층수가 높거나, 상가 규모가 엄청나게 대형이거나 하는 경우다. 즉 눈에 보이는 '외형적인 규모를 가지고 랜드마크다, 아니다.' 하는 것이다.

필자는 그렇게 생각하지 않는다. 크기보다 더 중요한 것이 문화 콘텐츠다. 즉 하드웨어보다 소프트웨어가 더 중요하며, 그것이 일반 소비자들이 즐거워할 수 있는 콘텐츠가 된다면, 그 건물이 그 지역의 랜드마크가 될 수 있다고 생각한다. 한발 앞선 디벨로퍼들이라면 이 부분에 대해 고민을 하고 있을 것이다.

상가의 규모가 큰 대형 상가는 그 자체가 하나의 작은 상권을 이루어 상가의 투자가치가 있는 것은 사실이지만, 반대로 상권이 활성화

되지 못하는 경우 공동 슬럼화가 될 수 있는 단점도 있다. 또한 상가의 점포 수가 많으므로 점포사업에 대한 경쟁력이 생길 수밖에 없어서 그 성장 가치는 다소 부정적으로 볼 수도 있다. 상가 투자를 해서 돈을 벌고 싶다면 하드웨어에 너무 집중하지 않길 바란다. 앞으로는 다양한 상품이 기획되어 상가 분양시장에 공급될 것이다. 눈에 띄는 문화 콘텐츠, 혹은 새로운 트렌드를 창출하는 그러한 신규상가 공급이 있다면 무조건 투자하라고 권하고 싶다.

업종에 대한 독점권을 인정받으면
적극 검토해라

전상현(가명, 40대) 사장은 전매를 통해 단타로 상가 투자를 하는 사람이다. 그는 주상복합건물 상가를 투자 대상에 올려놓고 검토 중이었다. 3~4층이 클리닉센터로 MD 구성이 되어 있어 3층 약국을 독점으로 검토 중이었다. 약국이 1층에도 생길 수 있지만 일단 독점권을 인정받으면 투자를 계획했다. 시행사가 독점권을 인정해 주느냐가 문제였다. 1층은 분양가가 너무 높아서 검토에서 일단 제외하고 3층의 엘리베이터 앞에 있는 상가를 분양받기 위해 협상했다. 전사장은 당연히 약국 지정을 받고자 했으나 시행사는 인정하려고 들지 않았다. 하루 이틀 협상 중에 전사장은 시행사가 공식적으로 계약서에 명시하기를 꺼려하자 편법을 이용했다. 즉 분양 영업사원에게 뒷돈을 주고 시행사 직원인 담당부서 과장의 도장을 받은 것이다. 즉 계약서에 약국 지정에 대한 문구를 전사장이 자필로 쓰고, 그에 대한 확인과 인정 차원에서 시행사 담당 과장의 도장을 계약서에 날인 받은 것이다. 그리고 전사장은 그 계약서를 가지고 전매 작업을 하고자 했다. 그러나 그 전매 작업은 쉽사리 진행되지 않았다. 병원 임대가 맞추어져야 하는데 병원이 하나도 없어서 작업이 안 될 뿐더러 전사장도 프리미엄을 과도하게 요구했다. 전사장의 전매 작업 때문에 병원 임대 영업에 지장이 있는 것을 알게 된 시행사는 약국 지정에 대한 권리가 전사장에게 없음을 통보했고, 전사장이 제시한 계약서는 효력이 없음이 재판에서 판결되었다. 1차 재판에서 패소를 한 전사장으로서는 난감할 수밖에 없었고, 재판에 불복, 항소하여 현재 재판 중이다. 어찌되었던 간에 독점에 대한 유혹이 욕심을 불러일으킨 것이다.

투자는 원칙을 준수하는 것이 좋다. 편법은 편법을 부르게 마련이다. 과도한 수익을 보기 위해 편법적으로 하는 투자는, 운이 좋아서 법망을 잘 빠져 나가면 좋지만 '아차' 하는 순간에 투자금이 날라간다. 가지고 있는 종자돈에 맞추어 합리적인 투자 수익을 바라보는 것이 좋다. 더 큰 욕심을 부리면 나중에 매도 타이밍을 놓치게 될 확률이 높다. 매도함으로써 포기하는 수익은 내가 매도하고자 하는 상가를 구입하는 사람의 것이라고 편하게 생각하고 적정한 수익을 보면 매도하는 것이 좋다. 새롭게 매입을 하는 사람도 뭔가 예상할 수 있는 기대이익이 있어야 계약을 할 것이 아닌가. 기대이익을 나만 가지겠다는 것은 욕심이다.

필자가 살고 있는 K뉴타운에 근린상가가 있다. 5층 건물인데 3~5층은 병원이 중심이 되어 입점하고 있다. 3층은 이비인후과, 피부과, 소아과, 한의원이 영업 중이고, 약국은 1층에도 있고, 3층에도 있다. 문제는 3층의 약국이 분양을 받을 때부터 층약국으로 지정을 받은 것이다. 상가 전체에 대해 독점권을 인정받은 것은 아니지만, 3층에 대해서만큼은 거의 독점인 것이다. 환자들도 3층의 약국에서 70~80%를 소화하고 있다. 물론 지나가는 유동인구의 집객 효과는 전무하지만 안정적인 처방전이 확보되므로 충분한 가치가 있는 것이다.

3층에 위치한 층약국

　도곡동 전철역에 리모델링 근린상가를 분양하는데 약국 독점으로 실 평수 약 20평 정도의 코너 상가를 35억 원에 분양했다. 분양 영업을 시작 하자마자, 제일 먼저 분양 계약을 했다. 물론 5층인 리모델링 상가는 3~5층이 병원으로 MD가 구성되어 있었다. 실평수 20평 하는 상가를 35억 원에 분양받은 약사는 충분히 투자가치가 있다고 판단해서 투자를 결정했을 것이다.

　간혹 분양 계약을 하면서 업종 지정에 대한 계약을 하는 경우가 있다. 즉 상가 건물 내에서 약국, 부동산, 편의점, 커피숍, 제과점, 세탁소, 문구점 등을 분양받을 때 시행사와 업종 지정에 대한 독점권을 부여받아서 계약할 수 있다. 그렇게 되면 그 상가 건물 내에서는 그 분양자만이 해당 영업을 할 수 있다. 그리고 지정이나 독점권을 부여받은 점포를 개설해 영업을 하는 중에 타 점포에서 유사한 영업을 한다면, 업종 지정에 대한 독점권이 인정되므로 이에 대해 제제를 가할 수 있고 손해배상 청구도 할 수 있다. 투자자로서는 업종 지정을 받을 수 있다면 독점적 권리가 보장되므로 투자가치가 뛰어나다고 볼 수 있다. 물론 업종은 입지와 관련이 깊으므로 입지와 전혀 어울리지 않는 업종 지정은 무의미하며, 오히려 역효과를 가져 올 수도 있지만 그런 경우는 극소수라고 봐야 한다. 업종에 대한 독점권을 인정받아 운영소득과 처분소득에서 타 상가 점포보다 우수한 평가를 받을 수 있다는 것은 그만큼 투자가치가 있다고 봐야 한다.

분양에는 우선순위가 있다

일반 투자자들은 분양 우선순위가 있다는 것을 감지하기 어려울 것이다. 주택시장에서 이야기하는 무주택자의 분양 우선순위와 같은 개념을 이야기 하는 것이 아니다. 필자가 이야기하는 분양 우선순위는 마케팅 차원에서 나오는 것이다. 부동산 시행사업이라고 하는 것은 단기간에 끝나는 것이 아니라, 장기간에 걸친 사업이다. 따라서 땅을 매입하고 사업 계획에서부터 건물을 준공하기까지 100% 분양이 이루어져야 성공적인 것이다. 성공적인 분양이라고 하는 것은 사업 초기에 분양이 최대한 많이 이루어짐을 말한다. 건물의 준공검사가 떨어지는 사업 후기까지 분양률이 저조하다면 시행사업은 실패라고 봐야한다.

투자자 관점에서 보면 사업 초기에 분양받는 것은 위험을 안는 것이다. 사업 시행 기간 동안 중간에 회사가 부도날 수도 있고 다른 여러 가지 이유로 공사가 중단될 수도 있다. 이런 위험 부담을 안고 분양을 받는다고 하면 그 위험 감수는 바로 분양가에 있다. 그래서 사업 초기의 분양가와 사업 중기, 사업 후기의 분양가격이 같을 수 없다. 정상적인 사업 시행이라면 시간에 따라 가격 조정이 있어야 하는 것이다. 그런데 반대로 사업 후기의 가격이 오히려 초기의 가격보다 떨어질 수도 있다. 이것은 하자 물건이 되어서 그렇다. 어차피 분양이 안 되는 물건이기 때문에 싼값에 내 놓는 것이다.

회사는 사업 초기에 A급 물건을 분양하지 않는 경우가 있다. 이유는 하나다. 사업 초기보다는 사업 중기, 후기에 분양하면 분양 가격을 더 올릴 수 있기 때문이다. 그리고 사업 초기에 A급 물건을 다 팔아버리면 사업 후기로 갈수록 하자 물건이 많이 나올 수 있기 때문이다. 하자 물건 가능성이 있는 점포는 사업 초기에 분양을 하는 것이 시행사로서는 유리하다. 평면도만 보고 분양을 하는 사업 초기와 건물의 윤곽이 들어나는 사업 중기, 후기에서의 분양 영업은 차이가 있다. 분양 영업에 대한 전략도 사업 초기와 후기는 달라져야 하는 것이다. 그래서 하자 물건이 될 가능성이 있는 점포들은 낮은 가격에 평면도만 보고 분양을 하는 사업 초기에 분위기로 팔아야 하는 것이다.

간혹 사업 초기에 투자자들이 투자 상담을 하게 되면, A급 점포들은 벌써 분양이 완료되었기 때문에 B급 점포에 투자 하라는 권유를 받는다. 대개 A급 점포들은 상가의 코너와 주 출입구 좌,우측에 있는 점포들이다. 그래서 투자자들은 코너 바로 뒤에 있는 상가를 선택하고 분양 계약을 맺는 것이다.

최현우(가명, 60대) 사장이 그런 경우였다. 상가 투자를 하려고 분양 사무실을 방문했다. 서울 시내 한복판에 있는 주상복합건물이었다. 자기가 투자하고 싶은 물건은 코너 자리였지만 분양 영업직원이 이미 다른 투자자가 분양을 받았다며 코너 바로 뒤에 있는 측면 상가를 추천한 것이다. 워낙에 1급 상권이라 '뭐 별 차이가 없겠지!' 하는 생각으로 계약을 했다. 코너 상가는 18억 원이었고, 최사장이 분양 받은 상가는 17억 원이었다. 즉 1억 원 차이인 것이다.

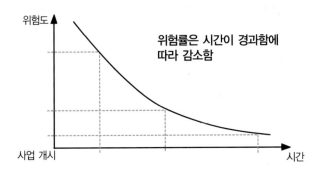

위험률은 시간이 경과함에
따라 감소함

위험도

사업 개시

시간

　건물이 준공되고 잔금을 치루었는데, 최사장이 투자한 상가는 임대가 되지 않았다. 물론 앞에 있는 코너 상가는 유명한 외국계 커피숍으로 임대가 된 상태였다. 그런데 알고보니 그때까지도 코너 상가는 분양이 안 되어 있었던 것이다. 그리고 그 당시 분양가는 21억 원이었다. 분양 초기보다 3억 원이 더 높게 책정되어 있었다. 임대수익률은 겨우 5%를 넘기고 있었다. 아마도 수익률을 계산해 분양가를 조정했을 것이다. 외국계 A급 브랜드이므로 5%의 수익률이라면 쉽게 분양될 것이라고 시행사는 판단했을 것이다. 만약에 최사장이 분양 계약을 할 때 '코너 상가를 계속 주장했으면 어떻게 되었을까?' 하는 생각을 해본다. 가격이 올라 갈 수밖에 없는 상가는 이런 상가다. 17억 원을 주고 한 단계 떨어지는 상가를 사는 것보다는, 사업 초기에 비용을 더 투자해 A급 코너 상가를 집중 공략해 볼 필요가 있는 것이다. 물론 아무리 환금성이 뛰어나다고 해도, 사업 후기로 가면 투자를 재검토해야 한다. 21억 원의 분양 가격은 임대수익률도 만족스럽지 않을뿐더러, 이미 시세 차익을 노리고 투자하기에도 벅차기 때문이다. 이런 상가를 분양 받으면 시행사만 배부르다.

미래가치는 미래가치일 뿐이다

신규 상가의 광고 전단지나 홍보물을 보면 지역적 요인을 분석하여 대단한 투자 효과가 있고, 짧은 시간 안에 엄청난 투자 이익을 볼 수 있을 것처럼 소개하고 있다. 더군다나 그 지역이 자신이 잘 알고 있거나, 살고있는 지역이라고 하면 더욱더 마음이 솔깃하게 되는 것이 인지상정이다. 그러나 그러한 홍보물을 보고 투자해서 성공한다면 누구나 상가 투자로 대박을 터뜨릴 것이다.

김수지(가명, 50대) 씨는 뉴질랜드에서 자녀 교육문제로 1년 정도 생활하는 중에 한 한국신문의 분양광고를 보았다. 강남구 ○○역에 있는 주상복합건물이었다. 워낙 서울에서도 대표적 상권의 하나에 속하며, 자신이 그 동네에 5년간 살았던 적이 있었기 때문에 상가 투자를 하고 싶은 욕심이 생겨 미래가치가 있을 것이란 판단이 섰다.

김씨는 곧장 분양 사무실로 국제전화를 걸고 분양 영업사원과 상담을 했다. 이런 저런 이야기를 하는 영업사원의 말은 자신이 생각하고 있었던 것과 별반 차이가 없었다. 이메일로 평면도를 받아서 후면부에 있는 약 15억 원 상당의 상가를 계약했다. 융자를 받아 중도금을 처리한 후 1년 정도 지나 상가를 보러 한국에 돌아왔다.

건물은 이미 준공을 마쳤고 잔금 처리를 해야 하는 상황이었다. 건물을 보니 멋있게 지어놓기는 했지만 거의 모든 후면부 상가들이 공실로 남아 있었다. 건물 구조 자체가 상가를 활성화 하는데도 여러 가지 장애 요인을 안고 있었다.

필자를 찾아와 상담을 요청했지만 해결책은 이미 없었다. 오히려 옆에 있는 상가들이 분양받은 금액보다 1~2억 원 정도 낮은 금액으로 부동산에 매물로 나오고 있는 상황이었다.

이 경우는 자신이 잘 알고 있는 지역 및 상권이라고 해서 치밀한 검토 없이 미래가치에 대한 막연한 기대로 투자에 실패한 사례다.

자신이 살고 있는 지역, 혹은 살았던 지역의 근린상가라고 하면 다른 누구보다도 지역적 요인들에 대해 잘 알고 있다. 그래서 자신의 판단이 정확할 것이라는 선입견과 독선에 빠지기 쉽다. 그리고 분양 현장 사무실에서 분양 영업사원과 상담을 하면서 자신의 생각이 더욱 더 정확하다고 스스로 자기 최면을 건다. 요즘 상가 투자자들은 웬만한 부동산 업계의 종사자들보다 더 전문가다운 식견을 가지고 있다. 분양 상담을 하다보면 어떤 고객은 자신이 알고 있는 지식을 자랑스럽게 이야기 하면서, 투자하고자 하는 상가에 대해서 이러쿵 저러쿵 아는척을 한다.

필자는 그런 경우 입을 닫아 버린다. 듣고만 있다. 그리고 필자의 생각과 다를지라도 투자자의 의견에 동조해 준다. 괜히 잘난척 하는 투자자들의 기분을 상하게 할 필요가 없기 때문이다.

잘난척 하는 투자자는 자기 꾀에 자기가 빠지는 것이 다반사다. 물론 다 그런 것은 아니다. 전문가다운 식견을 갖춘 투자자들에게 분양 영업을 하기 위해서는 정확한 데이터와 시장 상황, 그리고 미래가치가 상승할 것이라는 타당성 있는 논리로 설득해야 한다. 그렇지 않으면 영업사원은 투자자에게 한 수 아래로 무시당하며 결국 계약에 골인하기도 어렵다.

아무튼 지역적 요인이 뛰어난 지역에 세워진 상가 건물일지라도 앞으로의 발전 가능성은 그 누구도 정확하게 예측할 수 없다. 단지 '이러 저러한 모양으로 흘러가지 않을까?' 하는 추세 정도만 예측할 수 있다.

투자의 성패는 투자 행위 전에 100% 단정지을 수 없는 것을 투자자는 이해해야 한다. 이것은 부동산 투자에만 해당되는 것이 아니라 주식, 채권을 비롯한 다른 모든 투자 활동에서도 마찬가지로 적용되는 원칙이다. 미래가치는 학습과 경험을 통해 어느 정도 예측할 수 있지만 결국 미래는 너도 모르고 나도 모르는 것이다.

수익률 계산을 할 수 있어야 한다

부동산 투자는 가치를 사고파는 행위다. 물론 다른 경제 행위도 그 대상이 되는 물건의 가치를 사고파는 것이라고 볼 수 있다. 그러나 부동산이 아닌 다른 물건들은 대개의 경우 기능의 중요성이 부각되어 그 기능의 장단점을 비교 검토하는 과정을 통해 물건을 구입한다. 또한 물건을 구입하는 순간부터 감가상각이 되어 가치가 떨어지는 것이 일반적이다.

하지만 부동산은 다르다. 부동산은 다른 어떤 재화보다도 미래 시점에서의 가치에 의해 가격이 결정된다. 현재는 가치가 낮은 것을 찾아서 미래에는 높은 가치가 될 것을 기대하고 구매하는 것이 부동산이고 부동산 투자의 기본 접근 방법이다. 구입하는 순간부터 가치가 감소하는 일반 재화와는 다르다.

그렇다면 '가치가 있다, 혹은 투자가치가 있다.'고 말하는 것은 무엇을 의미하는 것일까? 간단하게 정리하면 수익률이 좋다는 것으로 정의할 수 있다. 수익률은 여러 가지로 분류가 가능하겠지만 간단하게 요약하면 기대수익률과 요구수익률, 임대수익률이 있다. 일반적으로 상가 투자의 의사결정은 기대수익률과 요구수익률을 비교하는 과정을 거친다. 투자자는 투자하고자 하는 대상이 위험하면 더 많은 수익률을 원하고, 투자 대상이 안전하면 낮은 수익률에 만족한다.

- **기대수익률** 투자자가 어떤 특정 투자 대상에 투자해 기대되는 예상 수익률이다. 쉽게 이야기 하면, 상가가 주변 환경 요인에 의해 자체적으로 가지고 있는 가치에 따라 예상할 수 있는 수익률이다. '이 정도 위치에서 이 정도 가격대의 상가라면, 수익률 7%는 무난할 것 같군' 이라는 생각을 한다면 그것이 바로 기대수익률이다.

- **요구수익률** 투자 대상이나 환경에 위험요인이 발생했을 경우에 보장될 수 있는 최소한의 수익률이라고 할 수 있다. 쉽게 말해 '최악의 경우 얼마나 손에 쥘 수 있는지' 가 투자자 입장에서 요구하는 수익률이다. '이 상가는 최악의 경우 5%이상만 나오면 난 투자할 수 있다.' 고 할 때의 수익률이 요구수익률이다.

- **임대수익률** 내가 투자한 상가에 임대를 놓았을 경우 받을 수 있는 보증금 및 월 임대료다. 보증금이 많이 받으면 월 임대료가 작아지고, 임대료를 높게 받을 경우 보증금이 작아진다. 그러나 상권과 상가에 따라 변수가 많다.

상가 투자자가 빠른 의사결정을 하는 결정적 요인은 대부분 기대수익률이 좋을 때다. 기대수익률은 타당성이나 근거 있는 과학적 자료 분석이 전제 되어야 한다. 기대수익률이 요구수익률보다 좋지 않은 경우에는 투자를 보류하거나 포기해야 한다. 그러나 이 투자가치라고 하는 것은 주관적인 경우가 많다. 같은 물건이라고 해도 A가 느끼는 투자가치와 B가 느끼는 투자가치가 다르다. 더군다나 현재가 아니라 미래에 발생하는 가치를 현재 가치로 분석해 가격을 주고받는 것이 부동산 투자 혹은 상가 투자이므로 의사결정의 순간에는 아무리 타당성이 있는 논리와 근거를 이야기해도 투자를 결정하지 못하는 투자자가 있다.

반면에 어떤 투자자는 다른 투자자가 먼저 계약할 것이 걱정되어 서두르는 경우도 있다. 즉 과학적인 타당성과 별개로 개인적인 성향에 따라 많이 좌우되는 것을 투자 상담을 하다보면 느낀다. 결국은 상가도 각각 제 임자가 있는 것이다. 별로 좋아 보이지도 않은 상가인데 허겁지겁 덤벼드는 투자자가 있는 반면, 아주 좋아 보이는 상가인데도 이리 재고 저리 재다가 놓치는 경우도 허다하다.

분양 가격이 높으면 수익률 달성이 쉽지 않다. 분양 가격이 높으면 수익률을 맞추기 위해 임대료를 높여야 한다. 그렇다면 그 높은 임대료를 지불하고 임대를 할 수 있는가가 문제다. 따라서 분양가격에 거품이 끼면 예상 수익 달성은 어렵다고 봐야 한다.

나중에는 역으로 금융 비용 부담이 투자자를 위험에 빠트리기도 한다. 투자한 상가가 공실이 되면 더 큰 위험이다. 수익률이 안 나오는 부동산은 나중에 처분할 때 발생하는 처분소득도 보장하기 어렵다. 즉 종합수익률을 말하는 것인데, 종합수익률이란 운영 소득과 처분소득을 합해 검토하는 것이다. 운영 소득이 다소 떨어져도 처분소득이 높다면 투자할 가치가 있다고 봐야 한다.

투자는 본인이 하는 것이다. 다른 사람들은 모두 제 3자다. 망하면 내가 망하는 것이지 남이 대신 망하는 것이 아니다. 돈을 벌어도 내가 버는 것이니 투자 결정에 대해 갑론을박하고 논쟁할 필요는 없다. 너

무 검토만 하다가 투자 타이밍을 놓치는 경우도 허다하고, 때로는 감
각적인 투자가 대박을 안겨주기도 하는 것이 이 계통의 생리다.

미래가치는 수익률로 판단한다

투자를 고려하면서 수익률이 얼마나 되는지 따져보지 않는 투자자는 없을 것이다. 상가 투자를 하면 대개의 경우 자기 자본 투자수익률을 검토하게 된다. 즉 순수 자기 자본 대비 임대 수익이 얼마가 되는지 따져 보는 것이다. 물론 상가에 투자를 하기 위해서는 그 상가가 속해 있는 주변 상가, 유동인구, 주변 환경, 발전 가능성, 부동산 정책 등 검토해 볼 것이 많다. 이러한 과정은 결국 '투자수익률이 얼마나 되는가?'를 판단하는 것이다.

부동산 투자는 미래가치가 핵심이다. 그 미래가치에 대한 가치의 척도를 금액으로 환산한 것이 가격이다. 상가 주변에 새로 지하철역이 생긴다면 앞으로 주변 환경이나 상권이 상당히 좋아질 것이다. 따라서 그 미래가치가 현재의 매매 가격에 반영되는 것이다. 물론 상가의 입지에 따라서 같은 상가 건물이라고 해도 투자수익률은 층별로 차이가 발생하는 것이 기본이다. 예를 들어 1층 보다는 고층의 수익률이 더 좋아야 한다. 이는 바로 위험성 때문이다. 상층부는 임대에 대한 위험성으로 인해 기본 수익률이 더 나와야 투자 검토 대상이 된다. 그러나 분양 사무실에서 분양 상담을 받을 때 제시하는 기대수익률을 보면 거의 모두가 층별에 관계없이 일률적인 투자 기대수익률 표를 보여 주는데 거의 모두가 임대수익률이다. 아무런 생각 없이 즉흥적으로 만들어진 자료임을 알 수 있다. 이렇게 허술한 자료가 분양 현장에는 상당히 많음에도 불구하고, 필자의 경험에 비추어 볼 때 투자자로부터 한 번도 지적을 받아 본적이 없었던 것 같다. 그만큼 투자자들이 눈먼 장님이라는 반증이다.

물론 상가 투자가 임대소득을 통한 투자수익률만을 보고 투자하는 것은 절대 아니다. 그래서 서울 외곽 지역보다는 서울 중심부의 투자수익률이 더 낮은 것인지도 모른다. 아마도 이러한 원인 중의 하나는 시세 차익을 통한 상가 투자이기 때문일 것이다. 즉 좋은 상권으로 알려진 지역의 상가는 매매가격 혹은 분양가격이 상당히 높다. 이 지역의 상가는 대기하고 있는 잠재적 매수자가 비교적 풍부하다. 즉 공급보다는 대기수요 혹은 잠재수요가 많다. 따라서 이 지역은 임대 수익보다 시세 차익을 보고 투자한다는 트렌드를 읽을 수 있다.

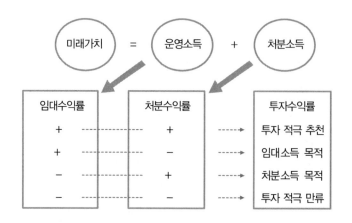

따라서 상가 투자를 검토할 때는 자기 자본 투자수익률을 검토하는 것이 당연 하지만, 반드시 투자 결정을 임대수익률에만 맞출 필요는 없다. 항상 이야기하는 것이지만 한 가지에 현혹돼 투자 하는 것은 바람직한 투자 방법이 아니다. 임대수익률이 당장은 좋게 나오지 않지만, 미래가치(잠재가치)가 올라갈 가능성이 있는 상가라면 적극적으로 투자 검토 대상에 올려놓아야 한다.

투자는 신중하게, 결정은 신속하게

투자자들이 가장 많이 선호하는 지역은 역시 서울의 강남이다. 김은 미(가명, 40대) 씨는 필자에게 서울 강남에 있는 상가에 투자하고 싶다 며 자문을 구했다. 다른 지역은 전혀 관심이 없으니 강남지역에서 좋은 물건이 나타나면 먼저 시장조사 및 사전 답사를 한 후, 자기가 투자 해야 하는 투자 타당성 및 당위성을 서류로 만들어 달라고 했다. 꽤 까 다로운 투자자로 기억된다. 고객이 너무 까다로우면 좋은 물건이 수배 되어도 소개를 안 하고, 다른 투자자에게 먼저 소개하는 것이 영업사 원과 컨설턴트의 생리다. 좋은 물건은 누구나 사고자 하는 수요가 있 기 때문이다. 까탈스러운 투자자에게 좋은 물건을 소개하기 보다는 다 정다감한 투자자에게 마음이 더 가는 것이 인지상정 아닌가.

필자가 서울 강남 이외의 수익률이 좋은 상가를 추천해주면 일체 관심도 없는 분이고, "언제 타 지역을 알아봐달라고 했냐?"며 오로지 강남지역을 고집하신 분이었다. 그래서 귀찮은 마음에 별로 신경을 안 쓰고 있었다.

그러던 중 선릉역에 있는 A부동산에서 연락이 왔다. 혹시 강남지역만 찾는 투자자가 있으면 소개 좀 해달라고 했다. 갑자기 급 물건이 나왔는데, 시행사에서 분양 사무실로 사용하던 1층 상가가 물건으로 나왔다는 것이다. 금액이 고액임에도 불구하고 수익률이 9.5%라고 했다. 분양자가 계약 조건을 작성하고 나서 바로 임대차 계약서를 작성하는 조건이었다. 즉 임차인이 대기 상태에서 분양자와 계약서 작성을 희망하고 있는 상태였다. 따라서 계약서를 쓸 때 시행사, 분양자, 임차인 이 3자가 같이 모여야 했다. 그때 갑자기 김씨가 생각나서 대충 전화로 이야기 했더니 현장을 보러 온다고 했다.

김씨는 현장에 도착해 투자 대상 물건을 보고 난 직후 분양대행사 사무실에 가서 분양 계약을 바로 했다. 이미 핸드백에 계약금을 가지고 왔던 것이다.

"아니 말씀하신 자료를 제가 준비한 것도 아니고, 그렇다고 현장을 본 것도 아닌데 무슨 마음을 먹고 계약금을 가지고 오셨어요?"

"강남 테헤란로에서 1층에 수익률 9.5%면 뭐 볼 것 있나요. 먼저 보는 사람이 임자지. 더군다나 요즘 경기가 안 좋은데 그 정도면 아주 좋은 물건이지."

김씨는 현장을 보러 오면서 보나마나 확실한 물건이다 싶어서 계약금을 가지고 나온 것이다. 왜 그런가 하면 일반적으로 강남에서의 투자수익률은 보통 5% 내외다. 아주 잘 나오면 6%대다. 강남은 임대 수익률보다도 처분소득을 보고 투자하는 것이 하나의 투자 패턴이다. 일반적으로 강남의 전면부 상가가 5%에 수익률이 맞추어져서 매매가 이루어지기 때문에, 9.5%라는 수익률은 이미 미래에 시세 차익으로 인한 수익을 확보한 상태에서 투자를 한다고 판단해도 된다. 물론 김은미 씨가 아무런 생각 없이 필자의 말만 100% 믿은 것은 아니다. 상가 투자에 대한 그동안의 투자 경험이 있는 분이라 신속한 의사결정을 할 수 있었다.

서초동의 B주상복합이 2007년 초에 분양을 시작했다. 시행사는 땅을 파기 시작하면서 펜스를 쳐놓고, 광고 영업팀 위주로 분양 영업 본부를 만들고자 했다. B주상복합이 위치한 지역에 S부동산 소속 공인 중개사인 K실장이 전공은 다르지만, 필자와 같은 대학을 다녀서 친구처럼 지내고 있었다. 그리고 B주상복합의 시공사인 T건설의 담당인 L팀장이 필자와 고등학교 동창이었다. 문제는 B주상복합의 분양 대행에 관한 준비를 하면서, T건설사의 친구가 필자에게 분양 영업에 대해 자문을 구했다. 이런 저런 이야기를 나누다 L팀장을 K실장에게 소개했다. 그리고 평면도를 보면서 1층 분양 가격에 대해 검토하는 중에, K실장이 1층 주 출입구에 있는 상가를 욕심냈다. 정식 분양을 하기 전이라도 자기가 손님을 붙여서 계약을 하겠다고 했다. 평당 분양 가격은 제일 비싼 8천만 원이었다. 그럼에도 불구하고 K실장은 자신감이 넘쳐 보였다. 사실 L팀장은 '분양가를 너무 높게 책정한 것이 아닌가?' 하는 의구심을 가지고 있었는데, K실장이 자신감을 피력하니 "정식 분양을 할 때 물건을 빼 주겠다."는 구두 약속을 했다. 한 달 뒤 정식 분양팀이 구성 되자마자 K실장은 B주상복합에서 제일 비싼 물건을 투자자에게 소개해 계약을 체결하고 수수료를 챙겼다.

분양 영업을 하면서 현장에 있다 보면 '내꺼다' 혹은 '이거다' 싶은 그런 물건이 있다. 물건을 보면 바로 생각나는 투자자들이 있다. 예를 들면 이 물건은 '최사장이 주인인 것 같다.' 는 감이 올 때가 있다. 물론 수익률이나 입지, 혹은 기타 환경이 투자 물건을 뒷받침해 주어야 하는 것은 기본이다. 분양 영업사원 뿐만 아니라 일반 투자자도 마찬가지다. 내 꺼다 싶으면 서둘러야 내 것이 된다.

전주가 되어 간접투자를 하는 방법

　이경호(가명, 33세) 씨는 같이 일을 해 본적은 없는 영업사원이지만, 필자가 서울 강남에서 본부장을 할 적에 그 인근에 있는 주상복합상가를 분양하던 본부장이었다. 나이 차이는 있었지만 퇴근길에 소주 한두잔 하는 관계로 발전하게 되었다.

　33세에 본부장을 할 정도면 상당한 능력을 갖춘 영업사원이다. 물론 관리하는 투자자들도 몇 명이 있었는데 그 중의 한 분하고 작업하는 것이 참으로 기가 막힐 정도였다. 그 투자자는 약사였다. 이 정도 관계가 되면 투자자라기보다는 이 본부장의 영업 활동 및 사업을 위해 뒷돈을 대주는 '전주(투자자)'의 개념으로 봐도 무방했다.

　아무튼 A라는 현장이 있었는데 클리닉센터였다. 약국하는 사람이라면 누구나가 다 원하는 그런 자리였다. 이 본부장은 그의 투자자인 약사에게 계약금을 입금하라고 이야기 했다. 약사는 이 본부장을 믿고 10억 원의 분양금 중에 10%인 1억 원을 송금했다. 그리고 분양 계약을 했다. 계약자가 약사이기 때문에 아무도 작업이 진행되는지 모른다. 그리고 계약이 되었으므로 수수료가 발생해 이 본부장은 수수료의 일부를 받는다. 이 수수료는 약사와 N분의 1로 한다. 그리고 이 본부장은 분양 영업을 한다. 이미 약사가 분양받은 약국 자리를 다시 시장에 내놓는 것이다. 관심을 표시하는 홍길동이란 투자자가 있으면 "이미 분양이 완료된 상가를 원 분양 가격으로 빼줄테니 작업비를 달라."고 요구한다. 즉 작업비로 5천만 원을 요구하고, 약국의 바닥 권리금으로 1억 원 정도를 올려 다시 계약한다. 이런 경우 약국의 특성상 작업이 쉽게 된다. 약국은 독점 자리라 병원에서 나오는 처방전의 예상 수를 이야기하면서 프리미엄 작업을 하게 되므로 대개의 경우 성사될 확률이 높다. 그런 식으로 작업이 성사되면, 처음 투자자인 약사는 자신이 송금했던 1억 원을 돌려받고 분양 계약을 전매 형태로 홍길동이란 투자자에게 넘겨주는 것이다. 그럼 1억 5천만 원이란 이익금을 이본부장과 투자자가 N분의 1로 나누어 가진다.

분양 영업사원들이 분양 영업을 한 해 두 해 하다가 보면 자연스럽게 관리 대상에 올려놓는 투자자들이 생기게 된다. 첫 만남이야 어찌되었던 투자자들은 투자가치가 있는 물건에 대한 정보를 남보다 빨리 얻고자 하는 마음과, 계약을 유치해야 돈을 벌 수 있다는 분양 영업사원들의 마음이 자연스럽게 일치되기 때문이다.

상가 투자는 일반적인 경우는 장기투자일 확률이 높다. 상가 하나 구해서 임대료 수입을 보면서 확정되지 않은 미래 시점에 매도를 하는 것이므로, 대개의 경우 영업사원과 투자자는 단발성의 인연이다. 그렇기 때문에 영업사원들의 입장에서는 투자자들을 관리한다고는 하지만 사실상 투자자 입장에서 관리하는 것이 아니라 영업자의 입장에서 관리하는 것으로 이해하는 것이 맞는 표현이다.

상가 투자가 단기투자일 경우를 살펴보면, 소위 치고 빠지는 투자자들이다. 전매 작업을 하는 것이다. 이런 경우는 영업사원들이 정말

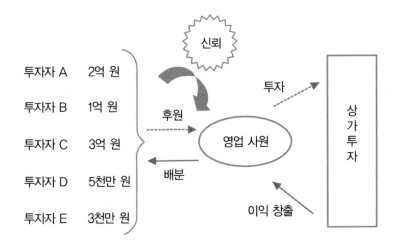

관리에 들어간다. 즉 한 번 치고 빠져서 돈을 벌었다 하면, 투자자는 그 영업사원의 말을 신뢰할 것이고, 그러면 앞으로 투자에 대한 의사결정을 영업사원에게 맡기게 되기 때문이다. 즉 전주의 개념으로 영업사원과 투자자와의 관계가 형성된다. 그런 경우가 되면 영업사원도 이제 아무 물건이나 소개해 주지 않는다. 정말 돈 되는 현장, 그리고 단기간에 프리미엄 작업을 해서 돈 벌 수 있는 현장만 투자자(전주)에게 소개한다. 물론 이렇게 해서 100% 다 성공하는 것은 아니다. 한 순간의 오판으로 잘못 투자하게 되면 정말 골치 아프게 된다. 일반적으로 분양 영업 현장에서는 이러한 투자자들을 '스폰서'라고 하며, 스폰서가 있고 없고에 따라서 영업사원들이 능력을 평가받기도 한다.

상가는 아니지만 집중적으로 토지 사업을 하는 T컨설팅의 장사장은 개인적으로 열 명 가량의 투자자들을 관리하고 있다. 이 열 명의 투자자들은 전주 개념이다. 물건을 보러 다니고, 작전을 짜고, 돈이 되겠다 싶으면 투자자들에게 연락을 취해 투자 자금을 융통한다. 그리고 작업을 완료한 후, 서로 이익을 배분한다. 항상 성공하는 것이 아니기 때문에 한번은 작업이 잘못되어 투자에 실패했다고 한다. 그래서 장사장은 자신의 집을 팔아 투자자들에게 끼친 손해를 일부 보상했다고 한다. 그러한 장사장의 모습에 감동을 받은 투자자들이 장사장을 더욱 믿고 따라 다니게 됐다는 얘기도 있다.

시행사와 담판으로 돈 버는 방법

　보통 자금 여력이 있는 투자자들은 시행사와 담판을 짓는 경우가 있다. 전면부 상가를 전부 매입하거나, 2층을 통으로 전부 매입하는 투자 방법이다. 그런 경우 투자자는 시행사에 분양 가격을 할인해 줄 것을 요구한다. 물론 상가 자체에 대한 사업성이 뛰어나다고 판단하거나 혹은 자금 여력이 있는 시행사라면 그런 협상에 응하지 않을 것이지만, 상가의 입지가 다소 떨어지거나 사업 자금 운영이 어려운 시행사라면 협상에 응하는 경우가 많다. 이와 같은 담판을 할 정도의 상가라면 상가의 크기에 따라 다르지만 보통 6~8개의 점포가 나올 것이다. 그리고 양측 코너와 주 출입구 좌,우측 상가는 가격이 다른 상가보다 보통 10% 정도 높은 것이 일반적이므로 대략적으로 150억 원 정도의 분양 가격을 예상할 수 있다.

　상가 전면부를 모두 계약하는데 150억 원이 다 필요한 것은 아니다. 10%의 계약금만 있으면 된다. 즉 15억 원만 있으면 전면부 상가를 전부 자신의 이름으로 가지고 올 수 있다. 더군다나 150억 원이 정상 분양 가격이라면 10~20% 가격을 할인해 시행사와 계약을 하게 되면 150억 원보다 더 낮은 가격에 분양받을 수 있다. 이렇게 자신의 이름으로 분양을 다 받은 뒤에는 다시 재분양을 하는 것이 시행사와 담판으로 돈을 버는 방법이다. 상가의 전면부는 모두 자신의 권리이므로 가격 조정을 할 수 있다. 정상 가격에 분양을 해도 시행사로부터 정상 가격에서 이미 할인받은 상태이므로 이익이 되고, 경기가 좋아지면 더 높은 가격에 분양을 해도 된다. 이런 식으로 재분양 작업을 통해서 투자 이익을 챙기는 것이다. 일반적인 전매 작업과 유사하지만, 규모 자체가 다르기 때문에 시행사와 담판을 통해 가격 메리트를 확보해야 한다. 그렇지 못한 경우에는 실패할 확률이 높다.

대개의 경우 시행사의 입장에서는 전면부나 2층은 위와 같은 방법으로 처리하지 않는다. 그리고 시행사 입장에서는 사업 초기보다는 사업 중기, 혹은 사업 후기에 위와 같은 제의가 들어오면 검토할 것이다. 즉 미분양에 대한 걱정 때문에 협상에 응할 가능성이 있다.

김수진(가명, 50대 중반) 사장은 위와 같은 작업을 주로 하는 여성이다. 보통 1~2년에 한 번 정도 위와 같은 작업을 하는데, 이런 작업을 하려면 상당한 기획력이 있어야 하며, 정확한 시장분석과 가치분석 그리고 재분양의 가능성 등을 면밀히 검토해 승산이 있다고 확신할 때 뛰어든다. 물론 김사장은 사업 성공을 위해 주변의 인적 네트워크를 잘 갖추고 있다. 필자가 알고 있는 김사장의 작업 중 하나는 지하 1층을 시행사와 담판으로 약 40% 할인된 금액으로 통 계약을 한 것이다. 지하 1층이 전부 170억 원 규모였는데 담판으로 약 100억 원에 인수했다. 건물 준공이 가까워진 시행사로서는 자금 운영에 부담이 있었기 때문에 위와 같이 협상을 한 것이다. 그리고 김사장은 재분양을 통해 140억 원에 물건을 팔아넘겼다.

최일남(가명, 50대) 사장은 스포츠센터 사업을 하는 분이다. 필자가 강남에 있는 주상복합건물에서 상가를 분양했을 때 만난 사람이다. 지하 2층을 스포츠센터로 임대 계약했다. 임대 조건은 보증금 1억5천만 원에 월 950만 원이었다. 원래는 이 금액으로 계약하기가 어려운 상가였다. 통상적인 임대료는 보증금 3억 원에 월 1,600만 원이 이 상가의 적정 가격이었다. 그러나 지하 2층이란 특성상 분양하기가 어렵다는 것을 알고 있는 최사장은 시행사에 임대료 조건을 과감하게 낮출 것을 요구했고, 몇 차례의 협상 결과 위와 같은 금액으로 5년간 임대차계약을 맺었다.

최사장은 인테리어를 하는 2개월 동안 스포츠센터 회원을 모집했다. 1년 회원의 경우 연회비 96만 원으로 모집했다. 그는 2개월 동안 약 300명에 가까운 회원을 모집했다. 2개월의 기간과 인테리어 비용을 다 뽑은 것이다. 그 뒤 정식 스포츠센터가 오픈하자마자, 최사장은 중개업소에 물건을 내놓았다. 저렴한 가격의 임대차계약을 회사에 맺고 난 후 인테리어와 회원 수를 바탕으로 권리금 작업을 해서 목돈을 챙긴 것이다.

상가 투자의 고수는 부지런하다

동대문 시장에서 15년 동안 밤낮으로 장사를 해서 상당한 돈을 벌어들인 부부가 있다. 이 부부는 인터넷으로 필자와 인연을 맺은 분들인데, 5년 전에 장사를 그만두고 돈을 부동산 투자를 해 불리고 있다.

현재 그 부부는 살고 있는 50여 평의 아파트 외에도 대학생인 딸 명의의 아파트가 있으며, 수십억 원의 현금을 통장에 넣어 놓고 있다. 필자와 인연을 맺은 뒤로는 한 달에 한두 번 꼴로 함께 식사를 한다. 스스로 한량이라고 소개하는 남자 분은 소탈하다. 그러나 부동산 투자에 대한 이야기를 나눌 때는 눈매가 변할 정도로 날카로운 분이다. 이미 K대학에서 교양강좌로 열리는 부동산 공부도 열심히 하고 있는 중이다. 그분이 필자에게 돈이 될 만한 물건이 있으면 1년에 한 번 정도 소개해 달라고 했다. 프리미엄을 붙여서 전매를 하든지, 임대를 하든지, 그것은 차후에 필자와 상의해 결정하겠다고 했다.

이 분은 상가 가격이 올라가면 바로 팔겠다는 간단한 논리로 투자에 접근했다. 상가는 가치가 급변할 가능성이 있기 때문에 장기간 보유할 필요가 없다는 논리였다. 그 분은 상권의 가치는 언제든지 변할 수 있다는 사실을 알고 있었다. 한번은 경기도 신도시에 있는 상가를 소개해 준 적이 있었다. 초대형 신규 상가로 상권이 성장하는 단계였고 그 지역에서는 랜드마크가 될 만한 상가 건물이었다. 그 분은 상가를 분양 받자마자 '언제쯤 팔까'를 고민하고 있었다. 그리고 틈나는 대로 그 상권을 돌아보고, 술 먹을 일이 있으면 가끔 그 지역으로 이동해 술을 먹으면서 단골집을 하나 둘 만들어 놓았다. 그리고 1년이 지날 무렵 필자에게 상가를 팔았다고 말했다. 그 상가 건물 옆에 대형 주상복합건물 및 근린상가가 들어선다는 정보를 주변에서 들었다고 했다. 음식점에서 술을 먹다가 술집에서 하는 이야기를 들은 것이다. 그리고 주변 부동산에 탐문조사를 해서 그 정보가 확실하다고 판단했다. 그리고는 바로 자신의 상가를 미련없이 팔아 넘겨 약 3억 원 정도의 처분소득을 보았다. 세금은 세무사의 도움을 받아 처리했다고 했다.

최근에 그 지역에 가보니 상권이 크게 뒤바뀌어 있었다. 이유는 10분 거리에 있는 호수공원을 중심으로 해서 대형 상가들이 하나 둘 집중적으로 개발되고 있었기 때문이다. 따라서 처음에 검토했을 당시 '그 상가 지역에서 랜드마크가 될 수 있을 것'이란 사실은 수정을 해야 했다. 시간이 지나면서 상권이 변하고 주변환경이 변했던 것이다.

부동산에도 가서 이야기를 나누어 보니, "2년 정도까지는 상권이 좋았었는데 3년차가 되면서 상권이 서서히 그 옆으로 이동해 지금은 상가가 많이 죽었다."고 했다. 그렇게 인기 좋던 상가가 이제는 매물이 많이 나와 있는데도 투자자가 나타나지 않는 실정이다.

한번은 그 투자자와 '투기'와 '투자'라는 주제를 가지고 이야기를 나눈 적이 있었는데, 그 분은 이렇게 견해를 피력했다. "손해볼 것을 뻔히 아는데 남들이 투기라고 하니까 가지고 있으란 얘기야? 손해볼 것이 예상돼서 짧은 시간 안에 시세 차익 보고 파는데 그게 왜 투기인가? 투자 행위지! 웃기는 소리 하지 말라고 그래! 그럼 손해보고 팔면 자기네들이 책임을 질꺼야? 그건 아니잖아!"

첫 번째 상가 소유자의 권리

　M지역의 복합상가 분양을 앞두고 있었다. 4층까지는 상가 건물로 구성되었고, 5층부터는 사무실로 MD가 구성되었다. 워낙에 유명지역이라 영업사원들은 분양 일정이 잡히기만을 기다렸고, 영업사원이 하나 둘 소리 소문 없이 모여 들었다. 100명에 가까운 영업사원이 사전 작업으로 고객들에게 전화를 하면서 분양 영업 개시 일을 학수고대하고 있었다. 영업사원 100여 명이 자신들이 관리하는 투자자 한 명씩만 청약하게끔 유도해도, 이미 점포 수에 비해 투자자가 넘치는 상황이었다. 따라서 100여 명의 영업사원은 누구라고 할 것도 없이 100m 달리기 출발선에 서 있는 것처럼 사전작업을 하고 있었다.

　마침내 다가온 분양 영업 개시 일, 영업사원들은 은행 영업이 시작되자마자, 투자자들로 하여금 청약 입금계좌에 돈을 입금시켜 놓고, 분양 사무실로 방문을 하도록 유도했다. 선착순 등기 분양이었기 때문이다. 반신반의 하는 투자자들도 있었고, "널 어떻게 믿고 입금 하느냐?"고 하는 투자자들도 있었다. 어쨌든 이 복합상가는 오픈하자마자 일주일도 안 되어 100% 분양을 달성했다.

필자와 친구처럼 지내는 분양 영업사원이 있다. 그 친구가 관리하는 투자자가 위의 상가에 청약했고 2층 상가를 분양받아 계약했다. 계약과 동시에 바로 일주일 만에 프리미엄이 붙어서 6,000만 원의 시세 차익을 보았던 것으로 기억한다. 사전에 정보를 알고도 의사결정을 망설였거나, 영업사원이 알려준 투자 정보를 믿지 않은 투자자들은 뒤늦게 후회하며 쓰린 속을 달랬을 것이다.

투자자들은 대개의 경우 분양 영업사원들을 색안경끼고 바라보는 것이 일반적이다. 투자자들만 그런 것이 아니라 현장에 있는 사업자들도 분양 영업사원을 한 수 아래로 취급하는 편이다. 아이러니 하게도 한 수 아래로 보고, 색안경 쓰고 사람을 보면서 사업의 성공을 위해 영업을 부탁하고, 돈을 벌기 위해서 투자 의뢰를 하고 상담을 하는 것이다. 잘못된 선입견 때문에 정말 좋은 정보를 가지고 투자자들에게 도움을 주고자 하는 영업사원의 호의까지 거부할 필요는 없다고 본다.

신규 분양 상가는 건물이 준공되기 전에 분양을 하는 경우가 많다. 따라서 선착순 분양이므로, 남보다 한발 앞서서 정보를 취득하게 되는 경우에는 최고의 자리를 잡을 수가 있다. 초기에는 선분양이므로 임대가 안 맞추어져 있지만, 상권과 상가 입지가 뛰어난 물건들은 임대에 대한 불안감이 없으므로 투자자들이 일단 선호한다.

사실 준공이 가까워지게 되면 임대 걱정은 할 필요가 없다. 따라서 신규 분양 상가는 짧은 시간 안에 시세 차익을 목표로 하는 공격적인 투자 성향을 가진 투자자들이 선호하는 부동산 투자 상품임에 틀림없다. 특히 이런 상가들은 다른 상가보다 뛰어난 입지로 인해, 가장 안정적인 임대 수익을 가져다 줄 수밖에 없는 약국, 부동산 중개업소, 24시간 편의점, 브랜드 커피숍 등이 입점하게 된다. 결국은 1차적으로 점포를 소유함으로 2차, 3차 소유자들과는 다르게 처분소득으로 인한 시세 차익을 맘껏 누릴 수 있다. 물론 처분소득은 두 번째 소유자도 가질 수 있고, 세 번째 소유자도 가질 수 있다. 그러나 시간이 문제다. 가장 짧은 시간 안에, 가장 많은 시세 차익을 볼 수 있는 것은 처음으로 상가를 소유한 사람만이 가질 수 있는 특권이다. 다만 두 번째나 세 번째로 상가를 소유하는 사람들은 시세 차익은 작지만, 상권이 안정화 단계에 들어섰기 때문에 임대 수익에 대한 불안감이 별로 없다는 것이 장점이다.

신규 분양 상가를 가보면 대개의 경우 1층 주 출입구 양쪽 측면으로는 대개 위와 같은 점포들이 입점한다. 안정적인 임대 수익과 처분이 쉬운 점포들이 입점하므로 투자자들로서는 상당히 매력적인 투자물건인 것이다. 짧은 시간 안에 프리미엄이 붙어 높은 처분소득을 볼 수 있다. 보통의 경우 신규 상가 분양 초기에는 상가의 빠른 분양을 위해 시세보다 다소 낮은 금액으로 분양을 하는 경우가 가끔 있다. 신규로 분양하는 상가가 투자자에게 늘 관심의 대상이 되어야 하는 이유가 여기에 있다.

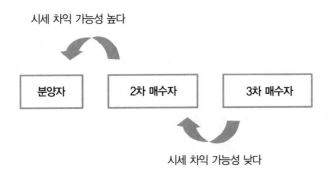

세금을 아까워하지 마라

　서울 강남의 최정선(가명, 50대) 씨는 좋은 물건이 있으면 찍고 다니는 분으로 필자와는 작년에 인연을 맺었다. 1년에 2~3개의 상가를 찍고 다니면서 정작 본인은 월세로 살고 있다. 물론 그 월세가 우리 일반인들이 생각하는 것보다는 좋은 주거환경과 시설이지만 말이다. 그러면서 자금 회전을 하는 것을 보면 정말 기가 막힐 정도다. 타이밍도 잘 맞추고, 기획력도 되는 분이다. 물론 옆에는 상당히 긴밀한 관계를 유지하고 있는 한두 명의 컨설턴트나 분양 영업사원, 혹은 부동산 업자들이 있다.

　보통 투자 가치가 있다고 판단해 마음에 드는 점포 하나를 찍으면, 중도금 대출 한도까지 대출을 받을 계획으로 분양 계약을 한다. 그러면 준공까지는 보통 1~2년 이상의 시간이 있으므로 그동안 중도금 부족분 및 잔금 마련 계획을 세운다. 대개의 경우 이미 전년도에 혹은 전전년도에 투자한 상가를 매도하는 것으로 충당한다. 그런 식으로 하다보면 과도한 세금을 부담하게 되지만 그런 것에 전혀 신경 안 쓴다. 오히려 주변에서 세금 때문에 상가를 좀 더 보유할 것을 권하면, 자금 회전의 중요성을 더 강조한다.

　최정선 씨가 소유한 10억 원의 부동산을 1억 원 이라는 시세 차익을 예상하고 7개월 후에 매도했다면 세금은 약 50%, 그러니까 5천만 원이 세금이다. 그렇다면 5천만 원의 시세 차익을 보는 것이다(월 임대소득은 이해를 돕기 위해 계산에서 제외). 7개월 만에 5천만 원의 투자 이익을 보는 것에 만족한다면 위의 투자는 잘한 것이 될 것이고, 5천만 원의 시세 차익이 불만스럽다면 매도 시점을 더 길게 가지고 가야 할 것이다. 2년 보유하고 매도한다면 9~36%의 세금이 적용되므로 (계산하기 편하게 20% 세금을 적용받는다면) 세금은 2천만 원이 된다. 7개월 만에 매도하는 것과 비교하면 약 3천만 원의 차이가 발생하는데 그 3천만 원의 차액이 과연 '1년 3개월 이상을 기다릴 만큼 가치가 있는 것인가?' 하는 것이다(이해를 돕기 위한 세액 추정이므로 실제 계산은 이와 다르다).

100,000,000원	×	50%	=	50,000,000원
(시세 차익)		(양도소득세 1년 미만 적용률)		(세금)
100,000,000원	×	20%	=	20,000,000원
(시세 차익)		(2년 이상 보유 시 9~36% 적용)		(세금)
50,000,000원	−	20,000,000원	=	30,000,000원
				(2년 이상 보유하여 절감하는 세금)

　흔히들 1억 원의 시세 차익을 보고 양도세 50%를 낸다면 5천만 원의 세금을 내는 것이 아까워서 50%를 피할 수 있는 장기 보유로 들어가는 것이 일반 투자자들의 모습이다. 그러나 최정선 씨는 장기 보유로 가서 세금을 30%정도 절감해도, 절세 효과보다는 빠른 자금 회

전으로 더 좋은 물건을 찍고 다니는 것이 훨씬 유리하다고 판단한다. 물론 이런 투자 패턴은 상당히 위험한 것이기는 하지만, 과도한 수익에 대한 욕심만 버린다면 그리 위험하다고 볼 수도 없다.

자본주의 사회에서는 상가 투자 행위로 단기간에 발생한 소득 중에 '양도소득세를 투자자 입장에서 어떻게 받아들일 것인가?' 하는 것이 중요한 투자 포인트다. 물론 토지나 아파트는 상가 투자와는 다르다. 수익형 부동산은 목표 수익이 분명해야 하며, 투자 전략을 처음부터 어떻게 구상할 것인가가 중요하다. 투자를 결심할 때부터 '안정적인 임대소득이 목적인 장기적인 투자 패턴으로 갈 것인지, 아니면 단기적인 시세 차익을 목표로 할 것인지'를 먼저 결정해야 한다. 안정적인 임대소득에 중점을 둘 것인지, 시세차익에 중점을 둘 것인지, 혹은 단기투자인지 장기투자인지 하는 것은 개인적인 성향이다. 그 투자 성향에 따라 세금이 부과 되는 것이다. 따라서 세금을 많이 낸다고 아까와 할 필요도, 세금을 적게 낸다고 기분 좋아할 필요도 없다. 그만큼 기회 손실과 보상을 세금으로 주고받았다고 생각하면 된다.

부동산 재테크로 상당한 재력을 이룬 부자들 중에 세금 때문에 투자를 망설이고 겁내는 사람을 아직까지 만나본 적이 없다. 세금 내기 아깝다고 매도 타이밍을 놓치는 투자자는 때를 놓칠 가능성이 많다고 봐야 한다. 대부분 성공한 투자자들은 매도 타이밍이라는 판단이 서면, 세금의 많고 적음에 개의치 않고 물건을 판다. 더 보유하고 있으면 더 많은 수익을 보았을 것이란 욕심과 그게 아닐 수도 있는 위험 회피 전략은 서로 상대적인 것이다. 결국에는 결정적인 순간에 본인만의 투자 방법과 철학이 빛을 발한다.

객관적인 데이터는 신뢰하는 것이 좋다

강재숙(가명, 60세) 씨는 30대에 남편과 사별한 후 혼자 힘으로 세 자녀를 대학 공부시키고 결혼까지 시킨 분이다. 강씨는 장사를 해서 돈을 모았다. 25년 동안 한 품목의 장사를 한 것이 아니라, 시장의 여건이 변하면 아이템을 바꾸어 장사를 하고, 몇 년 뒤 트렌드가 변하면 또 업종을 전환하면서 아파트 두 채를 장만했다. 그렇다보니 이런 저런 경험을 통해 점포사업의 성공여부에 대한 남다른 감각이 있었다.

강씨는 막내딸이 결혼을 하자마자 장사를 그만 두었다. 그리고 둘째 아들과 함께 살면서 세 자녀로부터 용돈을 받으며 노후의 편안함을 누리던 중 "아파트 한 채를 정리해, 상가를 구입하겠다."고 투자를 의뢰했다.

강씨의 의뢰를 받은 직후 상가 하나를 소개했는데 바로 거절당했다. 상권과 입지가 좋아보였음에도 불구하고, 강씨는 자신의 경험을 바탕으로 의사결정을 했다. 이분은 필자가 이야기 한 객관적인 데이터에 대해 이해는 하지만, 당신의 생각에 그냥 사람이 많이 다니는 것이 아니라 내 가게에 '손님으로 들어 올 것 같은 사람이 많이 다니는 지역이어야 한다.'는 것이다.

지나가는 사람들 중에 몇 명이 내 점포에 들어 올 수 있는지를 과학적으로 분류해 낸다는 것은 참으로 어려운 일이다. 유동인구의 성별, 나이별, 소득별, 소비 성향별, 상권의 사업 아이템별 등을 다 분석해야 한다. 그리고 그 숫자를 파악해 신뢰할만한 예상 방문객을 데이터로 작성해 낸다는 것은 결코 쉬운 일이 아니다. 그러나 강씨는 그러한 것을 숫자나 데이터보다 감각으로 느끼는 것 같았다. 더군다나 대로변이 아니면, 다른 어떤 목 좋은 상가를 소개해도 고집스럽게 쳐다보지도 않았다. 대로변이라고 해도 주차가 가능해야 한다는 단서도 달았다. 결국 강씨는 필자가 6개월의 발품을 팔고 다닌 끝에 소개해준 신규 상가를 계약했다.

데이터를 믿을 것인지, 감을 믿을 것인지

투자 상담을 하거나 혹은 현장 조사를 하게 되면 이러한 문제는 민감하게 어떤 순간에는 아주 당혹스럽게 투자자들로 하여금 고민을 하게 만든다. 부동산 투자의 유형은 해석에 따라 여러 가지 다양하게 분류하고 정의할 수 있다. 그러나 투자를 할 것인가, 말 것인가 하는 선택의 순간에 '느낌으로 할 것인지? 데이터에 의존할 것인지?' 망설여지는 경우가 종종 있다. 데이터에 기초한 투자를 선호하는 투자자들도 있고, 감으로 하는 투자를 선호하는 투자자들도 있다. 이러한 의사결정에 대해 갑론을박 할 수 있기는 하지만, 무엇이 더 바람직하다고 딱 부러지게 이야기하기는 어렵다. 대부분의 투자자는 데이터에 의한 투자를 선호하지만, 그 데이터라고 하는 것이 영업을 위한 자료일 경우에는 과장된 경우가 많다는 것에 반드시 주의를 기울일 필요가 있다.

● 부동산은 경험과학이다

현장에 있다 보면 느낌에 의한 투자가 성공하는 경우를 많이 볼 수 있다. 수익률도 나쁘고, 상권이나 입지도 썩 만족스럽지 않지만, 왠지 모르게 느낌이 좋은 그런 상가가 있다. 대개의 경우 느낌이 좋은 상가는 개인적인 경험에 의한 경우가 많다. 그동안 투자 상담의 경험을 통해 축적된 지식이 주는 무의식의 발현인 것이다. 본인도 모르게 '그동안 이러 이러한 투자는 실패한 경우가 별로 없다'는 선입견이 의사결정의 중요한 포인트가 되는 것이다. 대부분 이런 투자자는 부동산 투자로 상당한 재력을 모은 분들이다. 이런 사람들의 특성은 옆에서 위험성을 지적해도 쉽게 마음을 바꾸지 않는다.

이런 특성 때문에 부동산이 경험과학의 하나로 분류되는 것이다. 즉 개인이 경험한 부동산 현상을 기초로 가설을 설정하고, 경험과 이론을 토대로 새로운 결론을 도출하기 때문이다. 대개의 경우 이런 투자가 성공했을 경우, 상당한 투자 수익을 얻게 된다. 미래 예측을 사고파는 것이 부동산 투자의 기본이라고 한다면, 그 미래 예측에 대한 정확한 분석을 할 때 투자자 개인의 경험과 느낌을 통합한 주관적 견해도 중요한 방법론의 하나가 될 수 있다.

부동산은 응용과학이다

　데이터 분석은 적정 가격 분석, 수익률 분석, 유동인구 분석, 상권 분석, 입지 분석, 교통 분석, 가치 분석, 상가 주변의 시너지 효과 등을 통한 상가의 발전 가능성을 기본적으로 검토한다. 그 검토가 끝나면 예상 임대 수익을 통한 자기 자본 투자에 대한 수익률 분석을 한다. 흔히 데이터에 의한 투자를 한다고 할 때 이런 과정을 거친다. 데이터에 의한 투자는 손실을 볼 확률이 상당히 적다. 학계에서는 이런 특성 때문에 부동산을 응용과학의 하나로 분류하는 것이다. 즉 부동산 활동의 원리와 기술을 어떤 행위의 기본으로 삼아서 문제를 해결하기 위한 실천 방법을 제시함과 동시에 그 유용성, 효용성을 검토하기 때문이다.

　상가 투자를 하는 결정적 순간에는 경험을 통한 주관적 견해와, 정확한 미래 예측을 하기 위한 데이터에 의한 객관적 분석 모두가 적절하게 필요하다. 상황에 따라 어느 한쪽이 더 중요할 수도 있고, 덜 중요할 수 있다. 일방적으로 데이터에 의한 투자만 지향하거나, 반대로 경험에 의한 투자만을 고집하는 것 양쪽 다 조심해야 한다. 만일 투자자가 과장된 데이터를 식별할 수 있는 혜안과 실력을 갖추었다면, 객관적인 데이터를 믿는 것이 바람직한 투자 패턴이다.

정보와 자료는 모으고, 발품은 팔아라

　투자자가 영업사원의 안내를 받아서 분양 사무실을 방문하면, 대개의 경우 팀장으로부터 브리핑을 받는다. 브리핑 자료는 현장에 대한 평면도, 분양 가격과 예상 임대수익률, 주변 상권에 대한 조사 등이 중심이 되어 있다. 평면도를 보는 것은 고객들의 동선을 파악하고, 유동인구의 집객효과에 따른 입지 타당성을 검토하기 위한 것이다. 분양 가격과 임대수익률은 분양 가격에 대비해 받을 수 있는 임대료를 검토하는 것이며, 주변 상권에 대한 조사 자료는 향후 발전 가능성을 검토하기 위한 것이다.

　브리핑 자료는 회사의 입장에서 투자자들이 투자에 대한 판단을 내릴 수 있도록 낙관적인 입장에서 자료를 만든다. 따라서 투자자는 투자자의 입장에서 냉정하게 각각의 내용에 따른 타당성을 검토해야 할 필요가 있다. 투자 결정에 대한 모든 책임이 투자자에게 있기 때문이다. 예를 들어 역에서 실제로는 20분 거리지만, 브리핑 자료에는 5분 거리라고 했을 때, 그에 대한 진위 여부는 투자자가 확인을 해야만 한다. 대법원의 판례에 의하면 영업자의 입장에서 쓴 화려한 미사여구나 과장된 분양광고가 위법이 아니라고 어느 정도 인정을 했기 때문이다. 따라서 투자자는 회사가 제시하는 브리핑 자료만이 아니라, 다양한 정보를 토대로 객관적이고 정확한 자료를 모아야 한다. 간혹 뛰어난 기획 능력이 있는 영업사원들이 누가 보기에도 훌륭한 브리핑 자료를 만들었다면, 만들어진 자료를 투자자에게 제출하지는 않는다. 보통 투자자들이 가지고 가는 자료라고 하는 것은 평면도와 광고 전단지 수준이다. 그래서 투자자들은 최대한 자료를 많이 모아 그런 믿을 수 있는 자료를 토대로 투자에 대한 객관적 데이터를 분석해야 한다.

영업사원들이 투자자에게 자료를 주지 않는 이유는 3가지 정도로 집약된다.

첫 번째 이유는 아마도 투자자를 믿지 못하기 때문일 것이다. 자료를 만들어 주면 자료를 만드는 동안의 노력과 시간에 대한 사례는 고사하고, 자료만 챙기는 투자자들이 많기 때문이다. 그리고 ㄱ 자료를 다른 분양 영업사원들에게 보여주게 되면 자신만의 노하우를 빼앗기게 되기 때문일 것이다. 신규 분양 상가에 투자하는 것은 투자자와 투자자에게 물건을 소개 해준 영업사원 혹은 컨설턴트들과의 신뢰가 중요한 것이다. 좋은 물건이다 싶으면 투자자는 상당히 저자세가 되어 상담을 하면서 자료를 요청한다. 그래서 투자자를 믿고 자료를 건네준다. 그리고 나중에 투자 결정에 대한 여부를 확인하기 위해서 연락을 취하면, 상당히 귀찮아하는 투자자들이 의외로 많다. 영업사원 입장에서는 투자자에게 속았다는 느낌을 받는 것이고, 그러한 것이 반복될수록 투자자들에게 자료를 주는 것을 회피하게 되는 것이다.

두 번째 이유는 영업사원 스스로가 자료를 만들 수 없기 때문일 것이다. 부동산의 전반적인 지식과 이해뿐만 아니라, 실무 경험이 부족해 부동산 이론과 개인적인 경험을 기초로 한 투자 타당성에 대한 보고서를 만들 수 있는 영업사원들은 극히 일부분이다. 부동산 원리와 문제 분석 및 해결을 위한 기술적 검토 능력뿐만 아니라 문서 편집 및 기획을 문서화 할 능력이 부족하기 때문이다. 그래서 자료를 통한 브리핑을 하는 것이 아니라 화려한 미사여구와 홍보성 화법으로 투자자들에게 투자를 권유하는 것이다.

세 번째 이유가 있다면 아마도 투자자들 혹은 영업사원들의 급한 성격 탓일 것이다. 이상하게 강박 관념이 생기는 것이 투자자들의 성향이다. 마음에 드는 상가가 있으면 전후좌우 살펴볼 생각은 안하고 "내가 지금 안 하면 다른 누군가가 먼저 투자 하겠지."하는 심리가 있어 브리핑에 대한 냉정한 검토를 소홀히 한다. 결과적으로는 투자에 실패하게 되는 것이다.

'빨리 계약을 해야지.' 하는 쫓기는 심리가 드는 것은 영업사원들도 마찬가지다. 계약을 해야 돈이 들어오고, 영업사원들의 수당이 생기기 때문이다. 돈을 보고 투자 상담을 해주다 보니 이러 저런 세밀한 투자 브리핑 자료를 만들어 줄 시간적 여유가 없다.

따라서 투자자들은 영업사원들의 브리핑 자료를 최대한 구한 후 자신이 발품팔면서 취득한 다양한 정보와 함께 의사결정을 도와줄 수 있는 자료를 직접 만들어 볼 필요가 있다. 사업계획서도 만들 수 없으면서 주먹구구식으로 사업을 하는 것은 100% 실패할 수밖에 없다. 대기업에 임원으로 있다가 명예퇴직한 후 조그마한 점포 창업을 해서 실패한 사람들이 수없이 많다. 아무리 사소한 사업이라도 정확한 계획과 자금 스케줄을 가지고 움직여야 하듯이, 상가 투자도 스스로가 냉정한 자료를 만들어 투자 결정을 해야 실패할 확률을 줄일 수 있다.

상가 투자에
돈 있다

3

초보자가 꼭 알아야 할
상가 투자 기초 지식 23가지

건폐율과 용적률

영업사원이 분양 영업을 하면서 건축 개요에 대한 용어를 모를 경우 정말 일을 하겠다는 것인지 의심스러울 때가 있다. 그런데 더 어처구니없는 것은 상가 투자를 하겠다면서 건축 개요에 나오는 용어를 전혀 모르는 투자자들이 있다는 것이다. 파는 사람이 모르는 것도 문제지만 사는 사람이 모른다는 것이 더 어처구니없다. 도대체 개념 없이 물건을 사고 팔고 있다. 그래서 나중에 비싸게 분양받았다고, 혹은 사기 분양이라고 항의하는 일이 발생하는 것이다. 자신의 무식함을 탓해야 할 것이다. 상가 투자로 돈을 날린 사람도 있지만, 돈을 번 사람도 무지하게 많이 있음을 알아야 한다. 그리고 똑똑한 사람들이 돈 벌 확률이 높은 것이지, 무식한 사람이 돈을 번 경우는 거의 없다.

다음과 같은 건축개요가 있다.

상가명	하누리 프라자		
주소	서울특별시 강남구 논현동 11-111번지외 2필지		
구분	근린상가	형태	등기분양
지역/지구	강남구 논현동	총점포수	25개
대지면적	423.50평 약 1,400.00㎡	시행사	(주)하누리컨설팅
건축면적	약 1,257.01㎡	시공사	하누리건설
연면적	약 8,209.26㎡	분양	사하누리
용적율	586.37% 법정 800%	자금관리사	kb부동산신탁
건폐율	89.79% 법정 90%	현황	분양 중
건축허가 등..	토지매입 및 건축 허가 완료	세대수	세대
분양신고번호	미대상	신고일자	미대상
특징	강남 최고의 투자상권이며 논현사거리 먹자골목 고수익상가, 신탁자금관리, 하누리 건설 책임 시공		
문의	담당자 하누리 / 분양사무실 연락처 / 02-222-2222 휴대폰 / 017-222-2222		

본 분양정보는 일방적인 홍보 자료이므로 사실과 다를 수도 있습니다.

다른 사항은 다른 장에서도 상세히 언급되므로 우선 면적에 대해서만 언급하고자 한다. 대지 면적은 말 그대로 땅 크기다. 그 땅위에 건물을 짓는 것인데 건물이 차지하는 땅의 면적이 건축면적이다. 따라서 대지면적과 건축면적은 차이가 발생할 수밖에 없다. 땅 크기에 딱 맞게 건물을 올릴 수는 없다. 그래서 건물을 짓는 땅의 면적을 땅 크기로 나눈 것이 건폐율이다. 건폐율은 '건축 면적÷대지 면적' 이 되는 것이다. 즉 땅 크기가 1,652.89㎡(500평)이라고 하고, 건폐율이 50%라고 하면 그 땅위에 지을 수 있는 건축물의 바닥면적이 826.45 ㎡(250평)를 넘어서는 안 된다.

위에서 법정 90%로 최고치를 규제하는 이유는 최소한의 공지를 확보하고, 건축물의 과밀화 방지, 일조나 채광 등의 위생적 환경조성, 그리고 기타 위급시의 공간 확보 등을 하고자 함이다. 건폐율 규제는 상업지역 같은 경우는 90%, 주거지역이나 공업지역은 70%로 제한하고 있다. 대통령령에 의해 더 세분화 하면 상업지도 일반상업지역, 유통상업지역, 중심상업지역으로 분리하는데 일반상업지역, 유통상업지역은 80%이하, 중심상업지역은 90%이하로 규제하고 있다.

건축물은 층수가 있다. 각 층수의 바닥면적을 다 합한 것이 연면적이 된다. 그러면 용적률은 '연면적÷대지면적' 으로 구한다. 즉 땅 크기가 1,652.89㎡(500평)이고 용적률이 200%라고 하면 그 땅위에 지을 수 있는 건축물 바닥 면적의 합이 3,305.78㎡(1,000평)을 넘을 수 없다는 것이다. 단 용적률을 계산할 때의 연면적에는 지하나 주차장은 제외되는 것에 주의해야 한다.

그러면 건폐율과 용적률을 합해 건축물의 높이를 간접적으로 구할 수 있다. 즉 층수는 용적률÷건폐율이 되기 때문이다. 3,305.78㎡ (1,000평)의 땅에 건폐율 50%, 용적률 200%라고 하면 면적이 1,652.89㎡(500평)되는 건물을 짓고, 용적률은 두배가 되므로 6,611.56 ㎡(2,000평)까지 지을 수 있다. 그렇게 되면 6,651.56÷1,652.89=4, 즉 4층까지 건물이 올라가는 것이다. 물론 건물의 미적 감각을 위해 바닥 면적을 1,652.89㎡(500평)가 아닌 1,157.02㎡(350평)나 1,322.31㎡(400 평)로 해서 층수를 더 올릴 수도 있는 것이다. 용적률이나 건폐율 모두 법의 범위 안에서 대통령령 기준에 따라서 시.군 조례로 정하는 것이다. 그래서 지역에 따라 차이가 발생하며 상업지역의 경우는 법으로 1500%이하에서 결정이 되도록 했다.

또한 일부 구역에서는 대지 일부를 공공시설부지로 제공하면 해당 지역 용적률의 2배 범위 안에서 완화하는 기능이 있다. 그래서 간혹 시행사들이 최대한 건축물의 높이를 올리기 위해 공공시설 부지로 대지의 일부를 제공하기도 한다. 층수를 올려서 분양을 하게 되면 사업 수익이 더 좋아지기 때문이다. 그러나 가끔 어처구니없이 시행사의 돈 욕심 때문에 층수만 올렸지 건물의 동선이나 구조 등에 대한 영업적 배려가 전혀 없어서 하자 물건이 되는 경우도 있다. 그래서 한탕주의의 시행사업은 망할 수밖에 없다.

상가의 종류와 특징

　상가 투자를 하려면 우선 상가에도 종류가 있다는 것을 알아야 한다. 자신의 투자 목적에 맞는 것을 찾기 위해서는 그 종류에 따라 투자 전략이 바뀔 수 있음을 알아야 한다. 대부분 상가를 부르는 명칭은 같은 상가라고 해도 다양한 이름으로 불리우고 정의 내려지지만, 필자는 분양 상가 시장에서 불리는 용어를 중심으로 살펴보고자 한다.

인천 소래지구의 단지 내 상가

● 단지 내 상가

흔히 아파트 단지 안에 있는 상가를 부를 때 단지 내 상가라고 하는데, 이는 아파트 주민들을 대상으로 독점적인 점포사업을 위한 상가라고 볼 수 있다. 대개의 경우 아파트를 건설한 건설업체가 아파트 단지의 부속 상가로 개발, 분양하고 있다. 가장 큰 장점은 아파트 주민을 위한 것이므로 고정적인 수요가 꾸준하게 발생하므로 일정한 매출을 보장받을 수 있다는 것이다. 생계형 점포사업자라면 적극적으로 검토를 해 볼 수 있다. 그러나 미래가치에 대한 기대수익이 분양 가격에 충분히 반영되었을 가능성이 있는 것이므로 투자자의 입장에서는 보수적으로 접근해야 좋다.

한마디로 단지 내 상가는 시간이 가면 갈수록 노후화가 될 것이 분명하다. 매출이 일정한 수준을 유지하게 되므로 아무리 경기가 좋아진다고 한들 임대 소득 자체도 일정 수준 이상 올리는 것은 불가능하다. 또한 아파트 단지 근거리에 강력한 흡인력이 있는 상권이 있거나 앞으로 생길 가능성이 있다면 단지 내 상가를 이용하는 아파트 주민들의 시선을 받지 못 할 수 있다.

물론 안정적인 임대 수익이 목적인 분들은 검토해 볼 필요는 있다. 단지내 상가는 대개의 경우 입찰 형태로 분양하고 있다. 따라서 통상적으로 과열 입찰로 인해 입찰 예정가의 150%이상이라면 재검토를 해봐야 한다. 이유는 예상 임대료를 예상해 수익률(%)을 계산해야 하기 때문이다. 단지 내 상가는 적정 수익률을 7~8%로 보고 있는데 분양받은 초기에는 그 수익률이 나올 수 있지만 대개의 경우 2~3년이 지나서 7~8%의 수익률을 보기가 어렵다는 것이 최근의 분석이다. 따라서 일부 수도권 단지내 상가의 낙찰가 비율이 120%까지 떨어지고 있음을 주시해야 한다.

흔히 보게 되는 근린상가

근린상가

근린상가는 중·소형의 빌딩으로 이루어진 상가 건물을 말한다. 즉 약국, 편의점, 병원, 학원, 극장 등이 있는 길거리에서 흔히들 볼 수 있는 보통 1~10층 내외의 상가 빌딩을 일컫는다. 우리가 집 밖으로 나와서 보게 되는 거의 모든 상가들이 근린상가라고 보면 된다. 따라서 상가 투자를 한다고 하면 가장 많이 검토하는 것 중의 하나가 근린상가다.

'국토의 계획 및 이용에 관한 법률'에 의하면 상업지역을 중심상업지역, 일반상업지역, 근린상업지역, 유통상업지역으로 분리하고 있다. 근린상업지역은 다시 1종과 2종으로 분리되어 있으며, 그 업종을 세세히 분류해 놓았다. 중심상가, 일반상가, 근린상가, 유통상가로 분류해 상가를 정의 내릴 수도 있지만 한마디로 1종, 2종의 편의시설 위주의 상가를 말한다고 하는 것이 가장 타당할 것 같다.

따라서 일반 유흥업종을 제외한 다양한 업종의 점포사업이 가능한 상가를 일반적으로 근린상가라고 한다. 단지 내 상가보다는 보다 폭넓은 상권의 범위에 근린상가가 위치할 것이며, 중심 상업지역의 중심상가보다는 유동인구나 상권의 흡인력이 다소 떨어질 것이다. 단지 내 상가와 중심상가의 중간 범위에 있는 상가로 볼 수 있기 때문에 보통 상가 투자한다고 하면 투자자들이 근린상가를 가장 많이 접하고, 상담하고, 그리고 투자 대상에 올려놓는다.

● 주상복합상가

상업지의 상층부는 아파트나 오피스텔로 구성되어 있으며, 저층부는 상가로 구성된 건물을 주상복합건물이라고 하고, 저층부의 상가를 주상복합상가라고 한다. 한마디로 주거공간과 상업시설이 한 건물에 있는 것이다. 언뜻 보면 상당히 매력적인 상가처럼 보이지만 주상복합상가는 함정이 많다.

우선은 상업지역 내에 건물이 들어서기 때문에 분양가 자체가 고액인 경우가 많고, 수익률에 대해서도 장밋빛 그림을 쉽게 그릴 수 있다. 무엇보다도 투자자들은 내부 상권과 외부 상권을 철저하게 분석해야 한다. 냉정한 분석만이 투자자의 투자 자금을 지켜 줄 것이다.

주상복합건물

쇼핑몰

테마상가(쇼핑몰)

　사람에 따라서는 쇼핑몰과 테마상가를 분리하기도 하지만 필자는 같은 개념으로 해석하고 있다. 상가 투자를 하게 된다면 일반 소액 투자자에게는 가장 큰 유혹이 되는 상가가 테마 상가들이다. 대개의 경우 역세권 및 유동인구가 풍부한 대표적인 지역에 건물이 지어지고, 한 상가 건물에 상가가 대량으로 공급되는 것이다.

기존 재래시장과 유통구조의 변화에 따라서 앞으로도 계속 이런 상가는 시장에 공급이 이루어 질 것이라고 본다. 1억 원 내외의 투자금을 가지고 있는 투자자들은 근린상가나 단지내 상가에 투자하기엔 자금이 부족한 것이 현실이다. 따라서 1억 원 내외의 투자 자금을 가진 투자자들이 투자 대상 1순위에 올려놓고 검토하는 것이 테마상가(쇼핑몰)다. 그래서 더욱더 조심스럽게 접근하는 것이 좋다.

중심상가

중심상가라고 하는 용어가 일반 투자 상담에서 자주 언급되는 단어는 아니다. KIRA상가분류표에 보면 인구 숫자에 따라 중심상가를 분류하기도 한다. 중심상가는 전통적인 중심상가와 도시계획에 따른 인위적인 중심상가가 있다. 서울의 전통적인 1급 상권인 명동 지역, 동대문 지역, 남대문 지역 등은 오래전부터 자연스럽게 형성된 상가들이다. 그러나 일산이나 분당 등의 중심상가는 신도시 개발에 따라 중심 상가지역을 인위적으로 개발한 것이다. 동탄 신도시에 가보면 상가를 특정지역에 집중적으로 배치한 것을 볼 수 있는데 이러한 지역에 위치한 상가들을 중심상가로 보는 것이다.

따라서 우리가 관심을 갖게 되는 주요 투자 대상은 당연히 신도시의 중심상가가 될 것이다. 신도시는 검증된 상권이 아니라서 불안하기는 하지만 계획에 의한 개발이므로 투자 대상으로 적당한지 적극적으로 검토해 볼 필요가 있다. 단 분양가 자체가 합리적이어야 한다. 신도시 개발에 따른 분위기로 인해 비합리적으로 책정된 분양가는 투자 대상에서 제외한다.

파생상가

　파생상가란 단어는 실제 분양 상담에서 자주 등장하지 않는다. KIRA상가 분류표를 보면 번화가형과 외곽형으로 분리했다. 즉 호텔, 극장, 예식장, 관공서 등에 있는 상가들은 번화가형으로, 그리고 휴양지, 관광지, 놀이공원, 휴게실 등에 있는 상가들은 외곽형으로 정의했다.

　파생상가는 철저하게 주력 업종의 사업 성패에 따라 상가로서 가치가 판단되어 진다. 주력 업종 사업이 실패하게 되면 그 상가 건물 자체는 유동인구의 흡인력이 급격하게 떨어질 것이고, 상가 건물 자체가 슬럼화 되는 것은 시간문제다.

연도형 상가

　몇몇 뉴타운 지역에서 연도형 상가를 공급하고 있어 투자자들의 관심 대상이 되고 있다. 저층부의 상가를 구성하여 도로변의 유동인구와 후면부의 아파트 단지 내 주민들의 편의시설로도 가능하게끔 아파트와 도로의 경계 부분에 상가를 개발한 것이다. 근린상가의 하나로 보면 된다.

상가 매입 계약 형태에 대한 이해

선착순 수의계약

선착순 수의계약이란 경쟁이나 입찰에 의하지 않고 먼저 계약하는 투자자에게 점포의 선택권을 주는 것을 말한다. 상가 투자 시장에서 가장 많은 계약 방식이다. 먼저 온 투자자가 자신이 보기에 가장 좋은 상가를 먼저 차지하는 것이다. 따라서 회사 입장에서는 좋은 입지에 있는 상가가 분양이 잘 될 것이고, 입지가 떨어지는 상가는 미분양으로 남을 확률이 생기게 된다.

이런 점 때문에 다양한 편법 분양이 실제 분양 현장에서 발생하게 된다. 즉 회사의 사업 수익을 위해 입지가 떨어지는 옆에 있는 상가를 끼어서 팔기도 하고, 분양이 되지 않았음에도 불구하고 분양이 되어 버린 것처럼 위장해 입지가 떨어진 것을 먼저 팔기도 한다. 분양 시기 조정으로 인한 가격상승을 통해 수익을 극대화하기 위해서이다.

추첨에 의한 분양 계약

입지가 뛰어난 상가의 경우, 불특정 다수의 투자자들을 유인하기 위한 방법으로, 혹은 마케팅의 한 방법으로 특정한 날을 잡아 상가 분양 안내와 추첨 일시를 정해서 공고하고, 분양 일에 불특정 다수에게 개개인이 원하는 분양 점포 수와 청약금을 입금하게끔 한다. 그리고 추첨을 통해 분양을 하는 방식이다. 하지만 분양률을 높이기 위한 분위기를 조성해 가수요만 잔뜩 만들어 놓고 실제 투자자들로 하여금 환상을 가지게 할 수도 있다. 당첨된 투자자들은 투자 분위기로 인하여 처분소득이 크리라 예상하지만, 가수요들이 빠진 후 투자 물건은 하자 물건이 될 확률이 높다.

공개 경쟁 입찰 계약

주로 단지 내 상가에서 발생하는 방식으로 정해진 분양 일자를 공고하고, 분양 당일 불특정 다수로부터 가장 높은 가격을 제출한 투자자에게 상가를 분양하는 방식이다. 들뜬 분위기와 보이지 않는 경쟁으로 인해 간혹 높은 입찰가로 계약을 하는 경우 투자수익률의 악화로 상가 투자에 실패하는 경우가 종종 발생한다. 특히 신도시의 단지 내 상가의 경우 고액 입찰가로 인한 투자자들의 어려움이 종종 신문 기사에 보도되는 것을 보면 상당한 주의가 필요하다. 따라서 분위기에 휩쓸리지 말고, 탐문조사 및 가치 분석을 통해 적절한 입찰가를 제시해야 할 것이다. 또한 낙찰이 되었을 경우 자신이 감당할 수 없는 예산이라면 조심스럽게 접근해야 한다.

● 계약 당사자 검토

분양대행사가 분양 계약의 당사자가 되는 경우가 있다. 이 경우는 분양대행사가 총괄 매입해 소유자의 권리를 가지고 분양하는 방식이다. 사업 초기에 종종 이런 경우도 있지만, 사업 말기에 더 발생한다고 볼 수 있다. 준공이 나도록 미분양이 많이 발생한 경우, 사업자가 시행사로부터 할인된 분양가로 매입해 적정 수익을 붙인 후 재분양하는 경우다.

쉽게 이야기 하면 미분양된 상가 총액이 100억 원이라면, 분양사가 시행사와 60억 원에 전체 계약해 일단 소유권을 가지고 오는 것이다. 시행사로는 미분양에 대한 부담을 덜 수 있다. 분양사는 100억 원의 물건을 60억 원에 사들여 70~80억 원에 재분양하는 것이다. 정상 분양가보다 상가를 저렴하게 구입해서 좋을 것 같지만 실제 가치 분석을 해보면 그 가격 자체가 거품일 경우가 많다.

시행사가 계약 당사자가 되는 경우가 가장 일반적이다. 시행사는 분양 영업사원 조직이 없으므로 분양대행사와 용역 계약을 해 분양 대행 업무를 위임해 분양하는 방식이다. 투자자는 분양 대행사의 분양 영업에 의하여 상가 분양을 받아 계약을 하게 되며, 그 계약의 당사자는 시행사와 하는 것이다. 그리고 계약이 될 경우 시행사가 분양 대행 계약 내용에 따라 수수료를 대행사에 주는 것이다. 간혹 시행사 직영으로 영업조직을 구성하는 경우가 있는데 대행사와 같은 개념으로 봐야 한다. 이는 단지 시행사가 비용 발생을 줄이고자 하는 것이기 때문이다. 즉 시행사가 분양 대행사와 계약을 해서 발생하는 수수료 지급보다는 직영체제로 영업조직을 만들어 버리면 수수료 발생이 적을 수밖에 없으며, 이는 시행사의 수익으로 연결된다. 그러나 일반 투자자들의 입장에서는 하나도 차이가 없다.

　간혹 시공사가 계약의 주체가 되는 경우도 있다. 대물 변제로 인해 즉 시행사가 공사비를 입금하지 못하여 시공사가 공사 대금 명목으로 상가를 대물로 받아 소유권을 가지고, 시공사가 일반 투자자들에게 분양해 공사비를 충당하는 것이다. 이럴 때는 가격에 대한 메리트가 있을 수 있다. 시공사의 입장에서는 캐시 플로우가 중요하므로 상당히 낮은 가격에 신규 분양 상가를 받을 수 있다. 보통 시공사에 대물로 물건이 넘어 갈 적에 20~40% 떨어진 가격으로 넘어가기 때문이다.

상가 투자에
돈 있다

상가 분양 순서

하민영 씨는 일간신문에서 신도림역에 있는 근린상가에 관한 분양 광고를 보았다. 몇일 전에는 TV에서 그 상가에 대한 광고까지 나온 것을 본적이 있다. 그 때 하씨는 상가 투자를 검토 중에 있었기 때문에 광고 문구가 마음에 와 닿았다. 광고를 보고 하씨는 곧장 전화를 걸었다.

전화를 받은 한 직원은 "연락처를 남겨 주시면, 잠시 뒤 담당 영업사원이 전화를 해줄 것입니다. 본 전화번호가 대표전화라 길게 상담을 할 수가 없어서요."라고 말했다. 하씨는 어쩔 수 없이 휴대폰 번호를 직원에게 알려 준다.

잠시 뒤 하씨의 휴대폰으로 담당 영업사원 홍길동 차장이 전화를 해왔다. 근린상가의 투자가치에 대해 말하며, 가능하면 빨리 현장에 오기를 권유했다. 하씨는 홍차장의 권유로 분양 사무실에 가보기로 했다.

분양 사무실에 가서 홍차장을 만나 보았고, 홍차장이 팀장이란 사람을 소개해 주었다. 팀장으로부터 전단지와 수익률 분석에 대한 자료 및 건축 평면도 등에 대한 자료를 받았고, 상권의 규모와 미래가치, 점포의 규모, 면적, 분양가격, 대출 조건 등에 대한 상세한 설명을 한두 시간에 걸쳐서 들을 수 있었다.

분양 사무실을 방문하고 며칠이 지난 뒤 하씨는 나름대로 주변의 상가 및 타 지역 상가와 비교 검토하고 있는데 홍차장과 팀장으로부터 전화가 왔다. 선착순 수의계약이므로 계약에 대한 검토가 늦어지면 다른 투자자에게 좋은 자리를 뺏기게 되므로 빠른 시간 안에 청약금을 입금하라고 했다. 나름대로 투자에 대한 타당성이 있다고 판단한 하씨는 청약금을 입금하고 본 계약을 위해 분양 사무실을 다시 방문, 정식으로 계약을 하게 되었다.

계약 후 일주일 뒤 하씨는 세무서에 사업자등록을 했고, 임대사업자 신분으로서 건물에 부과된 부가세를 돌려받을 수 있었다.

한달 뒤 시행사로부터 중도금 대출에 대한 안내전화가 왔고, 하씨는 대출 은행에 가서 자필서명을 하고 중도금을 대출로 처리했다.

1년 뒤 준공이 나서 하씨는 잔금을 시행사에 납부하고 상가에 대한 소유권 등기를 했다. 각각의 중도금과 잔금 납부 시, 부가된 부가세는 환급을 받았고, 등기 이전하면서 취 · 등록세로 4.6%의 세금을 지불했다. 그러는 중에 분양 사무실에서 임차인을 구했으니 임차 계약을 하라고 권유했다. 임차인은 편의점을 운영하는 분으로서 보증금 2억 원에 월 임대료 800만 원으로 5년간의 임대차 계약서를 작성했다.

위의 경우는 일반적인 선착순 수의계약일 경우에 대한 것이다. 따라서 입찰 방식이나 추첨방식일 경우 다소 차이가 있을 수 있지만 일반적으로 아래와 같은 순서로 진행된다.

❶ 광고를 통해 상가에 대한 정보 인지 → ❷ 투자 가능성 검토 →

❸ 현장 확인 및 분양 사무실 방문 → ❹ 가치 분석 및 주변 사례와 부동산 검토 → ❺ 입찰 혹은 청약금 입금 → ❻ 추첨 혹은 계약서 작성 → ❼ 임대사업자 등록 → ❽ 중도금 처리 → ❾ 잔금 처리 및 등기 → ❿ 임대차 계약서 → ⓫ 매도 혹은 임대사업 시작

상가 분양을 성공적으로 하기 위해 회사의 입장에서는 다양한 방법론과 마케팅이 제시될 수 있지만 가장 흔하게 주위에서 접할 수 있는 것이 TV 혹은 신문광고다. 그중에서도 신문광고가 가장 일반적인 광고이며, 홍보일 것이다.

분양광고는 이미지 광고와 분양 청약광고가 있다. 대개의 모든 신문광고는 분양 청약광고인 경우가 많다. 이미지 광고는 사전 마케팅 차원에서 이루어지며, 분양 영업도 비공개적으로 선분양 형태로 은밀하게 이루어지는 경우가 많다. 이미지 광고는 말 그대로 본격적인 영업을 하기 전에 시장의 분위기 조성 및 잠재된 사전 투자자들을 유인하기 위한 것이다. 이때 투자 결정을 하는 투자자들이 상당히 많이 있다. 이런 경우에는 입지가 좋은 물건에 투자할 수 있는 확률이 높다. 그러나 그 순서는 앞에서 언급한 것과 같다.

위의 순서에서 빠진 것이 있다면 각각의 순서 중에서 아무 때고 팔 수가 있다는 것이다. 즉 등기가 나오기 전에 전매작업을 할 수 있는데, 가능하면 앞 단계에서 전매 작업이 이루어지면 성공적인 투자일 것이다. 쉽게 이야기 하면 계약금만 걸어 놓은 상태에서 전매작업으로 몇 억을 벌수도 있다.

또한 각각의 상가 분양 순서에 따라 영업사원들이나 회사의 입장에서는 다양한 작전이 나올 수 있다. 과대광고, 분양 사무실에서의 인위적인 연출, 주변 부동산 중개업소들에 대한 사전 작업, 근거 없

는 투자수익률 제시, 유령 청약금, 고의 유찰, 가짜 고액 계약을 근거로 한 전매 작업 등이 있으나 일반 투자자들이 그 사실관계를 파악하기는 쉽지 않다.

신문 분양광고의 이해

어느 신문이든지 펼쳐들면 분양광고가 나온다. 분양광고를 액면 그대로 믿는 투자자들은 열 명 중에 하나 둘일 것이다. 그러나 실제 투자 상담을 하다 보면 의외로 반대의 결과가 나온다. 즉 "광고에 이러 이러하게 되어 있는데 왜 아니냐?" 는 것이다. 나와 관계가 없을 때는 모든 것이 정상적인 분별력에 의해서 판단되어지지만 나와 관계된 투자 상품일 경우에는 투자 이익이 눈앞에 아른거려 분별력을 잃어버린다.

분양광고를 보면 분양 대행사, 시행사, 시공사가 나온다. 이를 간단히 정리해 보면 시공사는 건설을 하는 회사다. GS건설, 현대건설, 중앙건설, 고려개발 등 우리가 알고 있는 건설을 하는 회사들이다.

시행사

시행사는 사업에 대한 기획, 인허가, 심의, 명도, 분양, 관리 등에 대한 모든 사업 계획을 입안, 추진하고 관리하는 회사를 말한다. 즉 사업부지가 있으면 그 사업부지에 무슨 용도로, 어떠한 모양으로, 건축기간은 얼마로, 각각의 구분된 상가를 평당 얼마에 분양 할 것인지를 정하는 회사다.

따라서 시행사는 처음에 특정 땅에 대한 개발 아이디어를 가지고 생성된 회사라고 보아도 큰 무리는 없다. 계속적으로 부동산 개발 사업을 해온 업체로서 시장에서 사업 추진에 대해 검증된 회사라면 좋겠지만 상당수의 시행사는 다소 경험이 부족하거나 아니면 급조된 회사일 가능성이 높다.

보통 시행사들이 많은 사업자금을 가지고 사업을 추진하는 것이 아니다. 통상적으로 땅에 대한 계약금 10% 정도에 여유자금 5~10% 정도를 가지고 나머지는 시공사의 신용으로 파이낸싱을 일으켜 금융기관으로부터 건축자금을 조달하고 있다. 따라서 사업이 예상밖으로 진척되지 않으면 과도한 금융이자의 부담으로 부도가 날 가능성이 높다. 이러한 상황이 발생하게 되면 투자자들도 엄청난 투자 손실을 보게 된다.

분양대행사

분양대행사는 시행사와 계약을 해 분양에 대한 업무를 대행하는 회사를 말한다. 분양에 따른 수수료를 시행사와 계약하고 분양 영업사원을 모집해 분양을 하는 것이다. 따라서 분양 대행사로서는 계약 내용대로 약속한 분양률을 최소한 맞춰 주어야 하며, 그 성과를 이루지 못할 경우에는 계약이 이루어지기 어렵다. 시행사나 분양 대행사나 바로 사업 수익 즉 돈으로 연결되는 것이 분양이다.

따라서 되도록이면 짧은 시간에 최대한 많이 분양해야 사업 수익이 좋아진다. 그렇기 때문에 시행사는 분양 영업을 전문으로 하는 회사에 업무를 위탁하는 것이다. 반면에 시행사는 분양회사를 믿을 수 없기 때문에 공탁금을 걸게 한다. 정해진 기간 안에 정해진 분양률이 달성되지 못하면 공탁금을 회수하는데 분양회사로서는 어려움을 겪게 된다. 분양회사로서는 계약을 한 분양률을 맞추어야 사업 수익이 생기게 되므로 영업사원들은 수수료로 유혹하고, 투자자들에게는 화려한 미사여구와 과장된 문구와 언행으로 유인하는 것이다.

● 부동산 신탁회사

부동산 신탁회사는 다올부동산신탁, 국민자산신탁, 대한토지신탁, 한국토지신탁, KB부동산신탁, 생보부동산신탁 등이 있다. 몇 년 전에 있었던 쇼핑몰 분양 피해 사건으로 인해 시행사들이 투자자들에게 투자가 안전하다는 것을 보여 주기 위해, 그리고 선시공 후분양에 따른 분양시기가 늦어짐에 따라 이를 착공시기에 맞추어 분양을 할 수 있게 하기 위해 신탁회사를 사업에 참여시키고 있다. 상가분양을 할 경우에 시행사가 부동산 신탁회사에 관리 및 대리 업무 신탁계약을 맺게 되면 시행사의 부도가 있을지라도 채권자들의 강제집행을 방지할 수 있으며, 신탁회사가 분양 대금 관리를 해 투자자들로서는 투자금에 대한 안정성을 확보할 수 있다.

확정수익률 보장

확정수익률 보장이란 문구도 광고에 자주 나오고 있다. 원래 이런 문구는 개인적으로는 '눈 가리고 아웅' 하는 광고문구라고 생각한다. '2년간 확정 수익률 10% 보장' 이라고 하면 1억 원을 투자했을 경우, 1천만 원의 수익을 보장해 준다는 것이다. 즉 초기 분양률을 높이기 위한 마케팅의 한 방법이다.

상가가 죽은 상가가 되면 투자는 회복 불가능이다. 물론 안 그럴 수도 있지만 그럴 확률이 높다. 오죽하면 시행사 입장에서 수익률 보장서를 써주는 마케팅을 하고 있는지 반문해봐야 한다. 어느 사업자도 손해보는 장사를 하지 않는다. 더군다나 그런 상가가 운영수익에 대한 안정성을 확보하고 있을 뿐만 아니라, 시세 차익을 쉽게 볼 수 있을 정도로 환금성이나 투자성이 뛰어나다고 보기는 어렵다.

임대확약서

임대확약서는 대개의 경우 입점의향서일 경우가 많다. 입점의향서는 법적 구속력이 없다. 입점할 수도 있고 안 할 수도 있는 것이다. 따라서 이러한 광고문구가 나왔다면 시행사와 계약을 할 때 계약서에 명시하는 것이 좋다. 임대확약서라는 것도 사실상 우스운 이야기다. 그냥 임대차계약서라고 하면 될 것을 이상하게 말을 바꾸어 이야기한다.

등기분양과 임대분양

등기분양과 임대분양이라는 것이 있다. 등기분양은 토지와 건물에 대한 소유권을 투자자에게 등기해 분양하는 방식이다. 즉 투자자의 명의로 부동산에 대한 모든 권리를 취득하고 행사하는 것이다.

임대분양이라고 하는 것은 주로 쇼핑몰에서 발생하는 분양방식이다. 일정기간 동안 소유권을 가지고 있는 것이 아니라 사용권을 가지고 있는 것이다. 즉 임대 분양 계약을 하게 되면 그 점포에 대한 사용권을 일정기간 사용할 수 있는 권리만을 취득하는 것이다. 분양금은 상식적으로 보증금이라고 생각하면 된다. 따라서 일정기간이 지나면 재계약을 해야 하며, 시행사의 능력이 떨어진다면 분양금액은 거의 못 돌려받는다.

그렇다고 하면 원래 건물주와 시행사의 관계는 무엇인지 살펴보아야 한다. 따라서 임대 분양에서의 시행사라고 하면 건물주로부터 상가 건물 전체에 대한 임대계약을 맺고, 그 임대계약에 따라 상가를 사업수익을 보고자 테마상가 혹은 쇼핑몰로 분할하여 임대 분양하는 것으로 이해하면 좋을 듯하다. 따라서 일반 임대 분양을 받는 사람은 재임대 계약자가 되는 것이다.

따라서 상가 투자를 한다고 하면 등기분양을 중심으로 검토해야 한다. 임대 분양은 투자자의 마인드로 접근하기보다는 실제 점포사업주의 입장에서 소액창업 시 유리한 관점에서 살펴봐야 한다.

●° 책임준공

책임준공이란 문구도 있다. 부동산 건물을 공사하는 것은 시공사, 즉 건설회사가 담당하고 있다. 시행사는 앞에 언급했듯이 사업자금이 넉넉한 회사가 아니기 때문에 사업 진행에 따라 부도가 날 염려가 있다. 그래서 그러한 안전조치로서 시행사보다는 대외 인지도나 신용등급이 좋은 시공사로 하여금 책임 준공을 보증하도록 시행사와 시공사가 계약을 하는 것이다. 책임 준공에 대한 보증이 반드시 시공사일 필요는 없다. 책임준공이 건설회사일 수도 있고, 신탁회사, 혹은 금융회사가 보증할 경우도 있다. 누가 책임준공에 대한 보증을 하였든 관계 회사들의 부도로 공사가 중단되는 것을 방지하고, 책임준공에 대한 보증을 한 회사가 중단 없이 공사를 진행하고 준공을 받는다는 것이다.

●° 회사보유분 특별분양

회사보유분 특별분양도 광고문구에 자주 등장한다. 회사 보유분이란 것은 마케팅 혹은 하나의 편법 영업으로 이해해야 한다. 상가 점포수가 100개 있다고 가정하면 좋은 입지의 상가를 먼저 분양할 것인지, 혹은 나쁜 입지를 가진 상가를 먼저 분양할 것인지를 정하는 시행사도 있다. 좋은 상가가 처음에 다 분양되어 버리면 좀 안 좋은 상가는 분양되기 어렵기 때문이다. 그래서 투자자들에게는 이미 다 분양이 되었다고 하고는 두 번째 좋은 상가들을 추천하는 것이다. 어쨌든 이러한 편법에 의해 준공 때까지 가지고 온 상가를 회사 보유분이라는 이름으로 분양 가격을 더 높여서 분양하는 것이다. 또 다른 경우는 사업수익으로 상가의 일정부분에 대한 권리를 가지고 있을 수 있다. 이러한 경우는 말 그대로 회사 보유분이 되어 나중에 회사가 스포츠센터 운영과 같은 방법으로 임대사업 수익을 올리는 경우도 있지만 실제로 그리 많이 발생하지는 않는다.

선시공 후분양

　선시공 후분양에 대한 이해를 하기 위해서는 분양계약에 대한 법적인 해석을 먼저 이해해야 한다. 분양 계약서를 작성하면 분양 계약자, 즉 수분양자는 거의 모두 '내가 상가에 대한 모든 소유권을 가지고 있다.'라고 생각한다. 그러나 법률적으로는 그렇지 않다. 분양계약서의 당사자인 분양자, 즉 시행사는 분양계약서대로 상가를 지어서 공급할 의무와, 수분양자, 즉 투자자는 분양대금을 정해진 날짜에 지불하겠다는 약속을 상호간에 한 것으로 이해해야 한다.

　건물이 준공나서 수분양자에게 정상적으로 등기가 넘어와야 비로소 수분양자는 상가에 대한 진정한 소유권을 주장할 수 있으며, 제 3자에게 대항력이 발생한다. 따라서 등기 이전의 약속 내용 즉 계약은 계약법에 의한 갑과 을의 채무채권 관계일 뿐이다. 만에 하나 수분양자가 있음에도 불구하고 제3자가 소유권을 취득하게 된다면 계약법에 의거해 수분양자는 제3자에게 권리주장을 할 수 있는 것이 아니라, 계약의 당사자인 분양자에게만 항의를 할 수 있는 것이다. 이것이 민법에 나오는 계약법에 의거한 해석이다.

여기서 '사기 분양'이라는 함정이 나올 수 있다. 즉 선분양이란 제도의 한계다. 투자자는 투자 금액을 먼저 주고, 1~2년이 지난 뒤, 상가가 지어진 다음 준공검사가 완료가 되고 잔금을 납부해야만 상가에 대한 소유권을 가지고 올 수 있다. 이러한 시간적 차이가 있어서 분양사기가 발생한다. 따라서 공사 중에 분양주가 부도가 나서 사업이 중단될 경우에도 수분양자들의 권리가 애매모호하게 되는 것이다.

예를 들면 땅을 매입하는 단계에서 분양광고를 해 버리고 그럴싸한 사업계획과 청사진을 통해 투자 가치가 뛰어난 상품을 기획하는 것이다. 그리고 투자자를 모아, 투자자들로부터 분양 대금을 받아서 땅에 대한 매입 자금으로 사용하고 공사비용 및 시행사업을 한다. 즉 자기돈 하나 없이 순전히 불특정 다수의 투자자들로부터 자금을 모아서 사업을 한다. 하지만 땅 매입이 원활하지 않는 경우, 혹은 중간에 사업 수익이 부정적으로 판단되어 버리면, 사업자는 회사를 부도처리해 버리고 투자자들이 준 수백억 원의 돈을 가지고 도주하는 것이다.

이렇게 선분양에서 투자자들을 기만할 수 있는 방법은 수없이 많다. 이러한 폐단을 없애고자 선시공 후분양이란 제도가 탄생하게 된 것이다.

선시공 후분양이란 것은 '상가 등 건축물의 분양에 관한 법률'의 적용을 받는 것으로서 '바닥면적이 3,000제곱미터 이상의 상가의 경우는 골조공사를 3분의 2이상 지어야 분양을 할 수 있다.'는 것이다. 즉 먼저 건물을 지어야 분양을 할 수 있게끔 한 것이다. 그렇게 되면 앞에서 언급한 시간적 차이로 인한 분양 사기를 예방할 수 있다. 그러나 3,000제곱미터 미만의 경우는 위 법률에 저촉을 받지 않아서 앞에서 언급한 시간적 차이가 발생한다. 따라서 작은 상가의 분양시장에는 아직도 사기 위험에 노출돼 있다.

그러나 이러한 법률에 의해서 시행사의 자금 흐름에 문제가 발생하기도 한다. 자금 부족으로 사업을 진행할 수 없게 되고 공급 부족 현상이 발생하는 것이다. 그래서 신탁회사와 토지 및 자금관리 신탁계약을 체결할 경우 착공신고와 동시에 분양이 가능하도록 했다.

그러므로 투자자들은 선시공 후분양이 처음부터 시행사가 계획한 것인지, 아니면 중간에 분양을 했으나 미분양이 되어 어쩔 수 없이 선시공 후분양이 된 것인지 조사해야 한다. 미분양으로 인한 속임수의 선시공 후분양 문구라면, 안전한 것이 아니라 투자가치가 다소 떨어지는 물건으로 판단하는 것이 바람직하다. 법이 있으면 편법으로 법망을 빠져나가는 방식이 시장에 하나 둘 나와 투자자들의 판단을 흐리게 하고 있기 때문이다.

한편 2007년 국회에 제출되어 있는 건축물의 분양에 관한 법률 일부 개정 법률안은 상가와 오피스텔 등 후분양 대상의 바닥면적을 현행보다 확대해 2,000제곱미터 이상으로 했다. 따라서 이 법률안에 의해 좀 더 강화된 선시공 후분양 시스템이 마련되므로 투자자들로서는 좀 더 안정적인 투자 환경이 만들어지게 되었다.

물론 선분양의 장점도 많이 있다. 분양사업 주체로서는 선분양을 통해 사업자금을 확보할 수 있으므로 시장경제 논리에 맞추어 볼 때 건축물의 공급을 원활하게 해주는 순기능의 효과가 있는 것이다. 또한 수분양자들은 선분양의 시간적 위험을 감수하므로 그에 대한 댓가로 공시적인 분양 가격보다는 저렴한 가격으로 상가를 구입할 수 있다. 빠른 시일 내에 시세 차익이란 투자 수익을 볼 수 있게 됐다.

오더와 영업사원

오더

대학 졸업 후 지금껏 영업 분야에서 사회생활을 해온 필자는 '영업을 잘하기 위해서는 만날 사람이 있어야 한다.'고 생각한다. 그래서 영업할 대상인 고객을 찾아내는 일이 영업사원들의 기본 업무다.

이 고객을 크게 3가지로 분류해 영업 전략을 짜야 한다. 가능성 있는 고객을 찾아내고, 가능성 있는 고객을 잘 관리해 유효한 고객으로 만들어 내고, 유효한 고객과 잘 협상해 계약을 이끌어내는 것이 영업을 잘하는 비법이다.

가능성 있는 고객을 찾아내는 것이 '개척 영업'이라고 한다면, 가능성 있는 고객들 중에서 유효한 고객을 뽑아내는 것은 '관리 영업'일 것이다. 그리고 유효한 고객들을 계약으로 이끌어 내는 것이 '클로징 영업'인 것이다. 유능한 영업 조직의 리더라면 개척 영업과 관리 영업으로 팀원을 구성해 조직의 역량을 극대화해야 한다. 한 사람이 개척과 관리, 그리고 클로징까지 다 유능하기는 어려운 법이다.

이유는 간단하다. 사람들의 성향이 능동적인 사람이 있으면 수동적인 사람도 있기 때문이다.

분양 영업에서 말하는 오더(Order)라는 것은 전화번호를 이야기 한다. 투자자들이 A라는 현장에서 상가 분양에 대한 상담을 하고 전화번호를 남겼다면 그 번호가 오더가 되는 것이다. 즉 가능성이 있는 고객이라 영업사원은 현장이 바뀔 때마다 전화를 해서 유인한 것이다. 즉 관리 영업을 하는 것이다. 무작위로 전화번호부에 있는 명단을 가지고 전화하거나, 길거리에서 지나가는 사람들에게 투자를 권유하는 것은 개척 영업을 하는 것이다. 가장 어려운 것이 개척 영업이다. 그래서 오더를 사고팔기도 한다. 금융권의 VIP명단이라든지, 모 주택조합의 외부 인력 명단, 혹은 광고가 대대적으로 이루어진 ○○상가를 분양했을 때 투자 상담 기록부에 남겨져 있는 전화번호들이 모두 가능성 있는 고객들 명단이 되어 관리 영업의 대상이 된다.

이러한 오더는 음성적으로 사고팔기도 해 투자자들의 전화번호가 분양시장에 돌아다닌다. 아무튼 군인에게는 총이 생명처럼 소중하듯이 분양 영업사원들에게는 오더가 자신의 밥줄인 것이다.

광고 영업사원

TV나 신문에 분양광고를 한 후, 그것을 본 투자자들의 문의 전화를 받아서 계약을 끌어내는 영업만을 전문적으로 하는 분양 영업조직을 '광고팀'이라고 하며, 그 팀에서 일하는 영업사원을 광고 영업사원이라고 한다.

광고팀은 전화하는 짧은 순간인 약 5분 내외에 투자자를 설득해 현장에 나와서 브리핑을 받을 수 있도록 유도해야 한다. 이러한 영업사원들은 보통 3년 이상의 현장 경험이 있는 영업사원들로 구성이 되는데 이들은 화법이 뛰어나고, 개인적 경험이 있기 때문에 순간순간에 투자자들이 질문하는 예상치 못한 질문에 순간 대응력이 뛰어나다.

TM사원

TM은 텔레마케팅(Tele Marketing)의 약자다. 최근에 많은 사람들이 전문직으로 보험영업을 하고 있다. 예전과는 다르게 사회경력이 있으면서 대졸 경력사원을 모집하는 보험 영업사원들은 보험회사에 입사하게 되면 제일 먼저 배우는 것이 화법이다. 아주 체계적으로 말 한마디 한 단어까지 롤 플레이(Role Play)를 하면서 머릿속에 완벽하게 암기하고, 고객들이 이런 질문을 할 경우에는 이런 답변을 하도록 모범답안을 만들어 달달 외우고 고객들을 만나러 간다. 깔끔한 외모와 세련된 미사여구는 보험영업에서 기본이다. 그런 미사여구와 분위기로 계약을 하게끔 유도한다.

그러한 보험 영업사원의 교육만큼 체계적이고 조직적인 교육시스템은 없지만 분양 영업 현장에서도 비슷한 모습을 발견할 수 있다. 따라서 계약을 유도하기까지의 다소 과장된 표현과 화법은 당연시 된다.

대부분의 많은 일반인들이 "사모님(사장님) ○○의 상가 분양 사무실입니다. 혹은 혹시 땅에 관심이 있으십니까?", "○○의 상가 홍보 사무실입니다. 이번에 어쩌구 저쩌구 하게 되서 사모님에게 전화 드렸습니다." 하는 전화를 수없이 많이 받아 보았을 것이다. 전화번호는 소위 전화번호부 'ㄱ'에서부터 시작해 무작위로 전화하기도 하고,

팀장이 건네주는 오더로 전화하기도 한다.

이들의 멘트는 하나에서 열까지 다 노트에 적어 놓고, 전화할 때마다 전화받은 사람이 듣든 말든 앵무새처럼 읊어대는 것이다. 입에서 단내, 아니 쉰내가 날 정도로 전화한다. 그러다가 전화받은 사람이 상가 투자에 관심을 살짝 표현이라도 하면 그 자체가 또 하나의 오더가 되는 것이다. 그리고 현장에 나와보기를 끊임없이 재촉한다. 집에 있을 때 혹시 상가 분양이나 땅을 사라는 전화를 받아본 사람들은 필자가 무슨 말을 하는지 알 것이다.

현장 영업사원

현장은 공사를 위한 펜스가 있어서, 공사를 하는지 안 하는지 알 수 없지만 어깨에 ○○ 분양이라는 문구가 찍혀 있는 띠를 두르고는 전단지를 건네주고 있는 영업사원들이 있다. 수십 명의 영업사원들

파라솔 치고있는 현장 영업사원

이 파라솔에 앉아 있기도 하고, 지나가는 행인에게 전단지를 주기도 하고, 지나가는 자동차에도 넣어주면서 명함과 전단지를 뿌리다시피 한다.

분양광고물에 흥미를 보인다거나, 새로 건물을 올리는 현장을 바라보면서 관심을 나타내면 언제 다가왔는지 영업사원이 전단지 들고 옆에 서서 현장 사무실에 방문해 상담을 받아 보라고 권유한다. 아무튼 현장 주변에 있는 대부분의 사람들이 영업사원이라고 보면 된다. 그러면서 계속적으로 지나가는 사람들을 염탐하다가 영업사원에게 관심을 표현한 사람, 즉 가능성이 있는 투자자를 데리고 분양 사무실로 안내하는 순간 그 영업사원이 그 투자자의 담당이 되는 것이다.

초보자가 꼭 알아야 할
상가 투자 기초 지식 23가지

분양 현장 사무실

분양 사무실의 조직

사업자가 신규 상가를 건축하면서 분양 영업을 준비하는 경우에는 크게 3가지로 분류된다. 그 3가지에 따라 영업사원을 모집하면 된다. 현장영업, 광고영업, TM영업 중에서 무엇을 중심으로 할 것인가에 따라서 영업팀을 구성한다. 부동산을 팔 수 있는 방법은 이 세 가지 외에 별로 뾰족한 방법이 없다. 결정된 영업 방법에 따라 분양 사무실을 만들면 되는 것이다.

영업 방법에 따라 본부장을 섭외하면 본부장이 인터넷 부동산 사이트나 인맥을 통해 팀장을 모집한다. 그러면 팀장이 팀원을 섭외하는 것이다. 그래서 본부장, 팀장, 팀원 간에 인간적인 신뢰 관계를 형성하기도 하지만 대부분의 경우는 현장이 바뀌면 다들 뿔뿔이 흩어진다.

이렇듯 파도가 오면 흩어지는 모래알 같은 조직이므로 팀장은 자신이 관리하는 영업사원들에게 자신이 수 년간 배우고 익힌 영업 노하우를 가르치거나 부동산에 대한 지식, 상가의 미래가치에 대한 분석 등을 교육하는 경우가 거의 없다. 교육은커녕 자신의 뛰어난 영업능력 즉 클로징영업을 과장되게 홍보해 팀원들을 끌고 가는 경우가 많다. 즉 영업사원들 개개인이 가지고 있는 Order를 이용하고자 하는 것뿐이다. 서로가 서로에게 도움이 될 것 같다는 생각이 있어야 그나마 팀으로 유지가 된다.

현장 사무실의 상황 연출

분양광고가 있는 신규 근린상가에 관심이 있어서 전화를 해 보면, 영업사원의 다급한 목소리와 함께 수화기 너머로 들려오는 혼잡스러움에 '와! 상담전화가 폭주하는가 보구나, 가봐야겠구나!' 하는 생각이 든다. 혹 성급한 투자자들은 문의전화를 하다가 청약금을 입금하라는 권유에 100만 원을 입금하고 분양사무실을 방문하게 된다.

상가 투자에 관심있는 투자자들이라면 최소한 한 번 쯤은 위와 같은 경로로 분양사무실에 가본 적이 있을 것이다. 현장에 가보면 투자자로 보이는 몇몇 사람들이 투자 상담을 받고 있다. 그 주위에 있는 영업사원들은 전화기를 붙들고 누군가와 통화를 하면서 상당히 바쁘게 투자 권유를 하고 있는 모습이다.

어찌 어찌 하여 분양사무실까지 온 투자자는 이러한 모습에 심적으로 변화를 일으킨다. 투자를 망설였던 투자자는 투자를 결심하게 된다. 투자 문의 전화를 받을 때 뭔가에 홀린 듯 깜박 넘어가 청약을 했다가, 나중에 실수한 것 같아서 현장을 찾아와 청약을 취소하겠다는 마음을 가지고 온 투자자 일지라도 너도 나도 투자하는 그런 분위기에 휩쓸려 현장에서 또다시 번복하고 계약을 하게 된다. 그리고는 청약을 취소하겠다는 생각을 깨끗이 잊어버리고 계약을 했다는 뿌듯함으로 기분 좋게 돌아갈 것이다. 그리고 나중에 계약을 너무 성급하게 한 것에 대해 후회한들 이미 늦은 것이다. 일단 계약이 되면 취소가 참으로 어렵다. 계약을 하는 순간에 이미 계약 자체가 법률행위로서 구속력을 가지게 되기 때문이다.

더군다나 이러한 분양현장 사무실이 모두 나 자신을 속이기 위해 조작된 것이라면 기가 막힐 노릇이다. 상담을 받고 있는 투자자는 투자자가 아니라 영업사원이고, 바쁜 모습으로 전화 통화하는 것은 영업사원들끼리 서로 역할을 분담해 통화하는 속임수인 것이다. 한사람의 방문자를 속이기 위한 연극이다.

물론 안 그런 현장도 있다. 정말 투자가치가 있어서 분양광고가 나가면, 먼저 좋은 입지를 갖춘 상가를 선점하고자 줄을 서서 투자 상담을 기다리는 경우도 많다. 이런 자리는 분양 영업사원들끼리도 경쟁이 붙어서 각자 관리하는 투자자들에게 연락해, 서로 먼저 계약하려고 한다. 문제는 그런 경우에 투자자들이 그 분양 영업사원 말을 믿어야 하는데 안 믿어서 기회를 놓친다. 믿을 수도, 안 믿을 수도 없으니 참 어려운 일이다.

●˙ 영업사원으로 남느냐, 떠나느냐

분양현장에는 30대 중반, 그리고 40대의 영업사원들이 상당히 많이 있고, 50대 60대도 있는데 이들의 경우는 전직이 다양하고 화려한 경력을 가진 경우가 많다. 그러나 그러한 사회 경험은 다 무시된다.

오로지 부동산에 대한 현장 경험과 인맥이 제일 중요시 된다. 따라서 나이 어린 팀장에게 무시당하는 30, 40대의 영업사원들이 수도 없이 많다. 인맥이 있으면 바로 본부장을 할 수도 있고, 팀장도 할 수 있다. 혹은 현장 경험에 대한 이력을 적당히 속이고 속이면서 팀장도 하고 본부장도 하는 것이다.

이 업종에 새로 발을 딛는 분들도 많지만 인정사정 볼 것 없는 분양현장 분위기에 실망하고 떠나는 영업사원들이 상당수다. 그럼에도 현장에 남아 분양영업을 하고 있는 영업사원들은 크게 세 종류로 분류할 수 있다.

첫 번째는 2~3년간 수단과 방법을 가리지 않고 악착같이 돈을 벌어서 분양업계를 떠나는 사람이 있다. 즉 부동산에서 목돈을 벌어서는 미련 없이 업계를 떠나는 것이다.

두 번째는 정말 일을 배우고자 하면서 팀원에서 팀장으로, 팀장에서 본부장으로 자신의 역량을 분양업계에서 키워 가는 사람들이다. 이들은 본부장에서 대행사, 혹은 시행사까지 차근차근 단계를 밟아 가고자 하는 사람들이다. 아마도 대부분의 영업사원들이 분양업계에 발을 담그면서 이러한 꿈을 키울 것이다. 그러나 이러한 꿈과 소망을 성취한 영업사원은 손꼽을 만큼 적다. 대부분은 중간에 도태되거나 낙오된다.

세 번째는 팀장, 본부장, 대행사, 혹은 시행사 사장으로 단계를 밟아 꿈을 키워나가기보다는 자신의 사회적 인맥과 과거의 경험을 살려서 대행사 혹은 시행을 하는 것이다. 그러나 세 번째의 경우는 사회적 경험은 좋을 지라도 부동산 현장의 분양 및 시행에 대한 경험 부족으로 사업기획이 잘못될 확률이 높다.

간혹 군계일학이라는 표현이 맞을 정도로 능력이 뛰어난 영업사원을 볼 수 있다. 부동산에 대한 지식은 기본이고, 영업에 대한 노하우, 및 자료 수집 및 분석력이 뛰어나서 투자자들이 그 영업사원의 조언대로 움직이고 계약하는 것을 볼 수 있다. 그러한 영업사원들은 팀장이 신주단지 모시듯 관리를 한다. 이유는 하나다. 자신에게 돈을 벌어주기 때문이다.

그러나 대부분 영업사원들의 계약은 운에 의한 경우가 많다. 즉 계약이 관리 영업에서 나오는 것보다는 개척 영업에서 나오기 때문이다.

흔히 고스톱을 치면 '운칠기삼(運七技三)' 이라고 한다. 그만큼 도박은 기술보다는 운에 의한 것이기 때문이다. 우스개 소리로 '분양영업은 운팔기이' 라고 한다. 그만큼 어디서, 어떠한 방법으로 계약이 나올지 모른다는 것이다.

수수료 배분

　필자가 분양업에 인연을 맺어 팀원으로 일을 할 때 있었던 일이다. 모지역에서 한창 논의가 되었던 상가에 팀원으로 일을 했다. 이 상가가 워낙 관심의 대상이 되었기 때문에 영업사원들 100여 명이 모여서 본부가 3개로 구성이 되었다.

　김팀장(남. 30대)과 함께 일을 하게 되었는데, 평소에 알고 지내던 팀장이었지만 같이 일을 해 본적은 없는 팀장이었다. 그래도 주변의 평판이 좋아서 같이 일을 하게 되었다. 주요 신문에 분양광고가 나가고, 광고 오더는 순차적으로 각 팀에 분배가 되었다. 팀에 할당된 오더는 팀원들에게 고루 분배해 주는 것이 상식인데, 김팀장은 자신이 직접 투자자들에게 전화상담을 했다.

　"광고를 받으면, 제가 여러분보다 브리핑 실력이 있으니 제가 다 브리핑 하고, 계약이 나오면 공동 계약으로 처리해 팀원 분들에게 고루 고루 분배해 드리겠습니다." 라고 하기에 팀원들 모두 '참 좋은 팀장이구나.' 하는 생각을 가지게 되었다.

　그러나 다른 팀에서는 광고영업을 통해 계약을 하는데, 우리 팀은 계약이 나오지 않다. 두어 달 뒤, 직원들 사이에 하나 둘 불만이 생기기 시작했고 팀장의 행동을 의심의 눈초리로 바라보게 되었다. 어느 날 수수료가 회사에서 지불되었고, 팀장은 일주일 정도 지나서 팀 해체를 이야기했다. "다른 현장으로 가게 되었는데 어쩔 수 없이 갈 수밖에 없으니, 같이 갈 사람은 같이 가고, 여기 현장에 남을 사람은 남으라."고 통지를 한 것이다.

팀장에게 팀장이 쓴 계약은 광고인지 아닌지 확인하는 질문을 해보니, 팀장은 자신의 개인 손님이며, 일부는 자신과 평소에 연락을 주고받고 있는 다른 분양 영업사원들의 오더를 지원받아서 계약을 한 것이라고 했다.

그러나 나중에 알고보니 김팀장이 쓴 계약은 모두가 광고영업을 통해 계약을 한 것이다. 즉 팀원 모두가 나누어 가져야 할 수수료를 김팀장이 혼자 챙긴 것이다. 이를 알게 된 팀원들이 들고 일어났고, 분을 참지 못한 한 영업사원이 다른 현장에서 일을 하고 있던 김팀장을 찾아가 폭행하는 사건까지 일어나게 되었다.

수수료 나누기

현장 사무실에 가서 보면 팀장이라는 직책을 단 영업사원이 브리핑을 해주는데, 주로 상가의 가치와 상권 분석, 그리고 수익률에 대한 일반적인 자료를 가지고 계약을 유도한다. 팀장의 역할은 이렇게 현장을 방문한 투자자들이 계약을 하게끔 만드는 것이다. 담당 영업사원은 가능성 있는 고객들을 현장 사무실까지 안내하는 역할을 맡고 있다. 이렇게 팀장과 일반 영업사원은 서로 역할이 구분되어 있다.

따라서 투자자가 분양 계약을 하게 되면 수수료가 담당 영업사원, 팀장, 본부장들에게 할당된다. 따라서 영업사원들은 어떤 수를 쓰고 서라도 현장사무실까지 사람들을 안내하고자 한다. 그것이 계약이 되고, 안 되고는 두 번째 문제다. 계약에 대한 역할은 팀장의 역할이기 때문이다. 물론 계약이 안 되면 수수료는 전혀 없다.

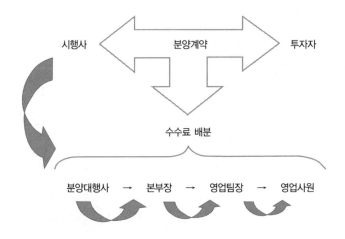

이들은 분양대행사의 정식 직원이 아니기 때문에 월급 혹은 활동비가 전혀 없다. 현장에 따라 일당 5천 원 혹은 1만 원의 식대비로 보조 받는 경우가 있다. 그러므로 이들의 팀워크를 이루고 있는 것은 돈, 즉 수수료에 대한 기대 외에는 없다. 따라서 영업사원이 다음 날 출근을 안 해도, 혹은 다음날 아무런 이야기 없이 그 현장을 떠나고 다른 현장에 가서 일을 해도 그 어느 누구도 뭐라고 하지 않는다.

내 수수료는 내가 지킨다

영업사원의 안내에 따라 처음 분양 사무실을 방문했던 투자자가, 며칠 후 재방문할 때 처음에 접촉했던 영업사원과 연락을 안 하고, 현장 주위에 있던 다른 영업사원의 안내를 받아서 계약을 했다면 문제가 발생한다. 처음에 안내를 했던 영업사원이나 팀장이 알지 못했다면 은근 슬쩍 넘어가 수수료를 가로챌 수도 있을 것이다. 그러나 처음 접촉했던 영업사원과 담당 팀장이 알았다면 두 번째 영업사원과 담당 팀장 간에는 분쟁이 발생한다.

이러한 분쟁은 수수료에 대한 욕심 때문에 발생하는 것이다. 이럴 때 서로 반씩 나누는 경우도 있지만 대개는 두 번째 접촉한 영업사원이 포기하는 게 일반적이다. 즉 제대로 관리를 안하면 나에게 올 수수료를 남에게 뺏기는 것이다. 그래서 전화번호를 한번 남기게 되면 지겹다 생각할 정도로 영업사원들로부터 전화를 받게 된다. 따라서 현장에서는 감시 아닌 감시와 보이지 않는 치열한 눈치싸움이 영업사원들 간에 있다.

막말로 먼저 찜한 사람이 임자다. 수수료도 담당 영업사원을 중심으로 지불이 되므로 한눈 팔 틈이 없다. 그래서 영업사원들이 눈에 쌍심지를 켜고 현장 분양 사무실로 사람들을 유치하는 것이다. 열 명의 영업사원이 있으면 그중에 한두 명 만이 계약서를 쓴다. 따라서 나머지는 돈 한 푼 못 벌고 이 현장 저 현장으로 기웃거리면서 몇 개월씩 계약을 한 건도 유치하지 못 하고 지내는 것이다. 아르바이트라도 하면 일당이라도 몇 만 원씩 받지만 분양 현장 사무실에 있는 영업사원들은 말 그대로 계약서를 써야만 돈을 버는 것이다. 몇 개월씩 한 푼도 못 버는 그런 상황이 이어질 가능성이 많기 때문에 수단과

상가 매입 계약 형태에 대한 이해

상가 투자에
돈 있다

중심으로 상권이 발달해 있는 것을 볼 수 있다. 우리가 일반적으로 판단했을 때 역에서 나오자마자 20m도 채 안 되는 거리에 있는 10층짜리 근린상가 건물이라고 하면 상당히 투자 가치가 있을 것이라고 판단한다.

하지만 그 상가건물은 죽은 건물이라고 볼 수 있다. 주력 업종이 잘못 분양되었기 때문이다. 상가 건물의 중상층부에 교회가 입주하고 있는 것이다. 교회가 상가 건물의 중상층부 3개 층을 사용하고 있어 상가 자체가 활성화되지 못했다. 따라서 상층부와 저층부와의 단절은 물론이고, 주중에는 야간에 소등되어 있어 상가 자체가 외관상 썰렁할 수밖에 없었다.

● 유사한 부동산과 비교 검토해야 한다

설계도면을 보고 주력 업종을 중심으로 이루어지는 층별 동선을 예측해 볼 필요가 있다. 그러한 동선을 토대로 내가 투자하고자 하는 상가가 어떤 입지를 가지고 있는지 판단할 수 있기 때문이다. 그래서 코너, 출입구, 엘리베이터 앞, 계단 앞 등이 제일 먼저 투자 대상이 된다.

대개의 경우 분양 사무실에서는 임대수익률 7~10%선에서 계산이 되게끔 적당히 조작된 예상 보증금과 월 임대료를 제시한다. 그러한 가격에 임대가 될 수 있는지 없는지에 대한 검토는 하나도 안 한다. 그래서 투자자들은 회사가 제시한 투자수익률이 좋으면 무조건 좋은 줄 안다. 참으로 바보 같은 투자자들이다.

그러나 이런 투자자들이 의외로 많다. 따라서 그러한 수익률에 대한 타당성 검토를 하고자 한다면 유사한 MD구성이 된 상가 건물을 찾아가야 한다. 유사 상가 건물을 통해 지속적이고 안정적인 매출이 이루어지고 있는지, 임대료는 적정한지, 이용 고객들의 성향은 어떤지, 투자 대상 건물과 비교 검토를 해야 한다.

시행사가 제시한 MD구성이 완공되어 계획안대로 안 되었다면 투자자로서는 엄청난 손실이 생기게 된다. 이러한 것은 계약할 때 명시하고 그에 대한 패널티 조항이 있는지 체크하는 것이 올바른 투자 방법이다. 왜냐하면 투자한 분양 금액은 처음에 계획하고 예상한 MD구성에 따른 영업적 가치를 금전적으로 반영해 책정된 가격이기 때문이다. 그 가격을 투자자는 분양 가격으로 지불했다고 봐야 한다.

권리금의 종류

　권리금이란 주로 부동산 임대차에 발생하는 것으로 부동산의 특수한 장소적 이익이나 권리이용의 대가로서 지급하는 금액을 말한다. 민법에는 권리금에 대한 규정이 없으므로 관행에 따라 행해지는 것으로 봐야 한다. 따라서 권리금은 임대료나 보증금 이외의 별도 금액이 관행적으로 발생한다. 따라서 일단 수수된 권리금은 특별한 약정이 없는 한 임대차 사용기간이 종료하더라도 법적으로 보호받을 수 없으며, 반환을 청구할 수 없다.

　이를 쉽게 풀어 보면, 갑의 소유인 점포를 임차하고 있는 을이란 사람이, 임차권을 병이란 사람에게 넘겨줌에 있어서 그 양도의 대가로 병이 을에게 지급하는 금전을 권리금이라고 하는 것인데 그 임대차 기간이 끝나서 병이 을이나 갑에서 권리금을 돌려달라고 할 수 없다는 것이다.

　권리금을 투자자들의 입장에서 검토해 보는 것은 미래가치와 연결되기 때문이다. 타 지역의 유사한 부동산보다도 더 높은 권리금이 시장에서 인정되고 있다면 그 지역의 상가는 안정적인 입지조건을 가지고 있다고 봐야 한다. 1급 상권의 경우 권리금이 보증금보다 몇 배 더 높은 지역도 있다.

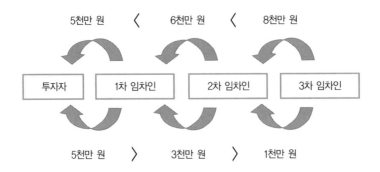

영업 권리금

특정 지역에서 특정 아이템으로 점포사업을 하고 있었다면 그 사업의 지속성으로 인해 예상되어지는 순수익에 대한 보상을 영업 권리금으로 인정해주고 있다. 통상적으로 12개월 정도가 일반적이나 지역에 따라 2년 치를 인정해 주는 경우도 있다. 정해진 것이 없으므로 상호간의 합의에 의해 영업 권리금이 책정되어진다고 봐야 한다.

영업 권리금을 산정하기 위해서는 객관적인 자료가 중요하다. 상가의 점포사업 승계시 예상되는 순수익을 근거로 하기 때문에 판단 실수를 하게 되면 엄청난 이중 손실이 발생한다. 객관적인 자료로는 영업 매출에 대한 자료를 기초로 한 비용 장부를 포함해 기타 증빙할 수 있는 서류 등을 보고 판단해야 한다. 물론 주변의 인근 점포사업자들의 탐문을 통해 증빙 서류들의 타당성을 검토해야 한다.

시설 권리금

점포사업을 하게 되면 홍보 및 마케팅 차원에서 내부 및 외부 인테리어를 하게 되며, 영업을 위한 시설에 금전적 비용이 발생하게 된다. 프랜차이즈로 점포사업을 할 경우에는 별 문제가 없으나 기존 점포를 인수하게 될 경우에 기존의 시설물에 대한 양수로 인해 시설 권리금을 상호간에 계산할 수밖에 없다. 이러한 시설물은 설치 기간에 따라 노후화 하게 되므로 감가상각을 해야 한다. 이러한 검토 과정도 정해진 가격이 없으므로 사용 가능 기간, 현 시설물의 상태 등을 살펴야 한다.

바닥 권리금

보통 신규 분양상가에서 발생하는 권리금으로서 지역 권리금이라고도 한다. 이 권리금은 특정 지역의 환경적 요인으로 발생하는 권리금으로서 1급 상권에 위치하고 있다면 그 상권의 크기와 특성으로 인한 자연스러운 영향력으로 일정 수준의 매출이 안정적으로 보장되기 때문에 발생한다. 일반적으로 유흥상업시설이 밀집된 지역의 바닥 권리금이 높게 형성돼 있다.

일반 점포사업자들이 바닥 권리금을 이야기 할 때 잘 이해를 못하기도 하지만, 투자자들의 경우도 이해를 못하는 경우가 많다. 바닥 권리금은 투자자의 몫이라고 생각하지만, 실제 분양 현장에서는 분양 영업사원들이 요구하는 것이 비일비재 하다. 따라서 자칫 실수하게 되면 이 비용은 점포사업자에게 커다란 손실로 다가올 수도 있다.

결론적으로 권리금은 개인 간에 주고받는 것이므로 법적으로 보장 받을 수 없다. 권리금을 계약서상에 명시하고 임대차 계약을 하는 경우는 거의 없다. 그래서 권리금에 대한 분쟁이 늘 발생한다.

상권에 대한 이해

상권 조사는 치밀해야 한다

상권이 상가 투자 혹은 점포사업의 기본이라는 것은 누구나가 다 알고 있는 사실이다. 아마도 기본 상식 중의 상식일 것이며, 상가 투자 혹은 점포사업을 하고자 하는 투자자, 혹은 예비 창업자로서 상권을 무시하고 시작하는 사람은 단 한 사람도 없을 것이다. 아마도 있다면 그 사람은 스스로 망하기를 원하는 사람일 것이다. 그러나 그 기본적인 상식이 실제에 있어서는 적용이 안되는 경우가 비일비재하다. 즉 중요한 포인트를 알지 못하고 그냥 수박 겉핥기 식의 단편적인 지식으로만 끝나는 것이다.

상권하면 일반인들이 제일 먼저 생각하는 것이 유동인구일 것이다. 유동인구가 많으면 일반적으로 '아, 거기 상권 좋지!' 하고 생각한다. 대학가 주변, 도심지에 위치한 먹자골목, 역세권 주변 등이 과연 유동인구가 많고 상권이 좋아서 점포사업을 하면 누구나 다 성공하는 것인가? 그렇다면 그렇게 상권 좋은 동네에서 수억 원의 권리금

을 내고 그럴싸하게 점포사업을 시작하건만, 쫄딱 망해서 손 털고 나오는 사람들은 무엇 때문인지 고민해봐야 한다. 그런 지역에서도 성공하는 점포사업자보다는 실패한 점포사업자들이 더 많다. 성공을 하기 위해서는 상권을 유지하는 지역 요인들과 내가 하고자 하는 점포사업의 아이템, 입지, 타 점포사업자들과의 경쟁력 있는 비교우위 확보 등의 조합이 복합적으로 이루어져야 한다.

서점에서 간단하게 실용서적을 구입해서 읽을 정도면 상권이 무엇인지는 쉽게 다 알 수 있다. 그러나 아는 것으로만 끝나서는 안 된다. 그 지식이 나의 의사결정에 영향을 주어야 한다.

시장은 살아 움직이는 동물과 같다. 따라서 살아 움직이는 시장에 맞추어 나 스스로가 변화의 의지 없이 고정된 관념과 막연한 기대심리를 가지고 창업을 했다가는 쪽박차기 쉽다.

상권은 움직인다

 그렇다면 상권이 왜 움직일까? 그것은 한마디로 사이클로 말할 수 있을 것이다. 모든 부동산은 어떤 특정 시점이 되면 건물이 노후화되어가고 타 지역보다 시장경쟁력이 뒤쳐지게 되므로 다시 리모델링을 한다든지, 개발을 하면서 가치를 증대시켜 나간다. 그러한 영향을 받아서 그 주변 상권이 서서히 변해 가는 것이다.

 필자가 대학을 졸업하던 무렵인 1990년 초반, 서울 강남역 최고의 자리는 뉴욕제과 앞이었다. 그 맞은편의 상권은 좀 미비했다. 그러던 것이 상권이 변하면서, 길 건너 앞으로 발전해 가고, 점점 주변의 대형빌딩이 들어오면서 지금은 뱅뱅 사거리(대신생명 사거리)에서 교보생명 사거리(예전에는 제일생명 사거리)까지 상권이 더욱더 확장되어 가고 있다. 그러면서 중심상권도 서서히 이동하는 과정이다.

 또한 양재역에서 강남역까지의 강남대로는 테헤란로와 비교해 볼 때 높은 빌딩이 별로 없었다. 뱅뱅 사거리 지나서 있는 코리아 비즈니스센터 빌딩이 1991년에 준공했을 때, 강남대로에서 몇 개 없는 고층빌딩 중의 하나였다.

 최근 관심의 대상이 되고 있는 뉴타운 지역도 비슷하다. 대표적으로 길음 뉴타운이 인접하고 있는 미아삼거리역도 그 전통적인 상권의 중심은 예전 대지극장 뒤쪽 먹자골목 초입을 으뜸으로 평가했지만, 주변에 현대백화점, 신세계백화점, 롯데백화점이 들어오면서 상권의 중심이 변하고 있다. 앞으로 월곡동 사창가가 정리되고 중심 상업지구로 개발되어 가면 길음 뉴타운과 함께 시너지 효과를 일으켜 상권의 변화는 더욱더 크게 나타날 것이다. 길음 뉴타운도 전통적인 길음시장의 틀에서 벗어나고 있다. 앞으로 뉴타운 개발이 모두 완료

초보자가 꼭 알아야 할
상가 투자 기초 지식 23가지

되는 시점이 되면 예전 길음시장의 모습은 간데없고 전혀 새로운 상권으로 상가가 형성될 것이다.

10여년 전의 뉴타운 지역과 지금을 비교해 보면 그 변화를 누가 감히 상상이나 할 수 있겠는가? 지금과 예전의 상권을 비교해 보면 그 움직임을 미리 예측하고 투자한다는 것이 쉽지 않다. 일반 투자자들이 이러한 것들을 파악해 투자한다는 것은 어려운 일이다. 한두 가지의 판단 미스로 투자 자금을 한방에 날릴 수 있다. 상가 투자에 있어서 잊지 말아야 할 것은 '상권은 변화무쌍하게 살아 움직이고 있는 대상'으로 접근해야 한다는 것이다.

오늘 죽었던 상권이 내일 살아날 수도 있고, 펄펄 생기가 돌던 상권이 내일 죽을 수도 있다.

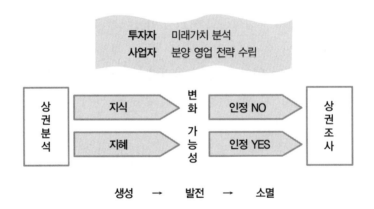

최소한 살펴봐야 할 상권 분석 콘텐츠

상권 분석하면 다들 매뉴얼을 가지고 온다. 보는 관점에 따라 우선적으로 검토하는 순위를 바꿀 수는 있지만, 대개의 경우 상권 분석을 한다고 할 경우 부동산 전문가들이 조사하는 내용은 아래의 범위를 크게 벗어나지는 않는다. 그렇다고 남에게 그럴싸하게 보이기 위한 보고서를 만들거나, 자기만족을 느끼기 위한 조사 및 데이터 분석이 되어서는 안 된다.

상가 분석을 할 때 꼭 살펴봐야 할 것

- 1차 상권, 2차 상권, 3차 상권 분류 및 범위 조사 : 각 지역별 소비 가능성 여부 등
- 거리, 유동성, 상가 건축물에 의한 시간, 공간, 지역의 구분
- 핵심 상권을 중심으로 뻗어 나오는 보조 상권의 분류
- 배후지 분석 : 아파트, 사무실, 학원, 학교, 대형 백화점 등
- 유동인구에 대한 분석 : 성별, 나이별, 소비 성향, 빈도, 집객 요인 분석 등
- 주도로 및 이면도로 형태를 통한 동선 분석 및 향후 도로 확장 여부
- 상권의 업종 분석 : 핵심 업종, 보조 업종, 도소매 분류 등
- 상권 내 업종 및 점포에 따른 매출액, 순이익 분석 : 소비 성향, 사업성, 매출 성향 등
- 상권의 단계 평가 : 생성, 발달, 소멸의 3단계로 분류
- 교통량 분석 : 버스, 지하철, 환승 여부, 대중교통의 유입인구, 신설 역 가능성 여부 등
- 향후 지역요인의 개발 가능성 분석 : 배후 아파트 단지, 대기업 입주 여부 등

초보자가 꼭 알아야 할
상가 투자 기초 지식 23가지

입지 분석의 중요성

　상가 투자에 관한 분양 상담을 하게 되면 입지의 중요성을 강조하지 않을 수 없다. 입지는 투자 대상이 되는 상가 점포의 입지와 상가 건물 자체에 대한 입지가 있다. 상가 건물 자체의 입지가 좋은가 나쁜가에 따라서 외부 유동인구의 흡인력이 좌우되며, 투자 대상 점포가 상가 건물 중에서 어디에 입지하고 있는가에 따라 매출액이 달라진다.

　점포사업자들이 사업을 준비하면서 상권에 대한 개략적인 조사는 하면서도 입지의 중요성을 놓치는 경우가 의외로 많이 있다. 입지는 철저하게 현장에서 발품을 팔아야 알 수 있다.

　입지분석은 점포사업자의 경우 계획하고 있는 업종과 관련이 많다. 생고기 전문점을 하고자 한다면 그 업종에 맞는 상권인지 체크하자. 같은 상권 안에서도 매출이 안정적으로 발생할 수 있는 입지에 상가가 있어야 한다. 점포사업자들에게 업종이 먼저인가 입지가 먼저인가 라는 부분은 점포사업자의 사업 여건에 따라 달라질 수 있다. 하지만 일단 한 가지가 선택되었다면 나머지 하나도 철저하게 검증을 거쳐야 한다. 업종과 입지가 서로 어울리는지 판단해야 한다. 남녀가 궁합이 맞아야 행복하게 살듯이, 업종과 입지는 서로 궁합이 맞아야 장사가 잘 된다.

점포사업자의 경우 입지 분석을 한다고 하면, 일단 예상 매출액 등으로 입지 분석을 할 수 있다. 예상 매출액은 유동인구 중에서 자신의 점포로 유입될 수 있는 내점객들의 숫자를 대략적으로 주변 유사 부동산의 사례를 통해 파악해야 한다. 그리고 그 내점객들 중에서 실제 구매 행위를 하는 확률을 따져 보고 일일 매출액을 계산해야 한다. 이런 식으로 하면 한 달 매출액에서 예상되어지는 비용을 가감해 월 순수익을 계산할 수 있다. 그 순수익으로 입지에 대한 타당성을 검토할 수가 있다. 만에 하나 그 순수익이 예상보다 적다면 업종이 입지와 궁합이 맞는 것이 아니므로 업종을 재검토 하든지, 아니면 다른 입지의 점포를 찾아다녀야 한다.

입지가 안 좋은 상가는 당연히 미래가치가 떨어져 점포사업자들이 기피한다. 따라서 임대료가 낮게 책정되고, 투자수익률도 낮을 것이다. 따라서 처분 시, 처분소득을 기대하기는 힘들게 된다. 따라서 상가 투자자라고 하면 상가 건물에 대한 입지분석을 먼저한 후 투자하려고 하는 점포의 외부 및 내부 입지를 분석한 후 투자해야 한다.

상가 투자자의 경우는 수익률로 입지의 타당성을 검토해 볼 수 있다. 주변 유사 부동산의 월 임대료는 쉽게 구할 수 있다. 분양받는 가격에 예상되어지는 월 임대료로 임대수익률을 구할 수 있다. 이러한 임대수익률은 대개의 경우 분양 영업사원들이 제시해 주지만 믿을 것이 못 된다. 타당성 없는 수익률로 투자자들을 유혹하기 때문이다. 따라서 직접 주변 상권에 위치한 부동산의 실제 임대료를 보고 검토해야 한다.

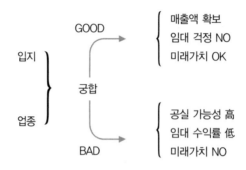

좋은 입지를 갖춘 점포라고 하는 것은 한마디로 이야기 하면 어떤 업종과도 궁합이 잘 맞는 점포일 것이다. 즉 약국으로 운영이 되던 점포가 상층부의 병원이 이전해 약국에서 편의점, 빵집, 호프집, 김밥집 등으로 전환을 해도 충분히 장사가 잘 되는 그런 점포가 우수한 입지를 갖추고 있는 것이다. 좋은 입지를 찾는 과정은 이론적으로는 배후 세력의 분석, 유동인구의 성향 분석, 교통량 등을 검토해야 한다. 그러나 무엇보다도 중요한 것은 점포사업자의 마인드가 더 중요하다고 볼 수 있다. 입지가 좋다고 해 안일한 업종 선택, 그리고 영업에 대한 게으름은 사업 실패의 지름길이다.

따라서 상가 투자자는 입지만 믿고 임차인에 대한 관리를 소홀히 해서는 안 된다. 임차인이 어떠한 마인드로 점포사업을 하는가에 따라 상가의 가치는 달라진다.

층별 상가 투자의 차이

상가는 매월 임대료가 발생하는 수익형 부동산이다. 매월 임대료가 발생하기 때문에 각 층에 따라 임대료 차이가 발생하고 이런 임대료의 차이가 바로 분양가격에 반영된다. '1층의 임대료가 2층보다는 높을 것이다.'로 예상하는 것은 당연하다. 1층 중에서도 주 출입구 좌,우 특히 코너 상가는 1층 중에서도 제일 높은 가격이다.

보는 관점에 따라 다소 차이가 있을 수 있지만 일반적으로 1층이 100%의 가치를 가지고 있다면 2층은 50~60%정도, 3층은 40% 정도로 보는 것이 업계의 일반적인 평가다. 그러나 이것이 반드시 정답이 아님을 알아야 한다. 경기가 좋을 때와 불경기일 때가 같을 수 없으며, 또한 각 층별 동선, 건물 구조, 입지에 따라 가격의 차이는 다양하게 분석되어질 수 있다. 그러나 대개 분양가격을 보면 위에 언급한 수준에서 책정된다.

최근 경기 불황으로 상가 분양이 원활하지 않아서 상가건물 1층을 제외한 나머지 층은 미분양으로 남아있는 경우가 많다. 따라서 사업주의 입장에서 손실을 줄이고자 2층, 3층의 분양 가격을 1층 분양가격에 반영해 1층의 분양 가격이 2층, 3층과 비해 상당히 높은 가격에 분양되는 바람에 2층이 1층의 30%도 안 되는 그런 신규 분양 상가도 있다. 투자자로서는 상당히 조심스럽게 접근해야 할 것이다. 잘못 판단하면 사업자의 가격 장난으로 투자에 실패할 확률이 높다.

상층부로 갈수록 공실에 대한 위험부담이 있다. 공실이 발생할 경우 금융 비용, 관리 비용, 처분 소득의 손실, 임대료 손실 등으로 투자 손실은 기하급수적으로 늘어만 가게 되는 것이다. 그러나 1층은 공실에 대한 위험부담은 없지만 분양가격이 높아서 임대수익률을 맞추기가 어렵다. 따라서 정말 입지와 상권이 우수하지 않다면 층별에 따른 상가의 가치를 냉정하게 분석한 후 접근하는 것이 좋다.

권리금이라고 하는 것도 대개의 경우 1층에 주로 형성돼 있다. 상층부로 갈수록 권리금은 거의 없으며, 2층의 경우도 권리금 없이 매매가 이루어지는 경우가 많다. 또한 층별 가치 차이로 인해 권리금의 성격도 다르다. 1층의 경우는 영업 권리금과 같이 주변 환경과 상권의 영향으로 인한 권리금이 기본적으로 책정되지만 2층의 경우는 그런 권리금보다는 시설 권리금과 같은 형태의 권리금이 형성된다.

2층이라고 해도 건물 구조에 의해 외부에서 직접 진출입을 할 수 있는 2층은 경쟁력을 확보할 수 있으므로 건물의 구조에 의한 동선의 검토가 층별 가치의 변수가 될 수도 있다.

그런가하면 후면부에서는 2층이지만 전면부에서는 1층, 혹은 후면부에서는 1층이지만 전면부에서는 지하 1층이 되는 경우가 있다. 주로 주상복합건물에서 많이 발생하는데 이런 경우 층별 가치의 분석은 주 출입구가 되는 곳이 어디인지 부터 판단해야 한다. 아무리 전면 출입구라고 해도 주동선이 후면부로 이루어진다면 전면의 가치는 떨어질 것이고, 그에 따른 층별 가치에도 차이가 발생한다.

보기에는 1층처럼 보이지만 사실은 지하층인 주상복합건물

사진에서 보는 상가는 전면부 상가로서 1층과 2층으로 보이는데, 실제로는 지하상가다. 일반적인 층별에 따른 투자 접근 논리로 접근하다가는 미래가치에 대한 분석을 잘못할 가능성이 있다. 물론 주동선에 대한 분석을 냉정하게 해서, 가격에 메리트가 있다고 판단되면 의외로 좋은 물건을 찾을 수 있다.

수익률	1층 〈	2층
분양가	1층 〉	2층
공실 가능성	1층 〈	2층
환금성	1층 〉	2층
권리금 확보	1층 〉	2층
집객 효과	1층 〉	2층

상가딱지의 함정

    부동산에 처음 입문했을 때, 인터넷 카페의 한 회원으로부터 상담 투자를 받은 것 중의 하나가 '상가딱지'였다. 상담전화를 하신 분은 "부동산 중개업소에서 상가딱지를 사라고 하는데 투자해도 되느냐?"고 물었다. 그 당시에는 전혀 이해하지 못해 그 상담자에게 "권리만 주고받는 것은 있을 수가 없다."는 논지로 엉뚱한 답변을 해주었던 기억이 난다.

개발을 시작하는 택지

택지개발을 할 경우에 원래 그 지역에 있었던 거주민들의 생계를 보장하기 위해 근린생활시설을 우선적으로 특별 공급해 주는 우선 입찰권를 통상적으로 상가딱지라고 한다. 이러한 상가딱지 거래가 투자자들 사이에서 이루어지고 있으며, 안전성이 확보된 상가딱지라고 하면 투자해 볼 만하지만, 그렇지 못한 경우에는 투자 손실이 예상되어지기 때문에 조심스럽게 접근해야 한다.

무엇보다도 중복거래의 함정에 쉽게 노출되어지는 것이 상가딱지 특성 중의 하나다. 상가딱지는 상가 용지의 대상자가 확정되기 전까지는 등기가 있을 수 없다. 따라서 상가딱지를 여러 명에게 판다고 해도 확인이 안 된다. 즉 조합하고 시행사간에 정식 공급계약을 채결하기 전까지는 잠재적인 권리일 뿐이다.

따라서 잠재적인 권리를 사고파는 거래는 위험성이 높을 수밖에 없다. 더군다나 상가 입주 대상자가 확정되지 않은 상태에서 중간 브로커들의 횡포로 인한 2중, 3중 매매는 나중에 실제 권리를 주장하기 위한 소유권 분쟁이 발생할 수밖에 없다. 따라서 상가딱지를 구입하고자 한다면 조합에 정식 가입이 된 입주권을 검토하는 것이 바람직하다.

조합에 정식 가입된 입주권이라고 해서 위험이 없어진 것은 아니다. 상가는 대상자들에게 소형 평수로 공급된다. 따라서 상가를 짓기 위해서는 딱지 소유자들이 모여서 조합 결성을 하게 되고, 그 조합과 용지 공급계약을 맺어서 개발에 들어가는 것이다. 상가 개발업체에서는 조합이 많으면 많을 수록 사업 수익성이 좋아지므로 다양한 편법으로 대상자들을 조합원으로 흡수해 조합 결성을 하게 된다.

이러한 과정에서 2중, 3중으로 조합원에 가입하게 되면 문제가 발생하는 것이다. 왜냐하면 1개 이상의 조합에 중복 가입한 원주민이 있는 경우 해당 조합은 상가 용지 계약을 체결할 수 없기 때문이다. 따라서 조합원 탈퇴를 해야 하는데 조합원의 이탈은 곧 사업수익의 악화로 연결되기 때문에 매끄럽게 처리가 안 되는 것이 현실이다. 이러한 것으로 인해 사업진행 자체가 어렵게 된다. 이런 경우에 상가딱지를 매입하게 되면 손실을 입는 것은 불을 보듯 뻔하다.

상가딱지에 있어서 가장 위험한 것은 어떤 것이 안전한 것인지 확실하게 구분이 안 된다는 것이다. 그런데 안전한 상가딱지를 매입만 할 수 있다면 상당한 시세 차익을 볼 수 있는 것은 사실이기 때문에 상가 투자자들을 유혹하고 있는 것이다.

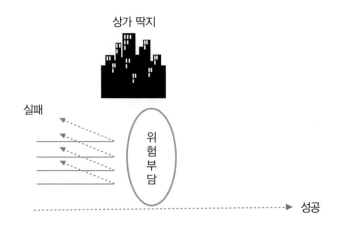

상가 분양에서의 개발비

　상가 분양가는 일반적으로 토지 비용과 건축비에 사업 비용을 붙여서 책정된다. 통상적으로 사업수익은 건물의 입지, 연면적, 점포 수, 용적률, 건물 구조 등에 따라 차이가 조금씩 발생할 수 있지만 보통 30% 내외에서 사업 비용을 책정해 분양가를 산정한다. 근린상가의 경우 수분양자는 임대를 맞추게 되고 점포사업자가 자신의 점포 사업에 맞게 인테리어를 하게 되며, 자신의 역량으로 홍보 및 마케팅을 하면서 점포사업을 하게 된다.

　그러나 테마상가(쇼핑몰)의 경우는 다르다. 건물 자체에 대한 인지도를 높여서 흡인력을 창출해야 한다. 즉 외부 상권을 유기적으로 활성화하는 과정이 필요하다. 이러한 과정은 결국 전략적인 홍보 활동과 마케팅을 장기간 꾸준하게 해야 하며, 이러한 과정에서 발생하는 비용을 개발비란 명목으로 분양 업체들이 수분양자들에게 받는 것이다.

　결국 수분양자는 개발비만큼을 더 주고 분양받는다고 봐야 하며, 개발비가 포함된 가격을 분양가로 해석해야 한다. 그러나 문제는 개발비라고 하는 것이 계약을 하는 시점에서 일시불로 입금하는 경우가 많다는 것이 문제다. 또한 정식 분양가에 산정되어 있지 않기 때문에 계약을 해지할 경우 돌려받을 수가 없다. 따라서 계약을 할 경우 계약 해지 시에 개발비 명목을 어떻게 할 것인지 환불에 대한 특약 조건을 명시하는 것이 좋다.

테마상가나 쇼핑몰은 사후 관리가 아주 중요하다. 브랜드 마케팅의 방법으로 사후 관리를 성공적으로 하게 되면 투자자뿐만 아니라 사업자에게 투자 수익으로 돌아올 것이다. 그래서 보통 시행사가 되지만 관리회사가 사후 관리를 위해 전심전력 해야 한다. 공통된 영업 아이템을 가지고 유사한 점포사업을 하므로 공동 마케팅을 통해 단합되고 일치된 모습으로 상가 건물 자체를 소비자들에게 알려야 한다. 성공하면 다 같이 성공하는 것이고 실패하면 다 같이 실패하는 것이다. 따라서 이러한 취지의 개발비이므로, 시행사가 요구할 경우에 수분양자들이 거절할 수가 없다. 마케팅 비용은 당연히 발생할 수밖에 없는 것이다.

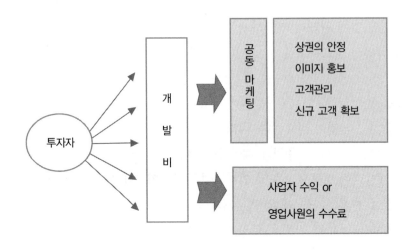

문제는 이러한 개발비가 순수하게 상가에 대한 홍보와 마케팅 비용으로 사용되어지면 다행인데, 일부 업체에서는 직원들의 영업비용 및 수익으로 빠져 나간다. 테마상가나 쇼핑몰은 영업본부에 내려오는 수수료가 근린상가에 비해 작을 수밖에 없다. 따라서 이러한 수수료 불만족으로 인해 영업사원들이 투자자들에게 계약을 유도하면서 개발비 명목으로 이익을 챙기는 것이다.

만에 하나 개발비 명목의 돈이 영업사원들의 주머니로 들어간다고 하면 그것은 사기에 가까운 범죄행위라고 본다. 돈을 주는 사람은 개발비 명목으로 주었고, 돈을 받은 사람도 개발비 명목으로 받았지만 실제 사용은 영업사원의 수익으로 책정된다면 명백히 금전적인 사기행위라고 볼 수 있다.

초보자가 꼭 알아야 할
상가 투자 기초 지식 23가지

상가 분양 사기의 형태

　A라는 시행사가 있다. 시행 하면서 '가'라는 업체에 시공을 맡기고 상가건물 공사를 시작했다. 그러다가 '나'라는 업체에 분양대행을 맡기면서 선분양을 하도록 했다. 법적으로 분양을 할 수 없음에도 불구하고 광고 및 홍보물, 입소문 등으로 투자자를 모아서 청약금이나 계약금 명목으로 10%를 받았다. 물론 분양 대행을 맡겼기 때문에 많은 영업사원들이 자신들이 관리하는 투자자들을 개별적으로 TM하여 투자자들로 하여금 청약을 하게 하거나 계약을 하게끔 유도한다.

　분양 사기를 기획하고 있다는 것은 투자자뿐만 아니라 영업사원들도 모르고 있는 것이다. 아마도 과다한 수수료로 영업사원을 유혹했을 것이다. 청약금이나 계약금은 신탁회사의 계좌로 입금이 되어야 함에도 불구하고 시행사의 은행계좌로 입금되었고, 정식 분양이 아니므로 계약서도 없다. 결국 시행사는 부도를 내고 잠적해버리는 것이다.

　공사금을 받지 못하는 시공사는 책임준공을 보증서지 않았다면 공사를 중단할 것이고, 그러면 모든 사업이 중단되는 것이다. 선분양을 받은 투자자들은 어디에 하소연 할 곳이 없다. 영업사원을 붙들어 보았자 영업사원들이 무슨 죄가 있겠는가? 더군다나 정식직원이 아니므로 영업사원에게 책임을 물을 수도 없는 것이다. 어찌보면 영업사원도 사기를 당한 피해자일 뿐이다. 물론 눈치 빠른 영업사원이라면 감을 잡아서 현장을 빠져 나오기도 하지만 그 내막을 알기가 그리 쉽지 않다. 사기를 기획하고, 그림을 그린 시행사의 의도를 알기는 어려울 것이다.

여기서 청약금을 지불했거나, 계약을 한 투자자들은 사기를 당한 것이다. 계약서 자체가 무의미하다.

그리고 B라는 회사가 앞에 언급한 부지를 매입해 사업을 다시 진행한다. 그리고 분양 대행사를 다시 선정해 합법적으로 분양한다. 자금은 시행사가 아닌 신탁사가 관리하며 모든 자금 관리에 대한 책임을 지는 것이다. 그렇게 되면 앞에서 사기당한 사람들은 구제를 받을 수 있을까? 일반적으로 못 받는다. 앞에 A사의 채권단은 더 더욱 보호를 못 받는다. 즉 시행사가 부도날 경우를 대비해 부동산 신탁사가 자금관리를 하고, 채권단으로부터 자금을 보호하는 것이다.

즉 앞서서 선분양을 받은 사람들은 그냥 사기 당한 것으로 끝난다. 아마도 이때쯤이면 A시행사의 사장은 구속이 되었거나 어딘가로 잠적했을 것이다. 아무튼 사기당한 투자자들은 불법인 선분양을 받았기 때문에 합법적으로 분양 절차를 밟은 신탁사나 시행사가 보장해 줄 필요와 의무가 없다.

신탁사는 투자자들의 계약금을 관리, 보호할 의무가 있다. 시행사가 부도가 났더라도 채권단으로부터 투자자들의 자금을 보호해야 하고, 시행사가 임의로 투자자들의 계약금을 사용하지 못하도록 해야 한다. 그리고 책임준공은 시행사가 부도가 나서 공중분해가 되어도 보증을 선 회사가 책임지고 공사를 완료시키는 것이다.

투자자를 보호하기 위한 제도이지만 분양시장에서는 아직도 위와 같은 모습에서 조금씩 변형된 모습으로 잊을 만하면 한 번 씩 분양사기가 일어난다. 더군다나 규모가 작은 상가의 경우는 신탁사에 자금 관리를 위탁할 의무가 없기 때문에 더욱 조심해야 한다.

불공정 약관의 이해

　약관에 의한 계약은 대개의 경우 한쪽 당사자는 잘 모르는 경우가 많다. 먼저 약관이란 것은 그 명칭이나 형태 또는 범위를 불문하고 계약의 일방 당사자가 다수의 상대방과 계약을 체결하기 위해 일정한 형식에 따라 미리 마련한 계약 내용을 의미한다(약관 규제에 관한 법률 제2조 제1항). 약관에 의한 계약의 중요한 내용이 정해져 있을 때는 설명해야 할 의무를 부담하는 것이 사업자다. 그러나 실제 분양 현장에서 계약을 하게 될 경우 약관에 대한 주의와 설명을 형식적으로 대충 하고 있으며, 수분양자들도 그리 주의를 기울이지 않고 있다. 그래서 나중에 분쟁의 소지가 생긴다.

　실제로 상가 분양과 관련해 갑과 을의 동등한 입장에서 내용이 정리되기 보다는 사업자가 미리 약관을 마련하게 되므로 아무래도 사업자에게 유리한 내용으로 정리될 가능성이 높다. 또한 표준 형태로 된 인쇄물로 약관을 통한 계약을 하게 되므로 수분양자들이 그 내용에 대해 이의 제기를 한다는 것이 쉽지 않다. 그래서 사업자에게는 약관 계약에 대한 해석을 엄격하게 한다. 다음은 공정거래위원회의

초보자가 꼭 알아야 할
상가 투자 기초 지식 23가지

심사 의견 중에서 대표적인 것을 정리한 내용이다.

한 사업자의 원상회복의무를 부당하게 경감하는 조항으로서 약관법 제9조 제4호에 해당됨.

〈시정권고 제 2002-005호 사건번호 2001 약제 4677〉

- 계약의 해제 및 위약금

계약의 해제는 계약 당사자의 이해에 중대한 영향을 미치는 사항이므로 비록 상대방의 이행 지체 등 계약 위반이 있더라도 그것이 경미한 계약 위반으로서 계약의 존속을 무의미하게 할 정도가 아니면 원칙적으로 계약을 해제할 수 없다 할 것이며, 해제사유 또한 구체적으로 열거되고, 그 내용이 타당하여야 할 것임.

또한 가압류 내지 가처분은 신청인의 단순한 소명자료 제출만으로도 실행 가능한 채권의 임시적 보전절차에 불과하며, 소송이나 분쟁당사자간의 합의에 앞서 법원에 신청하는 경우가 상당수를 차지하며, 실제로 가압류의 신청이 취하되거나 각하되는 사례가 적지 않음에 비추어 볼 때, 고객이 가압류 또는 가처분을 제가 당하였다는 이유만으로 계약을 해지 당할 수 있다면 이는 사업자가 얻는 이익에 비하여 고객이 받는 불이익이 지나치게 가혹하다 할 것임.

임대료와 부가가치세

상가를 분양받으면 임대사업자로 사업신고를 하게 된다. 사업자 신고를 하게 되면 분양 가격의 부가가치세를 돌려받을 수 있다. 그러나 부가가치세를 돌려받는 것은 좋지만, 준공이 나서 임차인을 구해 임대사업을 할 경우에도 부가가치세에 대해 검토해 볼 필요가 있다.

'월임대료는 부가가치세가 포함되어 있는가?' 라고 질문하면 선뜻 대답하기가 곤란하다. 다들 고개를 갸우뚱하고 한 번 더 생각을 한다. 수분양자 즉 임대인은 부가가치세를 임차인으로부터 받아서 신고해야 한다. 일반적으로 월 임대료의 개념에는 아무런 언급이 없으면 부가가치세가 포함되어져 있다고 봐야 한다. 또 어떤 사람들은 포함이 안 된 것으로 해석하기도 한다. 다행이 임차인이 법인의 형태를 갖추었다면 처음부터 이 문제를 계약서에 명시해 별 문제가 없을 것이지만 간이과세자로 소규모 점포사업을 하는 개인 점포사업자의 경우에는 추가로 10%를 더 요구하는 것에 상당한 반감을 가질 것이다.

요즘 같은 경기가 안 좋은 시절엔 상가가 공실로 남아 있을 것을 우려한 나머지 저렴한 임대료로 임대를 맞추었을 경우에 투자 대비

수익률은 저조할 것이다. 그럼에도 불구하고 또 다시 부가가치세를 임대인이 부담한다고 하면 수익률로도 엄청난 손해를 봐야 하는 것이다.

임대사업을 하면서 부가가치세 납부에 대한 거부감으로 세금계산서 발행을 임대인이 안 할 수도 있고, 혹은 점포사업자의 거부로 부가가치세 신고를 빠트릴 수도 있다. 그러나 어떠한 경우에도 임대사업자는 부가가치세 신고를 하지 않으면 소득에 대한 신고를 하지 않은 형태가 되어서 탈세라고 하는 범죄행위를 하게 되는 것이다. 따라서 임대인은 임차인이 누구든 어떠한 사업 형태를 가지고 있든 부가가치세 신고와 납부의 의무가 있다.

상가를 분양받으면 일반과세자로 사업자등록을 할 것을 권유한다. 이유는 건물에 부과된 부가가치세를 환급받기 위함이다. 보통 분양가액의 약 5% 내외다. 10억 원의 상가라고 하면 약 5천만 원의 부가가치세를 돌려받을 수 있다. 따라서 거의 모든 수분양자들은 일반과세자로 사업등록을 하게 된다. 물론 내가 부가가치세를 환급받아 향후에 임대사업자로서 임대료를 받을 경우에는 10%에 해당하는 부가

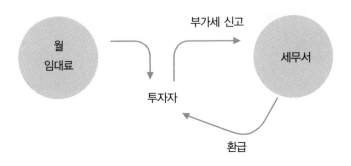

가치세를 납부해야 할 의무가 있다.

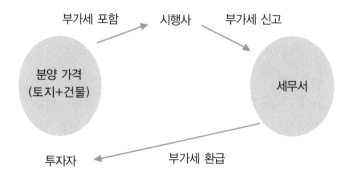

한편 임대사업자가 일반과세자로 사업을 시작했으나, 월 임대료 등의 수입이 4,800만 원 이하인 경우에는 다음 해에 간이과세자에 해당된다. 따라서 일반과세자로 임대사업 신고를 한 수분양자는 간이 과세 포기 신고를 해야 한다. 포기 신고를 하지 않으면 환급받았던 부가가치세를 다시 납부해야 하기 때문이다.

임차인의 경우에는 일반과세자에 해당된다면 임대인에게 지불한 부가가치세는 돌려받을 것이고, 간이과세자라고 하면 임대인이 발행해 준 세금계산서를 근거로 일정 비율에 해당하는 금액을 납부할 세금에서 차감받을 수 있다.

상가 분양과 관련해 알아야 할 법원 판례

주택조합이 상가 일부층의 수분양자들과의 사이에 장차 나머지 층을 분양함에 있어 상가 내의 기존 업종과 중복되지 아니하는 업종을 지정·분양하여 기존의 영업권을 보호하겠다고 한 약정의 의미는, 주택조합이 상가 일부에 관한 분양계약을 체결함에 있어 단순히 그 수분양자에 대하여 상가 내 기존 점포의 업종과 다른 영업을 할 것을 구두로 고지하는 정도에 그치지 아니하고, 나아가 그 경업금지를 분양 계약의 내용으로 하여 만약 분양계약 체결 이후라도 수분양자가 경업금지의 약정을 위배하는 경우에는 그 분양계약을 해제하는 등의 조치를 취함으로써 그 기존 점포의 상인들의 영업권이 실질적으로 보호되도록 최선을 다해야 할 의무를 부담하는 것이다.

　- 대법원 1995. 9. 5. 선고 94다30867 판결

분양자가 아파트 상가를 분양하면서 수분양자에게 그 상가에서는 그 수분양자만이 슈퍼마켓을 운영할 수 있도록 하겠다고 약정하고, 나머지 상가를 다른 수분양자에게 분양하면서는 타인과 중복되는 업

종으로 영업하지 않고 이를 위반할 경우 분양자가 계약을 해제할 수 있다는 약정을 받은 경우, 분양자가 한 슈퍼마켓 영업보장약정은 그 상가의 다른 점포에서 그 수분양자의 슈퍼마켓에서 판매하는 물품과 중복되는 물품을 판매하는 경우가 없도록 하여 주겠다는 의미가 아니라, 나머지 점포를 제3자에게 분양함에 있어 중복되는 업종 즉 슈퍼마켓업종으로 분양하지 않겠고 다른 수분양자가 임의로 슈퍼마켓으로 변경할 경우에는 그 분양계약을 해제함으로써 그 수분양자만이 그 상가에서 슈퍼마켓업종을 독점적으로 운영하도록 보장한 취지이고, 이 경우 분양자가 임의로 슈퍼마켓으로 업종을 변경한 다른 수분양자에게 그 분양계약을 해제한다는 통지만을 하고 그 점포의 명도나 소유권이전등기말소청구 등의 후속조치를 취하지 아니한 채 다른 수분양자의 슈퍼마켓영업을 방치한 것은 실제로는 그 분양계약을 해제하지 아니한 것과 동일하고, 당초 분양자가 특정 수분양자에게 그 상가에서 슈퍼마켓업종을 독점적으로 운영하도록 보장한 약정을 이행한 것으로는 볼 수 없다.

－ 대법원 2000. 10. 6. 선고 2000다22515등 판결

채무불이행을 이유로 매매계약을 해제하려면, 당해 채무가 매매계약의 목적달성에 있어 필요불가결하고 이를 이행하지 아니하면 매매계약의 목적이 달성되지 아니하여 매도인이 매매계약을 체결하지 아니하였을 것이라고 여겨질 정도의 주된 채무이어야 하고 그렇지 아니한 부수적 채무를 불이행한 데에 지나지 아니한 경우에는 매매계약 전부를 해제할 수 없으며, 계약상의 의무 가운데 주된 채무와 부수적 채무를 구별함에 있어서는 급부의 독립된 가치와는 관계없이 계약을 체결할 때 표명되었거나 그 당시 상황으로 보아 분명하게 객

관적으로 나타난 당사자의 합리적 의사에 의하여 결정하되, 계약의 내용 · 목적 · 불이행의 결과 등의 여러 사정을 고려하여야 하는데, 상가의 일부 층을 먼저 분양하면서 그 수분양자에게 장차 나머지 상가의 분양에 있어 상가 내 기존업종과 중복되지 않는 업종을 지정하여 기존 수분양자의 영업권을 보호하겠다고 약정한 경우, 그 약정에 기한 영업권보호채무를 분양계약의 주된 채무로 보아야 한다.
 – 대법원 1997. 4. 7.자 97마575 결정

건축회사가 상가를 건축하여 점포별로 업종을 정하여 분양한 후에 점포에 관한 수분양자의 지위를 양수한 자 또는 그 점포를 임차한 자는 특별한 사정이 없는 한 상가의 점포 입점자들에 대한 관계에서 상호 묵시적으로 분양계약에서 약정한 업종제한 등의 의무를 수인하기로 동의하였다고 봄이 상당하므로 상호간의 업종제한에 관한 약정을 준수할 의무가 있다고 보아야 하고, 따라서 점포 수분양자의 지위를 양수한 자 등이 분양계약 등에 정하여진 업종제한 약정을 위반할 경우 이로 인하여 영업상의 이익을 침해당할 처지에 있는 자는 침해배제를 위하여 동종업종의 영업금지를 청구할 권리가 있다
 – 대법원 2006.7.4. 2006마164,165

상가 입찰 당시에 입찰자들에게 '유의사항'이라는 서류에서 입찰자로 하여금 직접 현장 확인할 것을 촉구한 점 등에 비춰 분양회사가 원고를 기망했다고 보기 어렵고 상가건물의 공사현장 출입을 통제했다고 하더라도 안전을 고려해 출입 통제했을 것으로 추정되므로 분양회사의 기망으로 비슷한 상가보다 더 많은 분양대금을 치르는 손해를 입었다는 주장은 이유없다.

- 부산지방법원 제4민사부 2005가합8005

상가를 분양하면서 그 곳에 첨단 오락타운을 조성·운영하고 전문경영인에 의한 위탁경영을 통하여 분양계약자들에게 일정액 이상의 수익을 보장한다는 광고를 하고, 분양계약 체결시 이러한 광고내용을 계약상대방에게 설명하였더라도, 체결된 분양계약서에는 이러한 내용이 기재되지 않은 점과, 그 후의 위 상가 임대운영경위 등에 비추어 볼 때, 위와 같은 광고 및 분양계약 체결시의 설명은 청약의 유인에 불과할 뿐 상가 분양계약의 내용으로 되었다고 볼 수 없고, 따라서 분양 회사는 위 상가를 첨단 오락타운으로 조성·운영하거나 일정한 수익을 보장할 의무를 부담하지 않는다.

상품의 선전 광고에 있어서 거래의 중요한 사항에 관하여 구체적 사실을 신의성실의 의무에 비추어 비난받을 정도의 방법으로 허위로 고지한 경우에는 기망행위에 해당한다고 할 것이나, 그 선전 광고에 다소의 과장 허위가 수반되는 것은 그것이 일반 상거래의 관행과 신의칙에 비추어 시인될 수 있는 한 기망성이 결여된다고 할 것이고, 또한 용도가 특정된 특수시설을 분양받을 경우 그 운영을 어떻게 하고, 그 수익은 얼마나 될 것인지와 같은 사항은 투자자들의 책임과 판단 하에 결정될 성질의 것이므로, 상가를 분양하면서 그 곳에 첨단 오락타운을 조성하고 전문경영인에 의한 위탁경영을 통하여 일정 수익을 보장한다는 취지의 광고를 하였다고 하여 이로써 상대방을 기망하여 분양계약을 체결하게 하였다거나 상대방이 계약의 중요부분에 관하여 착오를 일으켜 분양계약을 체결하게 된 것이라 볼 수 없다.
- 대법원 2001. 5. 29. 선고 99다55601,55618 판결

[1] 연합주택조합은 그 소속 주택 조합들의 단순한 업무집행기관으로 볼 수는 없고, 독립한 비법인 사단으로서 조합 아파트나 상가 분양계약에 관한 당사자 본인으로서의 지위를 가진다고 할 것이나, 그와 동시에 소유권보존등기의 명의자가 될 위 소속 주택 조합들의 대리인으로서의 지위도 함께 가진다.

[2] 매매목적물인 부동산에 근저당권설정등기나 가압류등기가 있는 경우에 매도인으로서는 위 근저당권설정등기나 가압류등기를 말소하여 완전한 소유권이전등기를 해 주어야 할 의무를 부담한다고 할 것이지만, 매매목적물인 부동산에 대한 근저당권설정등기나 가압류등기가 말소되지 아니하였다고 하여 바로 매도인의 소유권이전등기의무가 이행불능으로 되었다고 할 수 없고, 매도인이 미리 이행하지 아니할 의사를 표시한 경우가 아닌 한, 매수인이 매도인에게 상당한 기간을 정하여 그 이행을 최고하고 그 기간 내에 이행하지 아니한 때에 한하여 계약을 해제할 수 있다.
– 대법원 2003. 5. 13. 2000다50688 선고 판결

권리금이 그 수수 후 일정한 기간 이상으로 그 임대차를 존속시키기로 하는 임차권 보장의 약정 하에 임차인으로부터 임대인에게 지급된 경우에는, 보장기간 동안의 이용이 유효하게 이루어진 이상 임대인은 그 권리금의 반환의무를 지지 아니하며, 다만 임차인은 당초의 임대차에서 반대하는 약정이 없는 한 임차권의 양도 또는 전대차 기회에 부수하여 자신도 일정기간 이용할 수 있는 권리를 다른 사람에게 양도하거나 또는 다른 사람으로 하여금 일정기간 이용케 함으로써 권리금 상당액을 회수할 수 있을 것이지만, 반면 임대인의 사정으로 임대차계약이 중도 해지됨으로써 당초 보장된 기간 동안의 이

용이 불가능하였다는 등의 특별한 사정이 있을 때에는 임대인은 임차인에 대하여 그 권리금의 반환의무를 진다고 할 것이고, 그 경우 임대인이 반환의무를 부담하는 권리금의 범위는, 지급된 권리금을 경과기간과 잔존기간에 대응하는 것으로 나누어, 임대인은 임차인으로부터 수령한 권리금 중 임대차계약이 종료될 때까지의 기간에 대응하는 부분을 공제한 잔존기간에 대응하는 부분만을 반환할 의무를 부담한다고 봄이 공평의 원칙에 합치된다.

  - 대법원 2002.7.26, 2002다25013

4

상가 투자,
사업 타당성 분석 10가지

먼저 부동산 가격을 이해해라

부동산 가격은 가격이 아니고 '가치' 다. 우리는 이점을 간과하고 있다. 10억 원하는 상가가 있다고 하자. 10억 원이라는 돈을 주고 구입한 상가의 가격은 지금 이 순간 나에게만 해당하는 가격일 뿐이다. 내가 아닌 다른 사람은 10억 원이 비싸 보일 수도 있고, 낮게 보일 수도 있는 것이다. 아무튼 나는 상가가 가지고 있는 잠재적 가치를 10억 원이란 금전적 가치로 보고 판단한 것이다.

주식을 보자, 액면가 5천 원 하는 주식을 수십 만 원에 사고팔고 한다. 삼성전자 주식이 100만 원이라고 하는 것은 주식 한 주가 주는 이익 배당금이 100만 원이란 이야기가 아니다. 단지 객장에서 수요와 공급에 의해 그 미래가치를 사고파는 가격이 100만 원이라는 것이다. 즉 내가 가치가 있다고 판단되면 다른 사람의 기준에서는 이해가 안 되는 가격일지라도 구입을 한다는 것이다.

부동산 가격도 마찬가지다. 그리고 부동산의 경우에는 미래가치뿐만 아니라, 지금껏 실망을 안겨준 적이 없다는 경험적 판단을 근거로 하고, 사회적 정서에 의해 부동산을 매입하게 된다. 따라서 미래가치가 우수한 상가는 인근 주변의 시세와는 다소 동떨어지게 높을 수도 있다. 물론 주변의 시세와 임대료 수준을 비교했을 때, 터무니없이 높은 가격은 미래가치만 너무 긍정적으로 바라보고 있는 것이므로 투자대상에서 보류해야 한다.

가치는 주관적인 것임을 알아야 한다. 10만 원 하는 휴대폰을 산다고 하자. 10만 원이라는 통일된 가격이 있음에도 불구하고 갑돌이와 병돌이가 느끼는 휴대폰에 대한 가치는 다르다. 한 주당 100만 원 하는 삼성전자 주식도 갑돌이와 병돌이가 느끼는 가치에 대한 무게는 다른 것이다. 부동산도 마찬가지다.

분양자와 수분양자가 만나서 상가 계약을 한다. 분양자는 10억 원이란 가치가 있다고 판단하기 때문에 상가를 10억 원에 공급하고 있는 것이다. 수분양자는 여기서 투자성 검토를 해야 한다. 가치가 가격으로 환산되어지는 순간이기 때문이다. 10억 원의 가치가 있다고 판단하면 분양받을 필요는 없다. 어차피 같은 가격인데 투자의 의미가 없기 때문이다. 투자자는 10억 원에 공급하는 상가가 11억 원 혹은 12억 원의 미래가치가 있다고 판단이 되어져야 투자를 한다. 즉 아직 가격으로 흡수되지 않은 1억 원 혹은 2억 원의 잠재적 가치를 투자자가 확보하고자 하는 것이다.

투자 상담을 하다보면 "10억 원의 가치가 있으니 구입하라."는 브리핑을 한다. 잘못된 브리핑이다. "11억 원 혹은 12억 원 하는 상가인데 10억 원에 분양 받으면 1~2억 원의 가치를 투자자가 가지고 갈 수 있습니다." 라고 해야 제대로 된 브리핑이다. 그러므로 10억 원의 가치가 있는 것을 10억 원에 구입하는 것은 투자하는 의미가 없는 것이다. 현금으로 가지고 있으나 부동산으로 가지고 있으나 같은 것일 뿐이다. 물론 10억 원의 가치밖에 없는 것을 11억 원에 분양하는 경우도 있다. 그래서 가치분석을 통해 가격에 대한 타당성 검토를 해야 한다.

또한 상가의 가격은 경기에 민감하다. 상가는 점포사업자들이 생계형 창업을 할 수 있는 공간적 개념이다. 따라서 다른 부동산하고 다르게 소비 경기와 밀접한 관계를 가지고 있다. 소비 경기가 좋아야 장사가 잘 될 것이고, 장사가 잘 되어야 점포사업자가 늘어날 것이다. 그래야 예비 점포사업자의 경쟁으로 인해 임대료가 높아질 것이고, 임대료가 높아야 투자수익률이 좋아지는 것이며, 투자수익률이 높아야 투자자들이 분양을 받는 것이다.

거품론에서 벗어나고자 한다면 주식에서 이야기하는 황금주를 찾아야 한다. 광기에 휩쓸리지 않는 절대적 가치가 있는 부동산은 가격의 붕괴가 온다 한들 그 바람을 꿋꿋하게 맞을 수가 있다. 가격은 하나뿐이므로 갑과 을이 하나로 협상하는 것이지만 가치는 내가 수많은 사람과 거래 하든지, 아님 수많은 사람과 경쟁해서 가치를 내가 처분하든지 혹은 취득하여 수익으로 만들어내는 것이다. 일반적으로 부동산에서의 가격이란 것은 가치의 개념이 더 중요하게 취급되고, 가격이란 개념이 미약하다. 즉 가격은 가치를 이야기 한다고 보면 된다.

부동산학에서 이야기하는 가치와 가격의 의미

가치(VALUE)	가격(PRICE)
미래에 대한 기대 가격이 포함	현재 거래되는 금액
미래를 현재 가치로 환산한 현재 시점의 값	과거의 경험치에 의한 통계로 산출한 것
기대 가치 수 = 다수	갑과 을의 가격은 하나

상가 비율을 검토해라

상가 비율에 대해서는 실제 투자 상담에서 별로 발생하지는 않지만 투가 가치에 대한 분석을 하기 위해서는 한 번 쯤 검토해야 한다. 흔히들 단지 내 상가에 투자할 경우에는 부동산에 종사하는 관계자들이 "세대 당 0.3평~0.5평 이내에서 검토하라!"고 한다. 그렇다면 '600세대 이상이면서, 0.4평이면 무조건 투자하라!' 라고 말할 수 있는가? 필자는 아니라고 생각한다. 그러한 논리는 다 말장난이다. 상가 비율은 하나의 검토 기준이지 절대적인 것은 아니다. 우리가 현장에서 말로 할 때는 평의 개념을 많이 사용하지만, 문서상으로는 ㎡를 사용하는 것이 기본이다.(1평 = 3.30578㎡, 1㎡ = 0.3025평)

한편 '주택단지에 설치하는 근린생활시설 및 소매시장, 상점을 합한 면적은 매세대당 6제곱미터의 비율로 산정한 면적을 초과 하여서는 아니 된다.' 라는 규정이 있다.

1,000세대의 아파트가 있다고 계산해 보면
1000×6=6,000㎡, 6000÷3.30578=1,815평이다. 따라서 단지 내

상가에서 1,000세대가 있는 아파트라면, 약 6,000㎡(1,815평)까지 상가를 지을 수 있다. 이런 경우 상가의 점포 수가 많아서 투자 가치가 없다고 본다.

투자 가치가 있다고 하는 세대 당 0.3평~0.5평을 적용해 계산을 해 보면,

1000×0.3평=300평(약 992㎡)

1000×0.5평=500평(약 1,653㎡)이 된다.

앞에서 계산한 6,000㎡(1,815평)하고 1,653㎡(500평)의 상가 규모는 엄청난 차이가 난다. 당연히 상가의 가치는 평수가 작은 쪽이 좋다. 그만큼 매출이 확보되기 때문이다. 따라서 내가 투자하고자 하는 단지 내 상가 크기를 보고 상가 비율이 적정한지 아닌지 판단해야 한다.

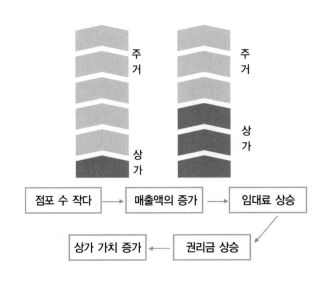

상가가 1층에만 있는
주상복합 빌딩

또한 주상복합건물에서 상가 비율을 중요하게 검토해야 한다. 그동안 주거와 상업면적을 7:3 비율로 공급을 해왔다. 그래서 주상복합 상가의 경우, 상가가 비교적 많이 있어서 공실로 남아 있는 경우가 많으며, 임대료가 투자 요구 수익률에 현저하게 미치지 못한 것이 사실이다. 그러나 여기에도 면적으로만 검토하게 되면 함정이 있다.

주상복합은 상층부가 무엇인지 확인해야 한다. 20층 건물이라고 하면서 1층부터 3층까지는 상가지만 투자 가치가 전혀 없을 수 있다. 이유는 4~20층까지가 아파트라면 투자 가치는 안 좋다. 아파트 세대수 라고 해봤자, 100세대도 안 될 것이기 때문이다. 건물 자체에 상주하는 인원들이 이용할 수 있는 이용 빈도수가 절대적으로 부족해 실패할 확률이 높다. 그래서 주상복합은 가능하면 오피스텔 위주로 검토하는 것이 좋다.

그러나 최근에 서울시는 주상복합아파트의 주택 비율을 계획적인 관리가 가능할 경우 90%까지 확대하기로 한 발표가 있었다. 서울뿐만 아니라 안산, 일산, 수원, 성남, 인천, 용인 등 그 범위가 확산 중에 있다. 어쨌든 이런 식으로 상가비율이 적어지면, 주상복합건물 내 고정 수요자들의 점포 이용에 대한 충성도가 높아질 것이며, 상가 과잉공급으로 인한 저조한 임대료 수익은 점차적으로 개선되어질 것으로 본다.

결론적으로 상가 비율이 줄어든다는 것은 투자 가치가 그만큼 좋아진다는 것이며, 주상복합상가에 투자하고자 하는 투자자들이나 택지지구의 단지 내 상가 혹은 근린상가에 투자하고자 하는 투자자들은 반드시 상가 비율을 체크해 투자성을 면밀히 검토해야 한다.

전용률과 ㎡(평)당 실 분양가를 계산해라

  아래와 같은 두 개의 점포가 있다고 하자. 분양 면적은 같지만, 공유 면적이 달라서 전용률이 다른 것이다. 우리가 보통 전용면적이라고 말하는 것은 실제 사용하는 실사용 면적을 말하며, 전용률은 전용면적÷분양면적×100으로 구한다. 분양 면적에는 공유면적이 포함되어 있는데, 공유면적이라고 하는 것은 복도, 화장실, 엘리베이터, 주차장, 에스컬레이터 등 공동으로 사용하는 면적을 말한다. 따라서 일반적인 분양 면적은 같은 상가라고 해도, 실제 사용 면적은 다를 수 있다.

	분양 면적	공유 면적	전용 면적	㎡ 당 가격	총 분양가
A 점포	138.85	79.40	59.50	18,149,081원	2,520,000,000원
	(42평)	(24평)	(18평)	(60,000,000원)	2,520,000,000원
B 점포	138.85	62.80	76.00	19,056,535원	2,646,000,000원
	(42평)	(19평)	(20평)	(63,000,000원)	2,646,000,000원

앞에서 언급한 두 점포의 ㎡당, 실 분양가를 간략하게 계산해 보자.

A점포 25억2천만 원÷59.5㎡(18평)=42,352,941원(140,000,000원)
B점포 26억4천6백만 원÷76.0㎡(23평)=34,815,789원(115,043,478원)

두 점포는 실제 ㎡당 가격의 차이가 있다. ㎡당 분양가는 A점포가 907,454원(300만 원) 낮아서, 전체적인 분양가에서는 1억2천6백만 원이 B점포보다 낮다. 그러나 ㎡당 실 분양가는 A점포가 7,537,152원(24,956,522원)이 더 높다.

전용률을 계산해 보면, 실제 ㎡당 가격이 나오고, 그 점포 크기에서 대략적으로 입점이 가능한 업종이 어떤 것이 있는지 유추해 볼 수 있다. 같은 지역에 A점포와 B점포가 있는데 ㎡당 분양가는 B점포가 비싸더라도 분양은 더 잘 될 수밖에 없다. A점포를 분양받는 것은 바가지를 쓰는 것이다.

그러나 전용률이 떨어지는 것은 대개의 경우 설계상의 문제다. 따라서 공동으로 사용하는 시설이 전용률이 떨어지는 것을 보상할 수 있는 건물 구조라면 문제는 달라진다.

A 전용률＝60%
B 전용률＝40% 라고 하면

A가 좋아 보이지만 A건물은 지하 1층부터 3층까지의 상가 전용 엘리베이터가 한 대고, B는 기본 엘리베이터 4개, 상가 전용 에스컬레이터가 있어서 유동인구나 고객들의 편리함을 추구한 설계구조라면, B의 전용률이 A보다 떨어지더라도 투자 가치는 B가 더 좋을 수 있

다. 그래서 상가 투자를 하려면 주변 부동산을 탐문하면서 건물 평면도를 자세히 살펴봐야 한다.

쇼핑몰도 같은 개념이다. 쇼핑몰에 투자하는 사람들은 1억~2억 원 내외의 투자자들이 대부분이다. 분양 면적은 보통 9.9㎡(3평)~16.53㎡(5평)이며, 실 평수는 3.3㎡(1평)~6.6㎡(2평) 내외다. 그러면 ㎡당 얼마를 주고 사는 것인지 판단해야 한다. 쇼핑몰의 수익률이 일반 근린상가와 같은 수익률이라면 투자하지 말아야 한다고 생각한다.

쇼핑몰은 일반 근린상가보다 3~4% 높은 수익률이 나와 주어야 하는 것이다. 그만큼 ㎡당 실 투자원금에 대비해 근린상가보다 위험률이 높기 때문이다. 그리고 향후에 매도 시점에서의 환금성을 생각했을 때, 상가 점포 수가 수백 개 있는 경우가 보통인 쇼핑몰에서는 분양 가격의 원금을 확보한다는 것이 실제로는 그리 쉬운 것이 아니다. 구좌가 500개인 쇼핑몰에서 몇 개가 시세 차익을 가지고 나올 수 있는지 냉정한 시선으로 바라봐야 한다. 따라서 실 평수에서 어떠한 점포사업이 가능한지, 그리고 그러한 점포사업을 통해서 예상되어지는 수익률이 안정적인지 아닌지 판단해야 한다.

상가 취득시 발생하는 세금을 계산해라

세금은 부동산 취득, 보유, 양도시에 세금이 부과된다. 취득시에는 취득세, 등록세 등이 있으며, 보유시에는 재산세, 종합부동산세, 그리고 양도시에는 양도소득세가 부과되고 있다. 상가를 구입하게 되면 취득세, 등록세를 납부해야 하는데 이는 분양금액의 4.6%이다. 여기에 취득세 2%, 등록세 2%, 교육세(등록세의 20%) 0.4%, 농특세(취득세의 10%) 0.2%가 해당된다.

상가를 분양받는데 있어 분양가격의 구성은 다음과 같이 되어 있다.

토지 원가	건물 원가	부가세	분양가격
1,619,796,000	726,040,000	72,604,000	2,418,440,000

취·등록세는 2,418,440,000원의 4.6%인 111,248,240원이다.

상가 투자자가 일반 과세자로 임대사업 신고를 하게 되면, 부가세 72,604,000원을 환급받는다. 건물 원가에 붙은 부가세는 환급을 받고, 취등록세는 납부해야 한다. 위의 예는 강남 지역이라서 토지 원가가 분양 가격에서 차지하는 비율이 높아서 분양 가격에서 부가세가 차지하는 비율이 낮지만, 대개의 경우 분양 가격에서 5% 내외에서 건물분의 부가세가 정해진다. 따라서 부가세를 환급받아 취등록세를 납부한다고 생각하는 것이 편하다.

일반 주택이라고 하면 참여정부의 세금 정책으로 인해 다른 세금들도 신중하게 검토를 해봐야 할 것이지만, 상가 투자에서는 그리 큰 중요성을 가지지 않는다. 상가 투자에서는 아마도 투자자들이 제일 우려하는 부분이 양도소득세일 것이다.

토지, 건물, 부동산에 관한 권리에 대한 양도소득세의 세율

미등기 자산	70%
등기되고 1세대 3주택 이상에 해당하는 주택(입주권을 주택 수에 포함)	60%
등기되고 1세대 2주택 이상에 해당하는 주택(입주권을 주택 수에 포함)	50%
등기되고 1년 미만 보유자산	50%
등기되고 1년 이상 2년 미만 보유자산	40%
등기된 일반 자산(즉 2년이상 보유자산)	9~36%

투자자들이 걱정하는 상가 투자에서의 세금은 일반적으로 위의 기준으로 보았을 때 전매 작업을 하는 투자자들의 경우에는 50%, 40%에서 세금이 책정이 될 것이며, 장기 투자의 경우에는 9~36%의 세율 중의 하나가 적용되지 않을까 싶다.

앞에 언급한 가격 2,418,440,000원으로 상가를 분양받은 투자자가 1년 3개월 보유하고 있다가 26억 원에 팔았다고 가정하고 대략적으로 계산하면,

$(2,600,000,000 - 2,418,440,000) = 181,560,000원,$

$181,560,000원 \times 0.4 = 72,624,000원$을 세금으로 내야 한다.

일반적으로 양도소득세의 계산은 세무사의 도움을 받는 것이 제일 좋다. 그 이유는 취득 시기, 양도차익의 산정, 필요 경비 공제금액 산정, 양도소득 과세 표준의 계산, 비과세 계산, 예정 신고와 자진납부의 세액공제 계산, 부동산 임대 소득 등 일반인이 정확한 세액을 계산하기에는 다소 무리가 있지 않을까 싶다. 따라서 정확한 세금 계산을 위해서는 세무사의 도움을 받는 것이 바람직하다.

9~36%의 세율이 적용되는 누진세율

1천만 원 이하	과세표준 9%
1천만 원 초과 4천 만원 이하	90만 원 + 18%
4천만 원 초과 8천 만원 이하	630만 원 + 27%
8천만 원 초과	1,710만 원 + 36%

상가 투자에
돈 있다

투자수익률을 계산해라

실면적 82.645㎡(25평)의 상가를 분양 받은 가격이 2,418,440,000 원이라고 하고 수익률을 계산해 보자. 먼저 예상 보증금 및 임대료를 산정해야 한다.

주변에 탐문조사를 하니 인근 지역에 형성된 가격이 보증금 1억5 천만 원에 월 임대료가 1,200만 원이라면, 이 가격에는 쉽게 임대를 맞출 수 있을 것이다.

(12,000,000원×12개월)÷(2,418,440,000원−150,000,000원)
=6.347%

여기서 계산한 6.347%는 순수하게 투자금을 전부 본인의 자본으로 했을 경우다.

은행 대출로 10억 원을 연이자 5%로 대출받아서 투자했다고 하면

{(12,000,000원×12개월) − (1,000,000,000원×0.05)}÷

$$(2,418,440,000원 - 1,000,000,000원 - 150,000,000원) = 7.410\%$$

대출을 받았을 때와 대출을 안 받았을 때의 수익률 차이가 발생하는 것을 보면 대출을 받아서 투자하는 것이 수익률을 더 극대화시킬 수 있다. 이것을 우리는 지렛대 원리라고 한다. 즉 타 자본을 이용해 수익률을 높이는 것이다. 그러나 이것은 은행 대출 이자가 낮을 경우다. 은행이자가 높아지면 오히려 역효과가 나올 수 있다. 참고로 은행이자를 7%로 잡아서 계산하면 5.834%가 나온다.

전부 자신의 여유자금으로 투자하는 그런 행운아는 별로 없다. 대부분의 투자자들은 자신의 여유자금에 금융 자금을 이용해서 투자 자금을 확보한다. 이러한 것을 지렛대 효과(leverage effect)라고 하며 타인의 자본을 이용해 자기자본 수익률을 높이는 현상을 말한다. 일반적인 대출, 공동투자, 그리고 전세보증금 등이 이러한 예가 될 것이다.

그렇다고 항상 수익률이 올라가는 것은 아니다. 정(+)의 효과가 발생할 수도 있고 부(-)의 효과가 발생할 수도 있다. 정의 효과가 발생하기 위해서는 저당 수익률이 자본 수익률보다 작아야 한다. 우리가 일반적으로 외부 자금을 이용한 지렛대 효과를 이야기 할 경우에 대개의 경우는 정의 효과가 발생한 것을 이야기한다. 따라서 이자가 비싼 경우에는 임대료를 받아서 이자를 지불해야 하므로 역효과가 발생할 수도 있는 것이다.

그러나 높은 수익률만큼 타 자본에 대한 채무 불이행 위험도 동시에 증가한다. 즉 수익과 위험이 동시에 같이 증가하는 것이다. 따라서 적정한 수준으로 대출을 받아야 한다.

이제 처분소득을 보자. 처분가격을 26억 원으로 하면 처분소득이

181,560,000원이 된다. 대략적인 계산이었지만 양도소득세를 내고 나면 실질 처분소득은 108,936,000원이 된다.

보유기간을 1년 3개월로 계산했으므로 처분할 때까지의 투자수익률을 계산해 보면

$$[\{(12,000,000원 \times 15개월) - \{(1,000,000,000원 \times 0.05) +$$
$$(1,000,000,000원 \times 0.05) \times 3개월 \div 12개월\} + 108,936,000 \div$$
$$(2,418,440,000원 - 1,000,000,000원 - 150,000,000원) = 17.8\%$$

물론 위의 수익률 17.8%가 정확한 것은 아니다. 부가세와 취·등록세는 서로 비슷하다고 보았으며, 세금 부분을 양도소득세만 포함시켜 대략적으로 계산한 것이다. 그리고 기타 소득세 등은 생략했다.

우리가 상가 투자를 하고자 한다면, 위와 같은 수익률의 차이로 인해 처음부터 투자 목적이 있어야 하는 것이다. 안정적인 임대 소득이 목적인 투자자들은 처분 소득보다는 임대수익률이 높은 상가를 찾아야 할 것이고, 임대 소득보다는 처분 시세 차익을 보고자 한다면 단기간에 시세 차익을 빨리 볼 수 있는 상가에 투자해야 한다. 두 마리 토끼를 잡으려는 투자자들이 있다. 간혹 그런 물건이 나오기는 하지만 내 손에 올 것이라고 기대하지 마라. 욕심일 뿐이다. 나보다 더 정보 취득 능력이 뛰어난 투자자의 것이라고 생각하는 것이 좋다.

전세가를 통한 예상 임대료를 계산해라

분양가 2,418,440,000원에 분양받은 상가를 가지고 받을 수 있는 예상 전세가를 계산해 보자. 우리가 보통 전세가를 분양가의 60%로 본다. 여기서 언급한 60%는 통상적인 것이며, 경기가 좋을 때는 70%로 볼 수도 있고, 경기가 안좋을 때는 50%로 볼 수도 있는 가변적인 것이다.

2,418,440,000원×0.6=1,451,064,000원이다. 즉 위의 분양가에 대비해 전세 임대를 맞출 경우 1,451,064,000원이다. 그러나 상가의 특성상 전세보다는 월세로 임대를 맞추는 경우가 많다.

임차인이 보증금 1억5천만 원에서 2억 원을 낼 수 있다면서 임대료 협상을 하는 경우를 계산해 보면

{(1,451,064,000원－150,000,000원)×10%} ÷12＝10,842,200원

{(1,451,064,000원－200,000,000원)×10%} ÷12＝10,425,533 원

즉 임대료 협상은 1천40만 원에서 1천80만 원 정도에서 이루어진

다. 10%로 계산한 것은, 예전에는 월이율 1%로 해 보통 12%를 계산했지만 최근에는 경기가 안 좋아서 필자가 임의로 연 10%로 계산했다. 최근의 소비 경기로 봤을 때, 이 수치도 상당히 긍정적으로 본 것이다. 경기가 좋아지면 이 수치는 가변적이므로 월 임대료는 더 올라갈 것이다.

반대로 이 임대료로 임대수익률을 계산해 보면,
$(10,842,200 \times 12) \div (2,418,440,000 - 150,000,000) = 5.735\%$

따라서 전세가를 환산해 임대수익률을 계산하는 것과, 주변을 탐문해 받을 수 있는 임대료를 가지고 분양가에서 임대수익률을 계산하는 것과는 차이가 발생한다. 따라서 임대료는 소비 경기와 밀접한 관련이 있어 분양가격이 적정한 것인지 아닌지 투자자 나름대로 판단을 내릴 수가 있다.

대개 분양 사무실에서 분양 영업을 준비하면서, 분양 가격표와 함께 예상 임대수익률을 같이 만들어 투자자들에게 브리핑을 한다. 이런 경우 대개의 경우 강남은 5~6%, 기타 지역은 7~8% 사이에서 얼추 짜집기로 임대료를 작성해 수익률을 계산한다.

즉 "이 상가에 분양을 받으시면, 저희들이 판단하기에 보증금 150,000,000원에 월 임대료는 14,000,000원을 받을 수 있습니다. 그리고 수익률은 7.4%를 예상할 수 있으므로 투자 가치가 있는 상가입니다."라면서 브리핑을 한다. 이렇게 브리핑을 하면 거의 모든 투자자들이 이에 대한 타당성 검토를 거의 안 한다는 것이 문제다.

$(14,000,000 \times 12) \div (2,418,440,000 - 150,000,000) = 7.4\%$

7.4% 수익률에 대한 근거가 무엇인지 확인해야 한다. 그 확인해 나가는 과정은 받을 수 있는 주변의 월 임대료 수준, 그리고 예상 전세가를 통해 검토하는 것이다. 따라서 투자자들은 분양 대행사가 이야기하는 예상 수익률을 100% 믿어서는 안 된다. 주변의 부동산을 돌아다니면서 주변의 전세가가 평균 몇 %에 형성되어 있는지, 그리고 실제 형성된 임대료 수준을 파악해 투자 임대수익률을 계산해봐야 한다.

상권 조사하면서 대충 보증금과 월세를 알면 머릿속으로도 쉽게 계산할 수 있다. 탐문조사를 하면서 보증금 1억 원에 월세 500만 원인 상가가 있다고 하면, 500만 원이 1%이므로,

500만 원×100=5억 원, 그리고
5억 원+1억 원=6억 원

전세가가 6억 원이라고 하면, 상가의 가격은 전세가를 60~70%로 보고 있으므로 6억 원÷0.6~0.7=8억6천만 원~10억 원이 상가의 가격이 되는 것이다.

상권 조사 하러 다니면서 한두 번 연습해 보면, 부동산이나 주변 상인들이 보증금과 월세를 이야기하는 순간, 바로 머릿속에서 암산이 되어 대략적인 상가의 시세를 알아 낼 수 있게 된다.

상가 투자에
돈 있다

거품은 수익률로 판단한다

거품하면 필자는 외환위기 이후, 인터넷 닷컴 코스닥이 늘 연상된다. 그 당시의 주식투자는 하나의 광기가 아니었나 싶다. 또한 벤처기업으로 포장한 회사들이 그저 그런 사업계획서 하나로 정부자금 몇억 원을 쉽게 유치하던 시절이었다. 일간지에 자본주 구한다는 사주 모집 광고가 나가면 9억9천만 원이 거짓말처럼 모이던 시절이었다.

뭔가에 다들 홀려서 너도 나도 할 것 없이 어느 회사가 인터넷 어쩌고저쩌고 하면 근거가 불확실하고, 설사 근거가 있다고 해도 그 가치가 그리 중요성이 없는 것임에도 불구하고 아침 주식 장을 열면 상한가로 시작하는 경우가 비일비재했다. 코스닥 주식에 관심이 없다는 것은 사회 활동을 포기 한 것 같은 그런 분위기였다.

〈광기, 패닉, 붕괴(Manias, Panics, and Crashes)〉라는 책이 있다. 이 책에서는 투기적 광기는 영원할 수 없음을 이야기하고 있다. 자본주의 사회에 자산 가격의 거품은 반드시 붕괴할 수밖에 없으며, 거품이 붕괴할 때는 부정과 사기가 그 중심에 있다는 이야기를 한다. 물론 다른 여러 이야기가 있지만 필자는 이러한 흐름에 아주 공감하고 있다.

몇 년 전에 불어 왔던 닷컴 주식의 광풍이 여기에 해당될 것이다. 그 럴싸한 포장으로 최고의 기업으로 각광받던 수많은 닷컴 회사들이 부정과 비리와 사기였음을 우리는 잘 알고 있다. 일반 투자자들은 그 회사에 수많은 투자금을 날리고 환상에 빠져 있었던 것이다.

투기는 너도 나도 할 것 없이 거품이 일어나서 바람을 타는 것이다. 그러는 순간에 어느 시점이 되면 나보다 한발 앞선 투자자 혹은 운 좋은 사람들이 그 시장에서 사라지는 것이다. 그런 상황이 발생하면서 가격 상승세는 주춤거릴 것이고, 그 속도가 느려지는 경향이 발생하면서 다시 더 많은 투자자들이 시장을 떠나갈 것이다.

이러한 현상이 어느 시점이 되면 시장을 떠나려 해도 떠날 수 없는 패닉 상태가 된다. 그리고 붕괴가 되는 것이다. 이렇게 되면 대부분의 투자자들이 정신을 차린다. 즉 광기에서 벗어나게 되는 것이다. 그러나 이미 배는 떠났다. 패닉은 더욱더 깊어질 것이고 붕괴는 더욱더 강한 쇼크로 다가 오는 법이다. 간단히 이야기해서 망하는 것이다.

상가 분양가격에 거품이 있는지 없는지에 대한 1차적 판단은 수익률을 가지고 검토해야 할 것이다. 따라서 예상수익률 검토를 통해 적정 수익률을 쉽게 뽑아낼 수 있을 정도의 임대료가 산출되어진다면 거품이 없다고 판단할 수 있다. 주변의 유사한 상가들과 비교 검토해 분양가격이 적절한지 아닌지 판단해야 한다. 주변보다 분양가격이 높다면, 왜 높은지, 높을 만한 이유가 있는지 살펴봐야 한다. 접근성이나 입지, 혹은 가시성이 뛰어나지 않음에도 불구하고 주변보다 가격이 높다면, 거품이 있다고 봐야 한다.

2006년도에 택지 내의 상가들이 이상한 투자 심리 과열로 인해 ㎡당(평당) 1,210만 원(4천만 원)에서 1,512만 원(5천만 원)이 일반적이었으며, 모지역은 ㎡당(평당) 분양가격이 2,420만 원(8,000만 원)에 이르기도 했다. 간단히 계산해도 위와 같은 지역은 상가 분양가격으로 적정한 임대수익을 보기는 어렵다. 그래서 위와 같은 지역의 상가 분양가격은 거품이라고 단정을 할 수 있다.

그런데 이러한 상가 분양가격은 시행사나 분양 대행사보다도 투자자들의 책임이 더 크다고 본다. 그냥 간단하게 주판알을 튕겨보면 다 알 수 있는 수익 구조이며, 거품인 것을 알 수 있는데 무책임하게 투자를 결정한 것이다. 또한 아파트로서 인기 있는 신도시 지역이므로 상가 분양가격도 같이 움직이는 줄 알고, 투자자들끼리 경쟁하다 보니 수요 경쟁에 의해 가격이 올라 간 것으로 볼 수 있다. 불속에 뛰어들어 생을 마감하는 불나방 같은 투자자들이 가격을 거품으로 올려놓는 것이다.

㎡당(평당) 가격이 2,420만 원(8천만 원)으로 계산해보면 66.11㎡(20평)이면 16억 원이다. 66.11㎡(20평)라고 해봤자 보통 전용률이 45%~55% 정도이므로 50%로 계산해도 실사용 면적은 33.06㎡(10평) 내외다. 실사용 면적 33.06㎡(10평)로 상가를 분양받았다고 했을 경우, 이 정도의 면적을 가지고 있는 상가에서 할 수 있는 점포사업은 그리 다양하지 않음을 알 수 있다. 약국, 편의점, 분식점, 테이크아웃전문점, 꽃집, 부동산 등, 그것도 큰 규모의 점포가 아니라 아주 작은 소형 규모의 점포일 뿐이다. 그런 점포에서 임대료를 얼마나 낼 수 있겠는가 생각해봐야 한다.

1,600,000,000원×0.6=960,000,000원 → 전세가 60%로 계산
{(960,000,000 - 100,000,000원)×10%}÷12개월=7,160,000원 →
월 임대료

보증금 1억 원을 받았다고 하고 6.5% 금리로 6억 원을 대출받았다고 하면

{(7,160,000원×12개월)−(600,000,000×0.065)} ÷ (1,600,000,000원−600,000,000원−100,000,000원)=5.21%

큰 규모도 아닌 실평수로 겨우 33.06㎡(10평) 규모에서 임대료를 716만 원 받을 가능성이 있겠는가 하는 부분이다. 그렇게 해 보았자 연 수익율 5.21%다. 그것도 검증이 되어 우리나라에 누구나 인정하고 알아주는 대형 상권이 아닌, 신도시의 신규 아파트 단지 내 상가 혹은 주변의 근린상권이다. 그런 상가에서 관리비 및 인건비를 제하고 월 716만 원을 지불할 수 있는 점포사업의 가능성을 봐야 한다.

또한 16억 원에 분양 받아서 18억 원에 매도가 가능하겠는가? 그러면 수익률이 좋아야 하는데 월 임대료를 33.06㎡(10평) 규모에서 1천만 원 이상 받을 수 있겠는가? 임대료가 1천만 원을 내야 힐 정도로 장사가 잘 된다면 혼자서는 못할 것이다. 종업원을 두어야 하는데 최소한 4~5명은 있어야 한다. 그리고 부대 관리 비용은? 그렇다면 월 매출액은 대략적으로 계산해도 수천만 원이 발생해야 한다. 33.06㎡ (10평) 규모의 근린상가에서 쉽게 산출해 낼 수 있는 숫자라고 하기는 좀 어렵다. 특별한 경우 확률적으로 가능할 수도 있겠지만 불가능의 수치가 더 높은 것이다.

정확하게 수익률을 계산하면 위에 언급한 수치는 더 떨어질 것이다. 검증이 되지 않은 상권, 신도시 아파트, 수익률 불안정, 그럼에도 분양가가 8천만 원에 분양된다는 것을 어떻게 해석해야 하는가 하는 것은 상가 분양 가격의 거품, 가수요, 분양사의 과장광고 및 마케팅 영향으로 쉽게 생각할 수 있는 것이다.

또한 주변 사례부동산의 임대료 평균을 계산해 보았을 때 회사에서 제시하는 수익률하고 현저하게 차이가 나면 분양 가격을 거품으로 봐야 한다.

정보의 가치를 돈으로 환산해 보라

　상가를 투자하는데 가치를 따져 보는 것은 무엇보다도 중요하다. 그 가치를 알기 위해서는 다양한 변수들이 있어서 정확한 예측은 상당히 어려운 법이지만 간단하게 살펴보고자 한다. 우선적으로 우리는 투자하고자 하는 물건의 현재 가치를 알고 싶어 하고, 새로운 정보에 의지해 그 상가를 투자하고자 할 때 그 정보의 가치가 얼마인지 알고싶어 한다. 다음과 같은 가정하에 상가의 가치를 분석해 보자.

　한 근린상가가 있는데 그 근린상가 주변에 역이 생긴다는 정보가 있다고 하자. 그 상가의 1층에 상가를 소유한 사람이 있다. 상권이 발달하고 있는 상황에서 역이 새로 생겨 근린상가가 활성화가 되면 1년 뒤에 그 상가는 8억8천만 원이 되고, 역이 생기지 않아서 근린상가가 활성화가 되지 못하고 그저 그런 보통 수준의 상가가 된다면 6억6천만 원이라고 치자.

　여러 가지 조건들이 있겠지만 간단하게 위와 같은 조건이 주어진다고 할 경우 상가 투자자가 살 수 있는 가격도 되며, 상가를 보유하고 있던 사람이 팔 수도 있는 가격은 얼마가 될 것인지 계산해 보자. 단

상가 투자를 하는 투자자가 권하는 요구수익률은 10%다.

우선적으로 계산해 볼 것은 기대하는 값의 현재 가치다. 현재 가치는 확률이 반반이고 요구수익률이 10%이므로

$$\{(880,000,000원 \times 0.5) + (660,000,000원 \times 0.5)\} \div (1+0.1)$$
$$= 700,000,000원$$

따라서 상가 투자자가 1층의 상가를 살 수 있는 가격은 7억 원이며, 상가 보유자가 상가를 팔 수 있는 가격도 7억 원이다. 따라서 7억원 이하로 매물이 나왔다면 얼른 사야할 것이고 7억 원 이상으로 매물이 나왔다면 한번 더 생각해야 한다.

그리고 정보의 가치를 살펴보자. 역이 확실하게 들어선다면
$$\{(880,000,000원 \times 1) + (660,000,000원 \times 0)\} \div (1+0.1) =$$
$$800,000,000원이다.$$

역이 들어선다는 것이 루머였다면
$$\{(880,000,000원 \times 0) + (660,000,000원 \times 1)\} \div (1+0.1) =$$
$$600,000,000원이다.$$

그렇다면 정보의 가치는 800,000,000원 - 700,000,000원 = 100,000,000원이다.

위의 계산을 추정해 보자. 위의 7억 원에는 역이 생긴다고 하는 정보가 이미 반영된 가격이다. 즉 미래가치가 현재 가격에 반영된 것이다. 위의 상가를 7억 원 아래에 구입하게 되면 아주 탁월한 상가 투자

를 한 것이 되고, 매도하는 사람은 잘못 매도한 것이 된다.

반대로 7억 원 이상으로 상가를 구입한다면 너무나 많은 가격을 주고 구입하게 된 것이다.

상가 투자를 하고자 하는 사람은 투자하고자 하는 상가의 주변에 역이 생길 것을 확신하고 투자할 것이다. 그렇다면 역이 생긴다는 그 정보가 확실한 정보가 되어야 한다. 불확실한 소문으로 끝나는 정보였다면 7억 원이라는 상가 구입은 정보의 가치 1억 원이 이미 포함된 가격이므로 잘못 투자를 하게 된 것이다. 아마도 이 가격에 구입을 하게 되면 시세 차익을 보고 투자한 투자자라면 원금을 건지기가 힘들 것이다.

반대로 100% 확실하다면 이 투자자는 1억8천만 원의 시세 차익을 볼 수 있다. 물론 여러 가지 제반 비용이 있을 것이고, 더욱더 변수가 많으므로 1억8천만 원으로 단정할 수는 없지만 위의 조건에서는 산술적인 계산이 이렇게 떨어진다.

컨설턴트에 따라 여러 가지 해석이 있을 수 있지만 필자는 항상 미래의 가치는 매수자의 권리라고 생각한다. 물론 가격에는 이미 그 가치가 포함되어 있지만 "매수자와 매도자 누가 그 가치를 더 봐야 하는가?"라고 묻는다면 주저 없이 "매수자의 권리다."라고 이야기한다.

그러한 미래가치가 없다면 어느 누구도 매수를 안 할 것이고 시장도 형성되지 않는다. 그 미래가치라고 하는 것은 불확실한 것이기 때문에 투자 수익과 동시에 위험을 투자자에게 준다.

대지 지분을 살펴라

	분양 면적	주차장 면적	공유 면적	전용 면적	㎡ 당 가격	총 분양가
A 점포	146.98	39.21	47.11	60.63	18,019,953원	2,648,600,000원
	(44.46평)	(11.86평)	(14.25평)	(18.34평)	(59,570,000원)	2,648,600,000원
B 점포	125.92	30.08	29.32	66.51	27,225,042원	3,428,100,000원
	(38.09평)	(9.10평)	(8.87평)	(20.12평)	(90,000,000원)	3,428,100,000원

위의 A점포와 B점포는 서로 4미터 남짓한 도로를 사이에 두고 있는 강남 모지역에 있는 상가로서, A는 주상복합건물이고, B점포는 리모델링 건물이었다. 두 상가 건물이 동시에 같이 분양을 했다. A점포를 분양하는 분양 영업사원들은 B점포의 분양가를 이야기 하면서 A점포가 경쟁력이 있다고 브리핑을 했다.

그러나 B점포가 분양이 더 잘 되었다는 것이다. 이유는 대지지분 때문이다. A점포는 대지지분이 12.53㎡(3.79평)이지만 B점포는 대지지분이 전용면적을 훨씬 넘는 약 85.95㎡(26평)가 할당되기 때문이다.

B점포에 투자하는 투자자들은 B점포가 신축 건물이 아니라 리모델링 건물이라는 것에 착안했을 것이다. 리모델링 건물이므로 언젠가는 다시 허물고 새로 지을 것이라는 것이다. 강남지역에서 대지 지분이 많다는 것은 새로 건물을 올릴 경우 그만큼 수익이 된다는 뜻이다.

만약에 리모델링이 아니고 신축 주상복합건물인데 대지지분이 많다면 투자자들은 어떤 판단을 했을까? 별로 큰 메리트를 못 느낄 것이다. 이유는 빌딩을 한번 건축하면 그 사용기한이 장기적이기 때문이다. 그러나 대지지분이 많은 리모델링 건물이라면, 길게 보아도 10년 안에는 다시 주상복합건물로 지을 확률이 높다. 강남 지역은 평당 1억 원을 주어도 못 사는 땅이 많다. 부르는게 값이다. 그만큼 땅에 대한 수요와 개발에 대한 사업 추진은 많은데 땅이 제한적이기 때문에 대지지분을 살펴 볼 필요가 있다.

다음 표처럼 상가 A와 B가 있는 신규 상가가 있다고 하면 당연히 B점포에 투자해야 한다.

	대지지분	실면적
A상가	39.67m²(12평)	49.59m²(15평)
B상가	29.75m²(9평)	59.50m²(18평)

일반적으로 투자자의 관점에서 볼 경우 대지지분이 투자 수익으로 연결되어지는 경우가 약하다. 대지지분은 공동 건물에 따라오는 공동 지분이기 때문이다. 매매할 경우에도 금액으로 인정받기도 힘들다. 그냥 실면적에 따라 오는 것이다. 따라서 따로 분리해 팔 수 있는 것이 아니다. 따라서 초기 신규 분양 상가라고 하면, 당연히 실면적

이 큰 것이 좋다.

그러나 건물이라고 하는 것은 시간이 가면 갈수록 노후화 되는 것이다. 언젠가는 다시 허물고 신축하거나 재건축을 해야 하는데, 그 시점이 가면 대지지분이 많은 것이 유리하다. 따라서 상가에 투자한다고 했을 때, 투자 시점이 신규상가 분양인지, 건물이 노후화 되어 리모델링을 하는 상가 건물인지, 혹은 재건축 지역으로 흡수될 가능성이 있는 상가인지 체크해야 하며, 각각의 시점에 따라 대지지분이 중요할 수도 있고, 전혀 중요하지 않을 수도 있다.

층별 수익률, 공실 가능성을 검토해라

상가건물은 층에 주는 입지의 중요성이 아주 크다. 상가는 1층이 제일 비싸다. 그리고 2층은 한 절반 수준, 최근에는 절반에서 조금 빠지는 경우가 비일비재하다. 개인적으로는 투자하는 분들에게 한마디 한다면 2층 점포는 피할 것을 권하고 싶다. 2층은 뻔하다. 2층에 들어올 수 있는 업종은 음식점, 병원, 학원, 피시방, 중국집, 이런 업종들이다. 2층은 권리금이 잘 안 붙고 붙어 봐야 그리 큰 금액도 아니다. 1층에 비교해 보면 하늘과 땅 차이다.

평당(㎡) 가격이 있다. 상가 신규 분양을 하게 되면 1층 단가가 제일 높고, 2층의 단가는 1층의 한 50%정도, 3층은 한 40%정도 보는 것이 일반적인 가격 책정이다. 또한 1층의 경우에도 주 출입구가 가장 높은 가격에 책정된다. 통상적으로 1층 ㎡(평)단가의 약 110~120% 내외에서 책정된다. 특별한 이유 없이 가격이 위와 같은 비율에서 과도하게 벗어나 있다면 그 투자 대상의 ㎡(평)당 가격은 거품이라고 봐야 할 것이다. 2층이 1층의 30%도 안되는 상가들을 조사해 보면 의외로 많이 있다. 쳐다볼 필요도 없다. 2층, 3층의 가격을 1층에 얹은 것이다. 당연히 바가지 가격이다.

요즘 상가는 여기 저기 넘쳐난다. 테마 쇼핑몰, 근린상가 등 신문 한장만 펴보면 하루에 수십 개의 상가 분양광고가 나오고 있다. 1층 상가에 투자해 손해본 투자자들은 별로 없다. 그러나 2층, 그 이상의 상가에 투자해 손해본 투자자들은 많다. 물론 2층이 다 나쁘다는 것은 아니다. 1급 초대형 상권에 있는 상가로서 충분히 경쟁력을 확보하고 있다면 2층도 좋고 3층도 좋은 투자 물건이다.

1층 전면부 수익률이 5%라고 하면 1층 후면부 수익률은 1층 전면부보다는 더 좋아야 한다. 수익률은 분양 금액과 임대료로 계산되어진다. 후면부는 분양금액과 임대료가 전면부보다 떨어질 것이다. 그래서 후면부는 전면부에 비해 환금성이 떨어진다. 즉 전면부 점포와 후면부 점포를 동시에 부동산에 매물로 내놓았을 때 계약의 확률은 전면부가 높다. 그렇기 때문에 전면부 수익률이 조금 낮아도 분양 영업이 되는 것이다.

그렇다고 하면 1층과 2층을 비교해 보자. 같은 개념으로 이해해야 한다. 1층의 수익률이 5%라고 하면 2층은 수익률이 6~7%가 되어야한다. 만약에 분양 사무실에서 투자 상담을 받는데 투자수익률을 제시하는 것이 1층, 2층이 별반 차이가 없다면 잘못된 자료다. 즉 아무런 생각 없이 짜맞추기 한 것이다. 수익률에 대한 검증은 계산으로 할 수 있다. 따라서 분양 사무실에서 제시하거나 영업사원이 제시하는 숫자가 시장조사를 한 후 제시하는 것인지 그냥 영업적 멘트인지 확인 가능하다.

3층 이상의 상가는 실수요자가 아니라면 필자는 권하고 싶지 않다. 그럼에도 불구하고 투자할 수밖에 없는 상황이라면 주변 상권 조사를 철저히 해야 한다. 우선은 많이 다녀야 한다. 아무리 못해도 그 지역을 서너 바퀴 이상 돌아다녀야 한다. 그렇게 다니다 보면 몇 층까지 투자가 가능한지 알 수 있다. 상가 공실이 어느 층에 주로 있는지 확인할 수 있기 때문이다. 주변의 매물로 나온 상가들이 주로 몇 층에 위치하고 있는지 조사해 보면 바로 알 수 있다.

상가 투자를 하여 성공적인 가치를 만들어 내고자 한다면 향후 소비자들의 움직임까지 예상해 보는 습관을 가져야 할 것이다. 그 소비자들의 움직임을 창조해내는 것은 업종과 층수란 사실을 꼭 기억하자.

5

초보자가 빠지기 쉬운
상가 투자의 함정

남이 하면 투기, 내가 하면 투자

투기와 투자의 의미

투자에 대한 의미를 사전에서 찾아보면 '미래 시점에 얻을 수 있는 수익을 위해 현재 시점에서 보유하고 있는 자금을 지출 하는 행위' 라고 정의하고 있다. 투기에 대한 단어적 정의는 '미래 시점에 발생 하는 시세 변동을 통해 차익의 획득을 목적으로 하는 거래 행위' 라고 한다. 보다 더 쉽게 설명하면 필연적 혹은 우연적으로 발생하는 시가 의 변동을 예상하고 매매 행위를 하고 그 결과 손익을 얻는다는 것이 다. 그러므로 불확실한 기회, 혹은 우연한 사실에 의해 손익이 발생 하는 극단적 모험 행위로 정의내릴 수 있을 것이다.

그러나 투자와 투기 둘 다 현재의 자금을 이용해 미래시점에서 예 상되는 수익을 얻는다는 것이다. 그래서 자본주의 사회에서의 투기 나 투자는 모두 경제활동의 하나로 해석되어지고 있는 것이 학계의 의견들이다. 따라서 일반적인 사회적 정서로 볼 때 투기라고 하는 행 위는, 단기간에 가격이 급등할 것으로 예상되어지는 것에 사전 정보를 취득한 자가 미리 자금을 집어넣어서, 그 차익을 챙기는 행위를 말한다.

부동산 투자는 미래시점의 불확실한 수익을 위해 현재의 자금을 부동산에 투자하는 것이다. 손해를 보기 위해 하는 투자 행위는 있을 수가 없다. 단지 성공을 할 줄 알고 투자를 했는데 잘못된 투자로 인해 손해를 보는 경우가 종종 있다.

부동산 투기도 같은 것이다. 부동산을 대상으로 하여 미래시점의 확실하다고 생각하는 수익을 위해 현재의 자금을 사용하는 것이다. 손해 볼 것을 알고 투기라는 행위로 돈을 집어넣는 사람은 없다. 잘못된 판단으로 인한 투기 행위로 손해를 보는 경우가 종종 있다.

투자든 투기든, 자금을 사용할 때는 이미 여러 가지 검토를 해야 한다. 가치 상승 요인이 있는지, 환경은 어떠한지, 타당성은 있는지, 실패할 확률은 얼마나 되는지, 원금은 건질 수 있는지, 내가 취득하고 있는 정보는 신뢰성이 있는지 등을 꼭 체크해야 한다.

사회적 정서로 투자가 투기로 해석된다

부동산 투기가 사회문제화 되는 것은 빈익빈 부익부 현상을 더욱 더 심화시키기 때문일 것이다. 정상적인 시장의 법칙에 근거한 것이 아닌 소수의 정보를 비합법적인 경로를 통해 얻기에 경제적 형평성에 어긋난다고 보기 때문이다. 그런데 이러한 모든 것들은 실제 투자 혹은 투기 행위를 어떻게 해석하는가에 따라서 달라진다는 것이다. 귀에 걸면 귀걸이고, 코에 걸면 코걸이인 것이다. 대개는 사회적 정서와 분위기로 해석하는 경우가 많다.

남이 이렇게 저렇게 해서 돈을 벌었다는 소문만 듣고 자금을 투여하는 행위, 남이 돈 벌었다고 하니, 나도 돈 벌고 싶어서 정확하고 객관적인 분석과 정보의 가치가 높고 낮음을 생각하지 않고, 투자하는 것은 투기에 가까울 것이다. 반면 교육, 주거환경, 문화시설, 주민들의 성향 등 여러 가지 발전성 등을 보고 자금이 움직인다면 투자에 가까울 것이다.

일반적으로 부동산 투기라고 하는 것들은 실제 부동산을 이용할 목적으로 구입하는 것이 아니라 부동산을 구입하여 보통 3년 이내에 시세 차익을 보고 매도하는 사람들의 행위를 부동산 투기라고 사회 정서상 이야기하고 있다.

한 신문사에서 2006년에 내놓은 자료 '2005 국세통계연보'에 따르면 2004년 부동산 거래에 따른 양도소득세 신고 건수는 모두 59만 9675건으로 집계됐다. 이 가운데 '1년 미만' 단기 보유는 7만 2329건으로 12.06%, '1년 이상~3년 미만'은 13만 6730건으로 22.8%를 차지했다. 이에 따라 부동산을 취득한 뒤 3년도 안 돼 처분한 건수는 20만 9059건으로 전체 양도세 신고 건수의 34.86%를 차지했다.10명 중 적어도 3명은 투기성으로 의심될 수도 있다는 얘기다.'라는 기사가 있었다.

또한 2005년도 상공회의소의 조사에 따르면 '3년간 부동산 투자수익률이 몇 퍼센트 이상이면 투기로 보느냐?'는 질문에 전체 응답자의 32.3%인 224명이 '50% 이상 60% 미만'을 꼽았으며, 수익률 '30% 이상 40% 미만(연 9~13%)'을 부동산 투기로 본 응답자는 27%였으며 '20% 이상 30% 미만(연 6~9%)'이면 투기라는 응답도 11.1%나 됐다. 심지어 20%(연 6% 미만) 미만 수익률을 투기라고 꼽은 사람도 4.6%를 차지했다.

자본주의 사회에서는 누구나 돈을 벌고 싶어 하며, 가지고 있던 종자돈을 이용해 더 많은 돈을 만들고자 하는 것은 당연하다. 그러한 행위를 나쁘다고 이야기 하면 정말 할 말이 없다. 더 많은 돈을 만들기 위해 투자해야 한다. 그런데 몇%의 수익을 보아야 투기가 아니고 투자인가? 몇 년간 자금을 묶어 두어야 투기가 아니고 투자인가?

상가 투자 시에 7~8% 수익률을 볼 수 있는 상가를 추천해도 투자에 메리트를 느끼지 못하는 투자자들이 많이 있다. 10% 이상 수익률을 볼 수 있어야 고개 한 번 돌려보는 것이 투자자들의 성향이다.

즉 위의 상공회의소 자료를 보면, 3년간 수익률 30~40%를 봐야 투자자들은 '한번 검토해 볼까' 하는 것이다. 투자하는 입장에서는 당연한 검토이고 조건인데 한쪽에서는 그것을 투기라고 보는 것이다. 3년간 수익률 50% 이상이 투기라고 한다면 연 수익률은 17%정도가 되는 것이다.

고수익률을 목표로 하는 것은 투자의 기본이다

수익률에 대한 검토가 객관적 타당성이 있다면 투자자들은 과감하게 투자를 한다. 그런데 일반 사람들은 그런 투자를 투기라고 한다. 이러한 투자를 하기 위해 남보다 먼저 시장조사 하고, 사실을 판단하고 예측하고, 전문가와 상담하고, 미래 예측 및 분석 평가 하고, 최악의 경우 손실이 발생할 경우 감수할 수 있는 손해액이 얼마인지까지 검토하는 투자자의 노력과 시간, 고민, 갈등이 있다. 그런 것에 대한 것은 생각하지 않고 투기라고 정의내리고 있다. 그러므로 고수익을 올렸다고 해서 투기라고 할 수는 없다. 당연히 고수익을 보고 투자 활동을 하는 것은 자본주의 사회에서 당연한 경제 활동이다.

투기는 위와 같은 정보 수집, 조사, 분석, 가치 평가의 과정을 거치지 않고, 모 투자자가 상가 투자를 해서 3년 안에 3억 원을 투자해서 2억 원을 벌었다는 이야기를 듣고서는 '어 그래, 나도 해야지' 하면서 불나방처럼 뛰어드는 사람들이 투기인 것이다. 물론 그 투기가 때로는 성공할 수도 있다. 그러나 대부분은 실패할 확률이 높다.

기다림도 투자 행위라고 생각한다. 확실한 투자가치가 있다고 판단되어지는 물건이 없다면 1년이고 2년이고 기다리는 행위도 투자의 한 방법이다. 물론 상황판단을 잘못해, 미래예측이 잘못되어 투자가치가 있는 것을 투자가치가 없다고 할 수도 있다. 그럼에도 불구하고 확신이 없으면 기다려야 한다.

투자를 가장한 투기 행위는 사실상 주식이라고 생각한다. 상한선 15%, 하한선 15% 범위가 있다. 하루에도 몇 번 씩 사고 팔 수 있다. 가장 짧은 시간에 가장 높은 수익률을 볼 수 있는 투사 행위는 주식 이상 가는 것은 없다.

시세 차익을 보는 행위는 주식이나 부동산이나 똑같다. 자본주의의 꽃이라고 하는 주식은 기업 경영에 필요한 자금을 조달해주는 것이며, 기업 활동을 통해 새로운 부가가치를 만들어낼 수 있는 것이 주식이기 때문에 주식투자는 투기가 아니라고 할 수도 있다. 그러나 일반 투자자들이 그러한 마음으로 주식투자를 하지는 않는다. 증자나 공모를 통한다고 해도 이미 그 행위는 시세 차익을 노린 것이기 때문에 그 행위는 사전적, 학문적으로 의미가 있을 뿐이다. 부동산 투기라고 하는 행위나 주식이나 별반 차이가 없지만 오히려 주식보다 장기투자이고 주식보다 적은 수익률을 목표로 투자하는 것이 부동산이다.

아마도 부동산 투자를 투기라고 하는 관점은 여러 가지가 있겠지만 부동산 시세 차익을 통한 수익창출을 인정하지 않고자 하는 정서가 솔직한 표현일 것이다. 부동산 시장에서의 부동산에 대한 수요와 공급이 있으면 그 공간적, 시간적 차이에 의해 시세 차익이 발생한다. 그 시체 차익의 틈새를 이용해 투자 활동을 하는 것이 부동산 투자다.

투기와 투자 행위 모두 위험 요인을 안고 있다. 그 위험을 감당할 각오를 가지고 투자를 하는 것이다. 그리고 그 바라는 수익률 또한 높다. 그러나 투자는 위험을 감당할 각오도 있고 그에 따른 수익률을 정확하게 분석하고, 예측해 합당한 수익률을 가지겠다는 것이다. 올바른 투자 원칙을 세우고 구체적인 투자 전략을 수립해야 한다. 원칙도 없이 이리 저리 한탕주의로 흔들리는 투자 행위는 그것이 주식이든 부동산이든 투기다.

상가 투자자는 점포사업자가 아니다

    상가 투자의 원칙을 말해 달라고 하면 주저 없이 이야기 할 수 있는 것은 수익률의 안정적인 확보 및 미래의 특정 시점에서의 환금성이라고 말할 수 있다.

    같은 상가 건물이라고 해도 입지에 따라서 임대료가 달라지는 것은 당연하다. 그런데 하나 더 임대료를 달라지게 하는 원인이 있으니 그것은 바로 업종이다. 상가의 생명력은 업종과 밀접한 관계를 가지고 있는데, 대부분의 투자자들이나 컨설턴트들은 이 부분을 가볍게 생각한다. 실제 현장에서의 투자 상담 경험이 적어서 그럴 것이다.

    상가 투자자가 업종을 선택할 수 있는 것은 아니다. 상가에 대해서 투자자로서 상가에 대한 소유권이 있는 것이지, 세든 임차인이 사업을 하는 업종까지 투자자가 선택할 수는 없는 것이다. 그런데 상가의 가치가 업종과 밀접한 관계를 가지고 있다면, 이는 투자자의 입장에서는 아주 중요한 문제가 된다. 경우에 따라 상가 투자자는 임차인을 선별해 계약을 할 수도 있다.

    상가 투자를 위해 이곳저곳을 다니다보면 지리적으로 좋아 보이는 상가임에도 불구하고 입점되어 있는 업종이 그 상가 위치의 장점을 살리지 못하고, 가치를 떨어뜨려 버리는 경우를 종종 본다. 따라서 이런 상가에 대한 투자는 전략적 접근이 필요하다.

일반 투자자들은 목이 좋은 상가만 찾는게 일반적이다. 입지가 좋은 상가만 찾으면 상가 투자로 인한 시세 차익을 쉽게 볼 수 있다고 생각하기 때문이다. 그러나 경험이 많은 컨설턴트들은 목이 좋은 상가도 우선적으로 검토하지만, 그 위치에 어떤 업종을 유치하면 좋을 것인가를 보고 상가에 대한 투자 가치 분석에 들어간다.

그러한 분석을 하기 위해서는 전반적인 소비시장 경제의 흐름을 읽어야 한다. 어떤 프랜차이즈가 유행하는지, 그러한 유행은 일시적으로 끝날 것인지, 아님 지속성을 가지고 가는지, 외부의 급격한 환경 변화에 급락할 수 있는 가능성은 없는지 등을 살펴야 한다. 그래서 상가 투자를 상담해주는 입장에서는 상가의 가치를 우선적으로 올려줄 수 있는 업종을 상가에 유치하는게 가능한지를 검토하는 것이다. 예를 든다면 편의점, 약국, 제과점, 피자 전문점 등이다. 만일 이런 업종이 이미 선 임대되어 있다면 투자 검토를 더욱 쉽게 할 수 있다.

그러나 업종이 좋다고 해서 다 좋은 것은 아니다. 점포사업자의 경영 마인드가 우선 중요하다. 매출을 증대하고, 단골손님을 확보하기 위해 남보다 뛰어난 경영 능력을 갖춘 점포사업자는 상가의 권리금에 대한 기대치를 높일 뿐만 아니라, 월 임대료에 대한 상승을 가져올 수 있다.

업종과 점포사업자의 경영 능력이 중요한 까닭은 수익률 때문이다. 이러한 업종들은 수익률을 높여주며, 경영 능력이 뛰어난 점포사업자와의 임대 계약이 끝나서, 차후 다른 임차인을 구하게 되더라도 임대 걱정, 즉 공실에 대한 두려움을 별로 안 가지게 되는 것이다. 점포가 나오자마자 바로 임차인을 구할 수 있다는 것, 그것은 바로 상가의 가치가 있다는 것이다. 또한 이러한 점포는 매도를 하고자 하면 언제나 쉽게 매도를 할 수 있다. 즉 쉽게 시세 차익을 노리고 투자할 수 있다는 것이다.

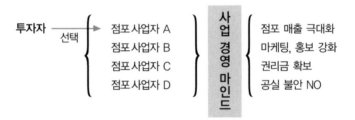

상가 투자자와 점포사업자는 같은 상가를 봐도 보는 관점이 다르다. 투자자는 시세 차익과 운영 수익을 같이 검토하면서, 시세 차익을 더 중점적으로 보는 경향이 있고, 점포사업자는 월 매출액이 어느 정도 나올지, 그리고 임대료를 지불하고 나면 얼마가 남을지를 검토한다.

시세 차익을 검토할 수밖에 없는 투자자라면 월 매출액을 최대한 올릴 수 있는 사업 수완이 좋은 점포사업자를 만나야 하는 것이고, 그 점포사업자의 선택은 투자자가 가지고 있는 것이다.

발품을 안 파는 투자자는 망한다

부동산 투자에 있어서 철칙 중의 하나가 발품을 팔아야 한다고들 한다. 발품을 어떻게 어떤 관점으로 팔 것인지는 개인적인 성향이다. 그러나 발품을 판다고 하지만 잘못된 발품을 팔고 있다면, 그로 인한 잘못된 판단은 어떻게 극복할 것인가?

부동산 투자자들 뿐만 아니라, 일반 점포사업을 하는 예비 창업주들도 준비과정에서 주변 사람들로부터 수없이 듣는 이야기가 '좋은 점포를 얻기 위해서는 발품을 팔아야 한다.' 라는 말이다. 보통 '운동화 하나 버릴 정도로 걸어 다녀야 제대로 된 점포를 하나 찾는다.' 고 한다.

비슷한 가격이 형성되는 지리적 구역이 있다

부동산 시장은 비슷비슷한 부동산에 대해서는 서로 비슷한 가격이 형성되는 지리적 구역이 있다. 상가는 옆 상가와 연결되어 가면서,

성격이 비슷한 특정한 구역을 가지게 된다. 지리적, 공간적 작용 범위가 일정 지역에 한정되어 작용하는 것이다. 따라서 상권에 따라서 여러 개의 지리적 시장으로 나누어지며, 이러한 지리적 시장에 따라 같은 상권에 있는 상가라고 해도 각각의 구역에 따라 구역별 가격 차이가 발생할 수 있다.

　이러한 부동산 가격이 유사한 구역이 정해지고 난 다음에 개별적으로 가격의 높고 낮음이 형성되는 것이다. 즉 상가의 위치, 규모, 질, 용도, 업종 등에 따라 가격이 별도로 형성된다. 그래서 이러한 가격차가 합리적인 것인지 아닌지 정확하게 알아내려면 발품을 파는 것이 좋다.

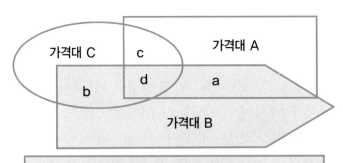

동일 상권 내에서의 가격 차이 발생

가격대 A : 먹자 중심의 상가 밀집
가격대 B : 대로변 상가 중심 밀집
가격대 C : 쇼핑 상가 중심 밀집

투자 활동은 은밀하게 이루어지는 경우가 많다

대부분의 투자 행위는 주로 공개적으로 하는 것보다는 은밀히 비공개적으로 하는 경우가 많다. 부동산 투자에서는 더 그런 경향이 많다. 투자 금액이 일반 투자와는 다르게 덩치가 커서 그런지, 거래 사실이나 투자 행위를 외부에 공개하는 것을 꺼리는 것이 일반적이다. 그렇기 때문에 정상 가격보다는 비정상적인 가격을 가지고 매매 하는 경우가 비일비재하다.

그래서 가족도 모르게 투자하다가 쪽박 차서 거리에 나 앉거나 가정불화로 이혼하는 것을 주변에서 간혹 볼 수 있다.

형제라고 할지라도 '형님, 저 이번에 이러이러한 지역에 부동산 투자했는데 돈을 좀 벌 것 같습니다.' 라고 오픈하는 경우를 찾아보기 어렵다. 사촌이 땅 사면 배가 아픈 게 인지상정이기 때문이다. 부동산 거래가 은밀하게 이루어지는 만큼 외부에 공개되어 있는 투자 정보가 없기 때문에 정확한 자료를 찾아내기 위해서는 많이 다녀야만 한다.

전부 제 각각의 상품이다

부동산 투자 상품은 공장에서 대량생산하듯 만들어낼 수가 없다. 하나의 부동산 투자 상품이 있다면 하나의 가격이 거기에 있는 것이다. 물론 아파트처럼 비슷한 가격대를 형성하는 경우도 있지만 그것도 실제 거래에서는 다들 비슷비슷한 가격대를 형성할 뿐이다.

아파트는 건물 자체의 표준이지 가격의 표준이 아니다. 하물며 상가에서는 더욱 더 이 법칙이 적용된다. 같은 1층의 상가라고 해도 입지에 따라서 가격의 차이는 엄청나게 다르다. 시장에 하나의 투자 물건이 나온다면 그 투자 물건의 형태는 각양각색이다. 그 각양각색인 투자 상품 중에서 나의 투자 자금에 맞는 최적의 물건을 찾아내야 하는 것이다.

●˙ 장기투자의 성격을 가지고 있다

부동산이 단기간에 거래가 이루어지는 경우는 드물다. 상가도 마찬가지다. 상가의 건물을 짓기 위해, 부지 작업을 하는 중에 분양이 이루어지고 있다. 따라서 상가가 투자가치가 있다고 판단되어 현재 시점에서 투자하지만, 실제 상권이 발달되고 시장가치가 상승해 매매 차익을 보고, 안정적인 임대수익을 얻기 위해서는 상당히 긴 시간 자금이 잠겨야 하는 것이다. 따라서 투자 자금의 유동성이나, 환금성에서 곤란한 경우를 당할 수 있다.

왜 발품을 팔고 다녀야 하는지에 대해 더 많은 논리로 이야기 할 수 있겠지만, 위의 네 가지만 간단히 살펴봤다. 지역에 따라 상가 가격이 천지차이이며, 은밀하게 거래행위가 이루어지고, 입지에 따라 가격이 고무줄처럼 늘었다 줄었다 한다. 따라서 '이것이 정상 가격이다.' 라고 단정 할 수 있는 사람은 아무도 없는 것이다. 또한 한 번 투자 하면 쉽게 자금을 회수할 수가 없다. 그래서 발품을 팔고 움직여야 하는 것이다.

눈먼 투자자는 이렇게 속는다

　김연숙(가명, 50대) 씨는 서울 강남의 모 전철역을 나와서 인도를 따라 걸어가는 중에 필드 영업사원의 끌림을 당했다. 이런 저런 감언 이설과 투자를 하면 돈을 벌수 있다는 말에 일단 현혹이 되었다. 시간을 두고 검토를 하기로 하고 일단 자리를 피했다. 김씨는 평소 부동산 투자를 하고 싶은 마음은 있었지만 1~2억 원 정도의 여유자금 밖에 없기 때문에 감히 엄두를 못 냈다. 그러다가 영업사원의 유혹에 맘이 흔들리기 시작했다.

　영업사원이 브리핑해 준 자리는 강남 모 지역의 주상복합건물 1층 안쪽 상가였으며, 분양 평수는 8.8평 내외이고 실 평수는 약 3.65평, 평단가가 4천7백만 원 정도, 분양금액은 약 4억1천만 원 정도인데 대출이 50% 정도 가능하다고 설명해 주었다. 즉 실투자금 2억 원이면 강남에 1층 상가 하나를 장만할 수 있는 것이었다.

　영업사원은 도면을 보여주면서 비록 주 출입구는 아니지만, 1층 전면부 주 출입구 옆에 있는 부 출입구로 건물에 들어오면 바로 첫번째 상가이므로 전면부는 아니지만 투자 메리트가 있다고 한다. 김씨는 도면상에 보이는 기둥이 좀 거슬리기는 했지만 도면상에 그림으로 나타나는 부분이 그리 커 보이지 않아 큰 지장이 없을 것처럼 판단되어 대수롭지 않게 생각했다.

아무튼 이런 저런 고심을 하는 중에 팀장이라고 하는 사람으로부터 전화가 왔다.

"사모님, 아직 투자 결정을 못하신 것으로 알고 있는데, 사모님에게 설명해 드린 바로 옆자리에 부동산이 들어오겠다고 투자 의사를 타진해왔습니다. 그런데, 그 부동산을 하실 최사장님이 사모님이 보고 가신 그 옆자리도 같이 부동산으로 임차 계약을 했으면 합니다. 그래서 사모님이 상가분양을 받을 실 것인지 아닌지 확인해 보고자 전화 드렸습니다."

"네, 그래요." 하면서 김 씨는 머릿속에서 계산을 한다.

"아, 그런 일이 있었군요, 그럼 제가 내일 한번 다시 분양사무실로 나가서 이야기 나누기로 하지요."

"예, 그럼 내일 뵙기로 하겠습니다."

그리고 두어 시간 뒤, 다시 팀장이라는 사람으로부터 전화가 왔다.

"사모님, 다름이 아니고, 사모님이 분양받으실 것이면 최사장님이 내일 선임대를 하겠다고 합니다. 내일 분양 계약을 하시면, 바로 최사장님이 선임대 계약금 명목으로 500만 원 드리겠다고 합니다."

김씨는 다시 머리가 복잡하게 회전하기 시작한다.

'아니! 이게 뭐야. 계약도 하기 전에 벌써 임대가 맞추어 지나. 그 자리가 그렇게 좋은 자리인가. 아이고 내일 당장 계약해야겠군!'

그 다음날 팀장을 만난 김씨는 분양 계약을 했고, 한 시간 뒤 최사장이라는 사람으로부터 전화가 와서 계좌번호를 이야기하고 계약금 명목으로 500만 원을 받는다. 너무나 기분이 좋은 김씨, 팀장이 수고료를 요구하자 5백만 원에서 1백만 원을 떼어 수고료 명목으로 팀장에게 건네 준다.

그리고 중도금은 대출을 받아 처리하고, 현장을 가 볼 생각은 꿈에도 안 했다. 이미 선임대 계약금으로 500만 원이라는 금액을 받은 것이 있으므로 빨리 준공이 되어서 정식으로 매월 임대료를 받을 생각뿐이었다.

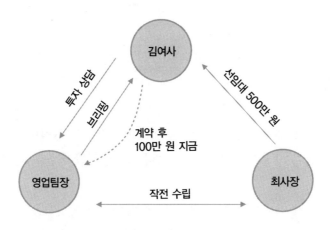

얼마 후 시행사로부터 준공이 되었으니 잔금을 치루고 등기이전을 해 가라는 연락을 받았다. 그 때서야 처음으로 현장 상가를 보러 간 김씨는 현장에 오자마자 입이 떡하고 벌어지며 눈앞이 캄캄해질 수밖에 없었다.

주 출입구 옆에 있는 부 출입구는 출입구가 아니라 전면부 상가의 출입구라서 자신의 점포로 연결되는 것이 아니라 오히려 차단이 되어지며, 도면으로 보았던 기둥은 왜 이리 큰지, 실 평수를 까먹고 있었다.

아차 싶어 김씨는 팀장을 찾았지만 이미 행방불명, 분양 대행팀은 이미 서너 번은 더 바뀌어 있었다. 최사장에게 연락했지만 이미 전화번호도 연락이 안 되고, 전혀 알 수 없는 사람이었다. 그때서야 김씨는 팀장과 최사장이 서로 짜고서 자신을 속인 것을 알게 됐다. 아마도 최사장이란 사람은 실제로는 또 한 명의 영업사원일 가능성이 농후하다.

시행사를 찾아갔지만 이미 손쓸 방법이 없었다. 시행사로는 알 수 없는 것이며, 중도금까지 치루었으니, 빨리 잔금이나 치루고 등기이전을 해가도록 재촉할 뿐이다.

김씨 이야기를 들어보니 참 어처구니 없었다. 투자자를 속인 분양영업 팀장과 같이 작전을 짠 최사장이란 분도 문제지만, 김씨도 아무 생각없는 투자자였던 것이다. 헛점이 보이기 때문에 김여사를 속이자고 작전을 짠 것이다. 물론 헛점이 없어 보여도, 팀장이나 최사장이란 사람이 마음 먹고 작업을 했으니 속아넘어갈 확률이 높았을 것이다.

모든 투자 행위는 자신의 책임 하에 이루어지는 것임을 알아야 한다. 확실하지 않으면 투자하지 말고, 믿을 수 없는 사람이라면 절대 자신의 모든 의사결정을 위임하지 말아야 한다.

소액 투자자들은 늘 먹잇감이 될 수 있다

어느 날 오후, 낯선 발신번호로 전화가 와서 받아보니 50대 후반의 한 남성이 상담을 요청하며 다음과 같은 내용을 이야기했다.

어느 날 D지역을 지나가는데 한 영업사원이 G쇼핑몰의 분양 전단지를 보여주면서 상가 분양을 받으라면서 접근했다고 한다. 그는 월 수익률 16% 보장이라는 말에 솔깃해 이야기나 들어보자 하는 심정으로 분양 사무실로 안내받아 브리핑을 받았다는 것이다.

그는 신내동에 상가를 하나 갖고 있는데 월 130만 원의 임대료를 받고 있다. 그리고 그 상가는 4년 전 1억 3천만 원에 분양받았는데 지금은 3억 원 정도의 시세가 나간다고 한다. 그래서 상가 하나 장만하면 임대료가 솔솔하게 들어오는 재미가 있어서, G쇼핑몰의 월 수익률 16%에 순간적으로 유혹을 받은 것이라고 한다.

아무튼 분양 사무실에서 브리핑을 받으면서 영업사원이 쇼핑몰 구좌가 이제 다 분양되고 남아 있는 것이 이제 10구좌도 안 남았고, 구좌 추첨인 8월 쯤 되면 프리미엄이 5천만 원 이상 붙는 것은 확실하고, 전매가 가능하다면서 계약을 재촉하기에 '와, 이거 돈 되겠구나'

하는 생각에 바로 청약을 하고, 다음날에 계약금 3천500만 원을 입금한 후, 정식으로 계약서를 작성했다고 한다.

그러다가 두 달 뒤 D지역을 지나가는데 G쇼핑몰 분양을 계속하고 있는 영업사원을 보고 '나한테 분명히 10구좌도 안 남았다고 했는데 아직도 분양을 하고 있나.' 싶은 이상한 생각이 들었단다. 그래서 알아보니 아직 반도 분양을 못한 상황이었다. 그래서 뭔가 잘못되었다 싶어서 필자에게 상담을 요청한 것이다. 하지만 필자가 보기에는 이미 늦었다. 정식 계약을 해 취소가 불가능한 법률행위를 했기 때문이다.

필자에게 제일 많은 상담 전화의 내용은 주로 쇼핑몰에 관한 것이다. 그만큼 많은 사람들이 쇼핑몰에 관심을 갖고 있다. 그런데 그 쇼핑몰에 투자하는 사람들은 소액투자자들이다. 종자돈 5천 만 원~1억 원으로 쇼핑몰 한 두 구좌를 분양받고는 상가 하나 가졌다고 뿌듯해 한다.

최근 4~5년 전부터 전통적인 상가 건물인 주상복합, 근린상가의 분양보다도 테마, 쇼핑몰 분양을 유행처럼 하고 있다. 지금도 신문을 펼쳐보면 이런 분양광고를 쉽게 접할 수 있다. 한 구좌당 보통 1억 원 ~2억 원 근처에서 분양 가격이 책정되며, 그 분양 평수는 실평 수로 한 두평 정도다. 이러한 쇼핑몰의 경우 분양광고는 투자자들을 유인하기 위한 장밋빛 문구들로 가득 차 있다. 대개의 경우 수익률 또한 좋다. 보통 15%이상이며, 어떤 경우는 20%를 제시하는 경우도 있다. 이러한 쇼핑몰은 또 2년 정도의 임대 계약을 보장해준다고 한다. 확약서까지 써주는 그러한 마케팅은 이미 많은 시행사에서 도입하고 있다.

테마, 쇼핑몰도 잘 투자하면 엄청난 수익으로 돌아온다. 일반 상가의 경우보다 고수익 고위험의 상가 투자다. 그러나 최근 테마 쇼핑몰

2억 원에 분양한 쇼핑몰 한
구좌 점포

이 성공한 경우는 좀처럼 찾아보기가 힘들다. 그럼에도 불구하고 소
액투자자들로서는 적은 돈으로 할 수 있는 상가 투자는 이러한 테마,
쇼핑몰 외에 마땅한 투자처가 없다는 것과 영업사원들이 고수익률을
내세워 투자자를 유혹하고 있다는 것이 문제다. 그렇기 때문에 다른
상가 투자보다도 더욱 더 치밀하게 투자 타당성을 검토해 투자 결정
을 해야 한다.

상가 전매는 대박 아니면 쪽박

　현장에서 일을 하다보면 잊을 만하면 한 번씩 만나는 투자자들이 바로 찍고 다니는 투자자들이다. 찍고 다니는 투자자들이 무엇을 의미하는지 의아해할 것이다. 신규 분양상가를 돌아다니면서 돈이 될 만 하다는 생각이 들면 바로 계약을 하고, 준공 전(전매) 혹은 준공 후 바로 매도하는 투자자들이다. 흔히들 현장에서 이런 분들을 찍고 다니는 사람들이라고 한다. 일반인의 보통 배짱으로는 감히 엄두를 못 낼 투자 패턴이다.

　찍고 다니는 투자자들은 참 발 빠르고 부지런하게 움직인다는 것을 늘 느낀다. 정보에 대한 분석 능력도 뛰어나지만 그들을 도와주는 컨설턴트 혹은 특정 분양 영업사원들과도 신뢰관계가 아주 돈독함을 알 수 있다. 그러나 그들을 전적으로 믿지 않는 경향도 있다. 그들의 조언과 발품을 기본으로 하여 자신의 감각, 그리고 시장의 흐름을 유추 해석할 뿐이다.

　투자할 상가가 있으면 우선적으로 검토하는 것이 매입 가격과 운영소득, 예상 매도 시점에서의 미래 가격, 그리고 양도소득세다. 10

억 원을 투자해 몇 퍼센트의 수익을 보아야 성공적인 투자라고 볼 것인가하는 부분은 개인적인 문제다. 그것은 천차만별이다. 개인적인 성향에 따라 매도 시점도 미래 가격도 다 다르게 된다.

상가 투자를 통해 장기 보유를 하겠다면 양도소득세에 별로 관심을 가질 필요가 없다. 최저의 세금을 적용받을 것이기 때문이다. 문제는 1년에서 2년 사이에 매도하는 투자자, 혹은 1년 이내에 초단기에 매도하는 투자자들은 양도소득세에 민감할 수밖에 없다.

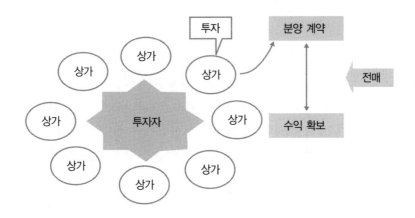

필자가 알고 지내던 J시행사의 최상무으로부터 들은 이야기다. 권은숙(가명, 50대) 씨는 상가 투자에 관심이 많은 사람이다. 그래서 A시행사에서 시행한 강남의 모 주상복합상가에 가장 비싼 코너 상가(㎡ 1966만 원/평당 6,500만 원)와 그 옆 상가까지 2개를 선분양 받았다. 물론 계약금만 5억5천만 원이다. 즉 분양가격이 25억 원, 30억 원인 상가다. 이 투자자는 자신이 끝까지 가지고 갈 생각이 전혀 없는 투자자다. 즉 선분양 받아서 중도금 내기 전에 전매하고자 했던 것이다. 소위 찍고 돌리는 것이었다. 그러나 아무리 강남이라고 해도 소비 경기가 불황이라 쉽게 의도한대로 이루어지지 않았다.

전매할 생각에 중도금을(무이자 중도금 대출) 처리하지 않고 건물 준공이 거의 임박할 무렵까지 오게 된 것이다. 시행사 입장에서는 준공이 임박하자 사업에 차질이 있다고 판단해 계약 해지를 통보했고, 계약금은 계약 이행을 하지 않은 것으로 판단, 위약금으로 몰수했다. 권씨는 자신은 계약을 했기 때문에 상가에 대한 권리를 가지고 있다고 판단해 소송을 걸었지만 패소해 계약금만 날리게 된 것이다.

부동산 중개업을 하는 오현명(가명, 50대) 사장은 부동산 중개업을 하면서 물건이 좋다 싶으면 찍기를 하는 분이다. 그리고 찍기를 해서 돈도 상당히 번 사람이다. 그러나 한방에 망한 사연을 가지고 있다. 신규 주상복합건물을 분양하는데, 오사장이 찍기를 한 것이었다. 코너 상가로 분양가 35억 원하는 상가와 최고층의 18억 원하는 80평 아파트를 찍기 작업한 것이다. 그리고 오사장은 자신이 중개업소를 하고 있으니 준공이 나기 전에 전매작업을 쉽게 할 수 있으리라 본 것이었다. 그러나 준공이 나도록 전매작업은 실패했고, 상가는 공실 상태로 비어있는데다 아파트도 매도는커녕 전세도 맞추어지지 않고 있었다. 100% 실패한 것이다.

그런가하면 모 벤처기업 기술연구소 소장으로 근무하는 한정석(가명, 40대) 소장은 부동산에 상당한 관심이 있는 사람이다. 거의 모든 부동산 사이트에 회원으로 가입하고 다양한 커뮤니티 활동을 하면서 정보를 취득한다. 모지역의 15억 원하는 1층 전면부 상가를 분양받고, 계약금을 지불한 후 한 달도 채 지나지 않아서, 즉 중도금 1차분도 입금 안 한 상태에서 18억 원에 전매를 했다. 그렇다고 하면 실제 투자한 투자 원금은 1억5천만 원이고, 한 달 만에 3억 원을 번 셈이다.

찍고 다니는 투자는 성공하면 대박이지만 실패하면 쪽박이다.

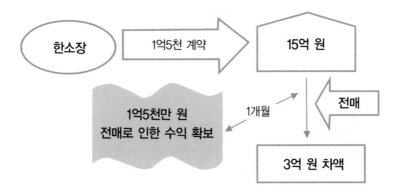

상가 투자에도 작전 세력이 있다

　2006년도 말에 상가 분양 영업사원들로 하여금 뜨거운 열기에 휩쓸리게 한 C상가가 있었다. 약 3천5백억 원 규모의 대단위 상가였으며, 연면적도 상당한 크기였다. 분양 영업을 하는 사람들은 다들 C상가를 투자자들에게 소개하고자 물밑 작업을 하고 있었다. 전문가들의 객관적인 평이 C상가가 상당히 투자가치가 있는 것으로 평가하는 분위기여서 영업사원들뿐만 아니라 상가 투자에 관심이 있는 일부 투자자들도 정식 분양할 때만을 기다리고 있었다.

　약 150여 명의 분양 영업사원들이 투입되어 영업을 시작했다. 본부도 7~8개가 구성되었다고 한다. 그러나 그 본부 중에 작전 세력들이 있는 것이다. 투자자들에게 상가를 소개하는 것이 아니라 먼저 좋은 입지를 갖춘 상가에 자신들의 자금으로 선점해 계약을 하는 것이다. 약 200여 개의 점포가 있다고 해도 그 중에 A급의 입지를 갖춘 점포는 약 70~80여 개로 압축될 수밖에 없다.

　이들이 동원하는 자금은 수백억 원이다. 가령 100억 원의 자금을 활용한다고 보면, 계약금은 10%만 가지고도 분양을 받을 수 있으므로 약 1,000억 원에 해당하는 신규 분양 상가를 선점하는 것이다. 거의 모든 A급 점포는 다 선점한다고 봐야 한다. 이러한 작전 세력은 C상가 분양에 대한 전체적인 분위기를 더욱더 상승시키는 효과를 가져오는데 이러한 작전에 의한 수요를 가수요라고 볼 수 있다. 시행사의 입장에서는 분양률이 높아지므로 알면서도 모른 척 하는 것이다.

A급은 누구나 선호하고 바로 프리미엄이 붙는다. 이들 세력들은 자신들의 자금으로 A급 점포를 선분양 받는다. 돈 들고서 계약하겠다고 하는데 어쩔 도리가 없는 것이다. 그런 식으로 좋은 입지의 자리를 선점해 정식으로 분양받은 상태에서 작업을 하는 것이다. 2~3개월이 지나면 시행사에서는 분양 가격에 대한 조정이 있게 된다. 즉 어느 정도 분양이 되었다고 판단되면 분양 가격을 5~10%정도 높여 분양한다.

이때부터 이들은 본격적으로 영업을 한다. 자신들이 관리하는 투자자들이나, 광고를 통한 문의전화, 필드 영업을 통해 투자자들을 유인하는 것이다. 유혹을 받은 투자자들은 A급 상가이므로 쉽게 계약을 하게 된다. 정상 가격으로 분양한다고 해도 이들은 최소 10%의 이익을 확보한 상태다. 그러나 이들은 이미 분양받은 물건을 정상가격으로 빼준다는 조건으로 투자자에게 추가 비용을 요구하는 경우가 있다.

이러한 내막을 잘 모르는 투자자들은 자신들이 A급 점포를 계약했다고 좋아하지만, 자신들이 계약한 금액에는 원래 분양가보다도 최하 10%이상 높은 가격에 그리고 분위기에 휩쓸려 계약한 것임을 알기가 어렵다.

어느 정도 작업이 완료되면 이들은 썰물처럼 빠져 나간다. 이 시점에 가면 대부분 분양이 완료되어 있을 것이다. 분위기를 탄 투자자들

분위기 조성
여론 조성
가수요 조성
프리미엄 조성

유혹

작전 세력

투자자

은 자신들의 투자 목적에 맞게 준공을 기다리며 임대수익을 보고자
기다리는 사람들도 있을 것이고, 전매를 하고자 주변 부동산에 내놓
은 사람들도 있을 것이다. 그러나 이미 한번 작업이 된 물건이라 쉽
게 자신들의 투자 목적에 맞게 수익률이 나와주지 않을 것이다.

전문 도박에는 바람잡이라는 것이 있다. 상가 투자에도 앞에 언급
한 것처럼 가수요라고 하는 작전을 짤 수 있다. 최근에는 이런 경우
가 다소 줄어들었지만 상가 분양률을 높이기 위해 작전 세력들의 도
움으로 가수요자를 만들어 놓는 경우가 있다. 이런 가수요가 많을수
록 투자 위험은 높은 법이다. 이들은 물거품처럼 언제 빠져 나갈지
모르기 때문이다. 정신 차리고 보니 같이 패 돌린 사람들이 다 한패
거리인 놀음판과 유사한 것이다. 짜고 치는 놀음판에서 내가 돈 벌기
는 어려울 것이다.

단기간의 시세 차익만을 위해 전매작업만을 하기 위한 일부 투자
자들도 가수요로 볼 수 있을 것이다. 이러한 경우는 투자라기보다는
투기에 가까울 것이다. 이들은 상권을 죽게 만들 수가 있기 때문에

선의의 투자자들로 하여금 함정에 빠지게 하는 것이다. 상가 투자로
성공을 하고 싶다면 이러한 분위기에 휩쓸려 작전 세력들의 함정에
빠져서는 안 될 것이다.

수익이 크면 위험도 크다

어느 날 갑자기 전혀 모르는 분으로부터 메일이 왔다. 인터넷 모임의 회원인데 도움을 받고 싶다는 것이다. 사연을 들어본즉 K역 근처에 있는 상가를 하나 분양 받았는데 팔아달라는 것이다. 즉 다른 투자자들에게 자기 물건을 팔아주면 필자에게 얼마를 주겠다는 것이다. 필자는 물건을 팔아주는 사람이 아니라 단지 상가 투자 상담을 해주고 투자자들을 대신해 투자 금액에 맞는 가장 합리적인 투자 패턴을 만들어 주는 컨설팅의 역할임을 분명히 밝혔다. 그럼에도 불구하고 하도 간곡하게 부탁을 해서 평소 친분관계에 있는 모 부동산을 소개해 주었다.

그분이 나에게 부탁하게 된 경위를 살펴보면 다음과 같다. 그분도 평소 상가 투자에 관심이 있었으며, 중도금 내는 시점에서 주변의 몇몇 사람들이 전매를 통해 몇 천만 원씩의 수익을 얻는 것을 본 것이다. 그래서 '나도 해봐야지!' 하고 있던 중이었다. 어느 날, 일 때문에 골조공사 중인 투자 대상 상가 건물 앞을 지나가다가 현장 영업사원의 안내를 받아서 브리핑을 받은 것이다.

가뜩이나 한번 전매해서 돈을 벌어 보겠다는 생각이 있었기 때문에 영업사원의 브리핑이 귀에 쏙쏙 들어 온 것이다. 분양 금액 중에서 자기 돈으로 조달할 수 있는 금액은 분양가의 약 30%였다. 그러나 준공 전에 팔고 나가겠다는 생각이 강했기 때문에 30%면 충분하다고 생각한 것이다. 중도금 처리 과정에서 매도할 예정이었으므로 충분히 승산이 있는 게임이라고 판단했다. 최악의 경우 집을 담보로 부족한 금액을 대출받으면 된다고 생각한 것이다. 뭐 그렇게 투자할 수도 있겠지만 일반 상식으로 판단해도 무리라는 것을 알 수 있다.

시간이 지나서 중도금은 대출 받아서 처리했음에도 불구하고 프리미엄이 안 붙는 것이다. 거기다가 준공이 완료돼 집을 담보로 잔금까지 지불했음에도 임대가 안 맞추어진 것이다. 갑자기 부담할 이자를 생각하니 빨리 파는 것이 좋겠다는 생각이 들었지만 분양받은 금액 아래로 매도하자니 억울한 생각에 이러지도 저러지도 못하고 있었단다.

그래도 시간이 지나면 더 잘못 될 수도 있겠다 싶어서 필자에게 팔아달라고 부탁한 것이다. 준공이 끝났으니 임대료가 들어와야 하는데 임차인이 없으니 임대료도 없고, 대출금 70%에 대한 이자는 쉽게 감당할 수 있는 금액이 아닌 것이다. 필자가 현장에 가보니 시세 차익을 보기가 어렵다는 판단이 들었다. 분양 가격 자체가 이미 주변의 가격과 비교했을 때 별 차이가 없었으며, 오히려 신규 건물이라 분양 평 단가가 주변보다 조금 더 높았다. 어쩔 수 없이 최선의 방법은 임차인을 빨리 구해 이자라도 감당해야 하는 것이다. 다행히 필자가 부탁했던 부동산에서 임차인을 생각보다 빨리 구해 임대차 계약서를 작성할 수 있었다.

최일남(가명, 50대) 씨는 상가 투자에 관심이 있는 중에 가지고 있던 종자돈 1억 원이 있어서 쇼핑몰을 분양 받으러 분양 사무실을 찾아 갔다. 분양 영업사원은 한 구좌를 계약하지 말고, 3구좌를 계약하라는 것이다. 한 구좌는 그냥 투자로 가지고 가고, 두 구좌는 두 달 안에 프리미엄을 붙여서 되팔아 주겠다면서 프리미엄은 한 구좌당 3,000만 원은 확보가 가능하니 두 구좌면 6,000만 원을 벌게 해 주겠다고 했다.

최씨는 애초에 1억 원을 상가에 투자할 마음이었지만 두 달 안에 6천만 원을 벌 수 있다는 말에 유혹돼 3구좌를 계약하게 되었다.

3구좌 중도금을 지불할 능력이 없는 최씨는 분양 사무실을 방문해 담당했던 영업사원을 찾았지만 이미 그 영업사원은 없고, 연락이 되지도 않았다. 결국 계약 해지로 인해 계약금만 날리게 되어 버렸다.

프리미엄을 붙여서 전매해주겠다는 유혹에 빠져 손해를 본 것이다.

미련과 욕심은 과감하게 버려라

　누구나 인정하는 유명 상권지역에 근린상가 분양 영업을 하고 있는
데 워킹으로 투자자를 만났다. 워킹은 투자자가 영업사원의 안내나
도움이 없이, 제 발로 분양사무실을 스스로 방문한 것을 의미한다.

　필자가 담당이 되어 투자 자금에 맞게 약 3억 원 정도하는 2층에
있는 점포를 브리핑했다. 그리고 다음날에 청약을 하기로 구두 합의
를 했다. 그러나 필자는 이런 경우 다음날 청약을 하는 경우가 드물
다는 것을 경험적으로 알고 있다. 우선은 투자자가 퇴근길에 들렸다
는 것, 혼자 왔다는 것, 투자 자금이 넉넉하지 않고 배우자가 아직 모
르고 있으며, 상가 투자의 경험이 전혀 없다는 사실이다.

　다음날 오후 늦게 담당사원에게 체크해 보라고 했더니 필자의 예
상대로 하루 더 시간을 달라고 하는 것이었다. 브리핑하고 이틀이 지
나서 필자에게 전화가 왔다. 내용인즉 2층 말고 1층을 해 달라는 것
이다. 자기는 1층 아니면 안 하겠다는 것이다. 어디서 들은 이야기는
있는 분이라고 생각을 할 수밖에 없었다. 끝까지 가지고 갈 것도 아
니고 중간에 전매하겠다는 것이다. 그런데 1층은 분양가가 10억 원

정도 하는 것이었다. 2층하고는 세배 차이가 나는 분양가격이다. 계약금 내고 1차 중도금 낼 정도의 투자금액밖에 없으면서 1층에 욕심을 부리는 것이다.

이러한 선택을 하게 된 과정은 그 지역이 서울에서 유명한 상권이고 근린상가로서 가치가 뛰어나기 때문에 나름대로 '계약만 하고 중도금 진행하면서 전매 하겠다.'는 전략에서 나온 것이다. 즉 욕심이 생긴 것이다. 상가 투자를 하고 싶은 마음은 굴뚝같다. 그리고 가지고 있는 자금으로 하자니 시세 차익을 보기가 어려울 것 같아서 1층으로 검토한 것이다.

아무튼 가지고 있는 투자 자금으로는 다소 무리라서 힘이 들고, 조금 가능하다 싶은 것은 이미 다른 분이 청약을 해서 곤란하다고 말씀드리고는 2층을 재차 권유했지만, 막무가내로 1층 아니면 안 한다면서 통화를 일방적으로 끊어버렸다. 하도 어이가 없어서 잠시 뒤 전화를 해보니 사모님이 받으시는데 부부싸움을 심하게 했는지 필자에게 불만을 쏟아놓는 것이다. "돈도 없으면서 왜 상가를 사겠다고 하는지 모르겠다."는 요지였다. 사모님에게 차근차근 상가를 통한 재테크에 대한 개념을 설명해 주었고 바깥분하고 같이 현장을 나와 볼 것을 권유했다.

배우자도 모르게 투자하면서, 그것도 전매를 투자 방법으로 선택했다면, 대단히 위험한 발상이다. 만약에 그 전략이 실패하면 그 가정은 파탄날 확률이 높다.

수일 뒤 부부가 함께 필자를 찾아와서 다시 상담을 했다. 물건에 대한 브리핑 보다는 상가 투자를 왜 해야 하는지, 그리고 어떻게 해야 하는지 이야기해 주고는 투자 자금을 분석하고 투자 목적과 향후 자금 운영에 대한 방안까지 검토했다.

투자 목적과 자금 운영을 보았을 때 투자 대상은 2층이었다. 2층에 대해서 다시 한번 설명하고 1층에 대한 미련과 욕심을 버리라고 조언했다. 내가 가진 능력으로는 도저히 투자 할 수 없는 것을 투자하겠다고 마음먹는 것처럼 어리석은 투자는 없다. 물론 한 치의 오차도 없이 전매가 이루어지면 좋지만, 만에 하나 오차가 발생하는 경우에는 빚더미에 앉아 살고 있는 집을 팔아야 하는 경우도 발생한다.

귀가 얇으면 두 번 속는다

    S지역에 있는 공구상가를 분양할 때였다. 필자가 분양 영업에 발을 담근지 얼마 안 되어 한참 일을 배울 때다. 당시 본부장은 대학동기의 친구로서(필자와는 두 번 정도 만난 사이) 늦은 나이에 부동산에 뛰어든 필자에게 돈을 벌어 보라고 자신이 본부장으로 있는 현장에 광고팀원으로 넣어 준 것이다. 본부 단일팀으로 팀원이 구성되어서 전체 영업사원이 12명이었다.

    약 200여 개의 점포 중에서 약 100여 개는 이미 조합원들에게 분양이 되었고, 나머지 100여 개를 광고 영업을 통해 분양하려고 했다. 점포당 평균 3~4억 원 정도하는 분양가였다. 신문에 광고가 나가고 광고문의 전화가 오면 한 사람씩 돌아가면서 상담 전화를 했다. 공구상가의 특성상 일반 투자자들보다는 실수요자들의 상담이 많았고, 당연히 계약할 확률이 높은 현장이었다.

    그러는 중에 필자와 가까이 지냈던 백차장이 상담전화를 했는데, 안산 지역에서 중소기업을 운영하는 박봉두(가명, 50대) 사장이었다. 순수 투자 목적으로 사모님 명의의 상가를 하나 장만해 임대 소득을 보고자 했다. 이런 저런 상담 과정 중에 청약금을 유도하려는 찰나, 청약금보다도 내일 현장을 보러 방문한 후 마음에 들면 계약을 하겠다는 것이다. 브리핑 능력이 없었던 백차장은 당연히 본부장에게 말했고, 본부장이 걱정 말라면서 자신이 꺾어서 계약을 해 주겠다고 했다.

다음날 박사장 부부가 와서 필자는 사무실에서 본부장이 브리핑 하는 것을 듣고만 있었다. 필자는 감탄했다. 분양 영업 하면서 '손님을 꺾는다.' 는 의미를 그때 알았다. 자신감 넘치는 본부장의 설득 논리는 박사장으로 하여금 계약서에 도장을 찍게 했다.

이틀 뒤 박사장으로부터 전화가 왔다. 여기 저기 인맥을 통해 알아보니 S지역의 공구상가에 투자하는 것이 다소 걱정스러워서 계약을 취소하고 싶다며 준비를 해 달라는 것이다. 어쩔 수 없이 다시 본부장에게 이야기 하니, 본부장이 백차장에게 걱정하지 말라면서 분양 사무실 현장에 다시 나오게끔 최대한 설득해 보라고 한다. 즉 분양 사무실만 나오면 자기가 해결해 주겠다는 것이다.

우여곡절 끝에 박사장 부부가 다시 현장을 방문했다. 방문하면서 백차장에게 화를 내면서 "취소해 주면 되지 왜 사람을 오라 가라 하느냐?"고 따지기 시작했다. 본부장이 본부장 사무실에서 박사장 내외에게 다시 브리핑을 했다. 백차장은 가슴이 조마조마 해서인지 본부장 사무실을 나와서 밖에서 안절부절 못하는 것이었다. 이때 백차장도 필자와 같이 분양 영업을 처음 배우던 시절이었다.

한 시간 쯤 뒤에 본부장이 계약서를 하나 더 가지고 오라고 했다. 백차장이 어리둥절하면서 본부장실로 들어갔고, 박사장은 어찌된 영문인지 추가로 계약을 하나 더 하는 것이었다.

본부장의 설득 논리는 간단했다. 박사장이 알아본 그 정보를 믿지 말고 본인이 브리핑하는 것을 믿으라는 것이었다. 이미 S시에서 정책

적으로 단지를 조성해 개발하는 공구상가이므로 투자 가치는 검증된 것이고, 박사장이 남보다 먼저 코너 상가를 선점했고, 앞으로 계속 광고가 집행될 것이므로 광고 보고 투자 상담하는 투자자가 있으면 바로 박사장이 계약한 상가로 돌려 5,000만 원의 프리미엄 작업을 해주겠다고 설득한 것이다. 그대신 5,000만 원 프리미엄 작업을 해주는 댓가로 코너 상가를 하나 더 계약하라고 설득한 것이다.

투자자는 다른 것보다는 5,000만 원의 프리미엄 작업에 모든 판단이 흔들렸을 것이다. 그러나 박사장이 계약한 후 한 달만에 본부는 해체되었고, 현장을 떠난 본부장은 박사장이 투자한 물건에 대한 프리미엄을 책임질 수 없게 됐다.

바닥 권리금을 지켜라

　부동산에 처음 인연을 맺어서 일을 배울 때다. 지나가던 한 50대 중반의 사모님이 필자에게 약국 자리가 있는지 물어왔다. 약국 자리는 있지만 이미 분양되었고, 약국은 독점이라 더이상 자리가 없다고 설명을 드렸더니, 필자더러 "약국 자리가 혹시 생기면 언제든지 연락 달라."면서 연락처를 주었다.

　분양 영업 초짜에게 오더가 생긴 것이다. 그래서 여기 저기 선배 영업사원들의 도움을 받아서 S지역 클리닉센터를 소개받았다. 1층 주출입구 우측에 약국 독점 자리였다. 클리닉센터로 MD가 구성되었지만 맨 상층부는 스포츠센터가 입주하고 지하는 홈플러스가 입점 예정인 근린상가였다. 약 10억 원의 분양가와 사모님의 예상 투자 금액은 얼추 맞았다. 그래서 브리핑을 받기 위해 필자가 사모님을 모시고 클리닉센터 분양 사무실을 방문해 브리핑을 받았다.

　브리핑 중에 독점 약국으로서 하루에 받는 처방전의 수로 예상되어지는 프리미엄의 가치를 집중적으로 부각하면서 분양 가격이 계약서에는 10억 원이지만 실제 금액은 11억 원이라고 강조했다. 즉 계약

초보자가 빠지기 쉬운
상가 투자의 함정

은 10억 원에 하고 별도로 1억을 주고 분양 계약을 하는 것이었다. 프리미엄과 바닥 권리금을 이야기 하면서 투자자로 하여금 헛갈리게, 그리고 '순간 잘못 이해하면 아주 당연한 논리' 라는 생각이 들 정도로 브리핑을 하는 것이다. 경험이 짧았던 필자도 당연히 그런 것인 줄 알았다. 본부장의 브리핑에 아무런 반론도 할 수가 없었던 것이다. 그런데 사모님은 좀 더 생각해 보자고 하고는 분양 사무실을 나왔다. 나와서는 필자에게 "1억 원은 쎄다."는 것이었다. 한 5천만 원이면 챙겨주려고 했는데 1억 원 불러서 나왔다고 하는데 경험이 부족한 필자는 그 당시 무슨 말을 하는지 전혀 이해가 안 되었다.

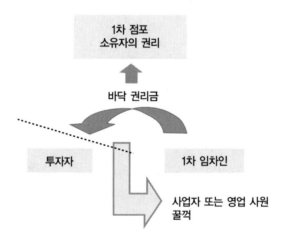

또 다른 예도 있다. 성민구(가명, 32세) 과장은 분양 영업사원이다. 대학 졸업후 곧바로 부동산에 발을 담그어 상당한 부동산 영업 실력을 갖추고 있다. 필자와는 분양영업을 하면서 만나 지금까지 인연을 맺고 있다. 성과장이 강남의 역세권에 있는 15층 건물의 임대영업을 맡게 되었다. 건물주가 개인이라서 분양은 안 하고 임대만 맞추는 것인데 성과장이 단독으로 일을 하게 됐다.

병원 임대영업부터 시작해 약국, 커피숍, 맥주바 등의 임대영업을 하면서 전부 바닥 권리금을 챙겼다. 바닥 권리금이라고 하는 것이 주로 1층 상가를 중심으로 이루어짐에도 불구하고 성과장은 5층 심지어는 7층의 병원에까지 작게는 수백만 원에서부터 많게는 1억 원까지 바닥 권리금을 받아서 만들어 버렸다. 물론 건물주가 알지 못하게 뒤로 작업을 한 것이다. 임대영업을 하면서 임대가 맞추어지면 건물주로부터 임대수수료를 받고, 뒤로는 그보다 몇 배나 많은 돈을 바닥 권리금으로 챙긴 것이다.

바닥 권리금은 을이란 임차인이 병이란 임차인에게 권리금을 받는 것이 아니라 건물 소유주 갑이 을이란 임차인에게 받는 것이다. 이것은 권리금의 의미에 지리적, 공간적 비교우위에 따른 영업력의 가치를 인정하고 있기 때문에 발생한다고 볼 수 있으며, 대법원 판례에도 이것을 인정하는 판례가 있다.

따라서 적법하게 하자 없이 임차인이 바닥 권리금을 임대인에게 지불했다면, 임대인의 악의나 특별한 사정으로 인해 임차인이 지리적, 공간적 비교우위에 의한 영업력의 손실을 보았다면 임대인에게 권리금의 전부 또는 일부에 대해서 반환을 청구할 수 있는 것이 대법원의 판례다.

그렇다면 투자자의 입장에서는 수익률 분석에 있어서 운영소득, 그리고 양도시의 시세 차익을 통한 처분소득 이외에 바닥 권리금을 수령함에 따른 소득도 추가될 수 있는 것이다.

분양 현장에서 상담을 받아보면 이 바닥 권리금에 대해서 언급해 주는 영업사원들이나 중개업자들을 만나본 경우는 별로 없을 것으로 생각한다. 이유는 대개의 경우 상가 분양을 받으면 투자자는 임대를 맞추어야 하는데 초기 상가 분양이라면, 영업사원들이 장난을 치는 경우가 의외로 많다. 즉 분양가에 바닥 권리금을 얹어 버리는 경우도 있고, 혹은 임차인에게 받은 바닥 권리금을 영업사원 주머니에 넣어 버리는 경우가 있다. 물론 이러한 경우가 자주 발생하는 것은 아니지만 좀 어리숙한 투자자라면 전혀 눈치채지 못하고 쉽게 속아 넘어 갈 수 있다.

주변의 시세나 가치에 비교해 과도한 바닥 권리금은 인정받기 어렵다. 적정한 바닥 권리금만이 임대인의 권리로 인정받는 것이다. 그러면 앞에서 언급한 영업사원들의 장난으로 투자자 모르게 권리금이 형성되어 있다면 건물 소유주가 될 투자자로서는 자칫 책임을 져야 하는 상황도 발생할 수 있다.

상가의 가치가 떨어져서 1억 원의 권리금을 지불한 을이, 임차권을 양도하면서 병이란 임차인에게 5천만 원의 권리금밖에 받을 수 없다고 해도 그것은 상가 소유자인 투자자의 책임은 아니라는 것이 일반적 견해다. 따라서 투자 가치가 높은 상가를 찾는다는 것은 투자자가 바닥 권리금을 확보할 가능성이 높은 것이다.

도면을 볼 줄 모르면 쪽박 찬다

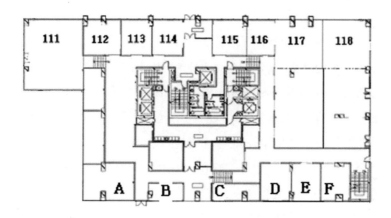

분양 사무실에서 분양 상담을 받으면 제일 먼저 위 그림과 같은 도면을 보여주면서 이야기를 시작할 것이다. 그림은 주상복합건물의 1층 상가 평면도이다. 대개의 경우 위와 같은 평면도를 보고 상가가 좋은지 나쁜지 판단하게 된다. 건물이 다 완성된 상태에서 투자 검토를 하는 것이 아니기 때문이다.

그림에 111호~118호까지를 전면부 상가, A~F까지를 후면부 상가, 그리고 나머지를 내부상가라고 지칭한다.

전면부 상가라고 하면 내부 동선이 중요한 것이 아니라 외부 유동인구로부터의 집객 효과가 발생하기 때문에 외부 유동인구의 성향이나 동향이 더 중요하다. 평면도에서 111호~118호는 전면부 상가로서의 장점을 가지고 있으며 111호 및 118호는 전면부 상가뿐만 아니라, 코너상가로서의 장점도 가지고 있는 것처럼 보여진다. 그래서 대부분의 영업사원들은 111호나 118호를 추천하면서 계약을 유도할 것이다. 아마 대부분의 투자 상담을 받은 투자자들도 마찬가지로 위에 언급한 점포에 투자 메리트를 느끼고 가격이 제일 비쌀지라도 계약을 할 것으로 예상된다.

그러나 실제는 다르다. 도면을 보면 111호, 112호, 117호, 118호 앞에는 조경시설이 있다. 조경시설 때문에 전면부에 출구를 만들 수 없다. 전면상가로서의 투자가치가 떨어진다고 판단해야 한다. 처음부터 설계상의 문제가 있는 건물인 것이다. 물론 준공이 나면 불법으로 조경시설을 없애고 출입구를 만들 수 있을 것이고 사실 그렇게 하지 않으면 상가를 사용할 수 없다. 그러나 그것은 불법이기 때문에 언제 어떻게 관공서로부터 시정 명령을 받을지 모르는 것이다.

도면에서는 조경시설에 대한 확인이 불가능하다고 봐야 한다. 더군다나 일반 투자자들이 그림을 보고 이런 저런 것을 추측해 질문을 하기란 정말 어려운 일이다. 당연히 전면부 상가이기 때문에 조경시설이 없을 것이라 생각할 것이다. 그래서 투자자들은 전면부 상가라는 말에 혹해 덜컥 계약을 한다.

그런가 하면 도면상에는 기둥이 작아 보여 별 영향이 없어 보인다. 그러나 실제 현장에 가서 보면 현장의 기둥이 차지하는 공간이 다른 건물에 비해 상당히 큰 공간을 차지하고 있다. 점포사업을 하는 사업자에게는 인테리어가 어려운 것뿐만 아니라, 고객들의 불편함이 예상되어지는 건물 구조인 것이다. 이러한 것은 향후 준공이 나서 임대를 맞추기가 상당히 어렵다. 그래서 간혹 분양 영업사원들 중에는 평면도에 나타나는 기둥을 지워 버린 상태에서 투자자에게 브리핑하는 경우도 있다.

상가 투자를 하는 투자자들이 상가 분양상담을 하게 되면 거의 모두가 위와 같은 평면도를 가지고 투자 상담을 한다. 따라서 평면도를 볼 줄 모른다거나, 투자자에게 보여지는 평면도 자체가 투자자를 기만하기 위해 조작된 것이라면 커다란 낭패를 당한다. 따라서 상가 투자자라고 하면 최소한 평면도를 보고 해석할 줄 알아야 한다. 그리고 의심스러운 부분은 자료를 좀 더 요청해야 한다.

간혹 임대영업을 하다보면 CAD도면을 요구하는 임차인들이 있다. 물론 내부 인테리어를 하고자 정확한 설계를 계산하기 위한 것이지만 도면이 의심스러울 때는 돌다리도 두들겨보고 건너야 한다.

미분양 물건은 함정이자 기회

시행사 입장에서는 상가 분양이 100% 완료되면 좋겠지만 그런 경우는 거의 없다고 봐야 한다. 보통 시행사업을 하면서 상가 분양을 하게 되면 대행사도 몇 번 바뀌고, 최전선에서 일을 하는 영업사원들도 수없이 바뀐다. 분양은 늘 좋은 물건부터 분양이 될 것이다. 당연한 것이다. 내가 보기에 좋은 물건은 다른 사람이 보기에도 좋은 물건이다.

근린 상가 8층 건물이 있다고 하고 상가 점포수가 약 50개로 가정하면 그 중에 투자성이 있는 A급 물건은 대략 10개 안쪽일 것이다. 물론 기획을 어떻게 했는가에 따라서 50개 전부가 투자성이 있을 수도 있지만 그런 경우는 거의 없다.

따라서 상가 분양 계획을 세우면서 가장 좋은 물건 5~6개는 전략적으로 분양을 일부러 안 할 수도 있다. 흔히 업계에서는 '뚜껑을 닫는다.' 라는 표현을 한다. 투자자들의 문의가 있으면 이미 선분양이 되었다거나, 회사 보유분이라 분양을 안 한다고 하기도 한다. 그러면서 B급 물건부터 투자자들에게 분양을 하기도 한다. 이런 식으로 숨

겨 놓았던 물건이 차후에 분양 물건으로 나오는 경우가 있다.

그러나 대부분의 분양은 선착순 수의계약의 형태이므로 먼저 온 투자자가 가장 좋은 물건을 분양 받는다. 그렇게 되면 A급이 다 분양이 되면, B급 그리고 C급으로 분양이 되어가는 것이다. 그러는 와중에 건물 공사가 진행이 되므로 도면이나 카달로그를 보고 영업하는 것에 변화가 생긴다. 투자할 대상인 근린상가가 가시적으로 보여짐에 따라 예상되어지는 동선이나 입지는 평면도를 보고 투자 결정을 하는 것과는 엄청난 차이가 발생한다.

원래 이론적으로 분양가격은 건물 준공이 가까워질수록 높아져야 하는 것이다. 즉 투자에 대한 위험이 감소되기 때문이다. 준공이 가까워지면서 투자자들이 검토하는 분양가격은 투자 위험도가 떨어지므로 그 위험도를 초기부터 감수한 분양가격보다 높아야 정상인 것이다. 그런데 어떤 현장들은 준공이 가까워질수록 분양 영업 자체가 더욱 더 어려워질 수도 있다. 즉 건물 구조상의 문제가 발생하는 것이다. 도면상으로는 확인이 안 되었던 동선상의 문제점, 접근의 어려움 등이 발생해 분양 자체가 어려워지는 것이다. 이런 물건들은 미분양으로 남아 있을 것이다.

따라서 준공이 되었음에도 불구하고 미분양으로 남아있는 물건은 크게 3가지로 압축되어진다.

1. 처음부터 전략적으로 분양을 하지 않았던 A급 물건
2. 분양 영업 실적 저조로 인한 B급, C급 물건
3. 건물 구조상 하자 물건으로 드러나는 물건

그러나 신문 광고 등을 통해 분양광고를 하게 되면, 위의 3가지 모

초보자가 빠지기 쉬운
상가 투자의 함정

두가 회사 보유분 특별 분양이라는 타이틀로 분양을 하게 된다. 당연히 가격 조정이 있다. 1번 같은 경우에는 분양가격이 초기보다 더 높게 책정되어질 것이고, 2번, 3번 물건 같은 경우에는 분양가격이 초기보다 낮게 책정될 것이다. 간혹 시행사의 욕심으로 인해 2번, 3번의 경우에도 가격이 초기 분양가격을 고수하거나 더 높게 책정되는 그런 어이없는 경우도 종종 있다.

성공적인 상가 투자자라면 2번 3번은 쳐다보지도 말아야 한다. 그리고 1번 같은 경우에도 임대 가능성을 검토해야 한다. A급이라고 하면 임대가 쉽게 되어야 하지만 준공이 되었음에도 불구하고 임대가 맞추어지지 않는다면 분양 가격에 함정이 있는 것이다. 따라서 1번 같은 A급 점포라고 해도 가격을 할인해서 분양받는 전략으로 가야 한다. 임대수익률이 양호한 상태에서 1번 같은 A급 점포라면 이것저것 살펴볼 것도 없이 투자해야 한다. 미분양 물건은 함정이 많다. 그러나 그 함정을 역으로 이용하면 의외로 성공적인 투자를 할 수도 있다.

업종 지정의 유혹을 이겨라

홍정식(가명, 37세) 차장으로부터 연락이 왔다. 자신이 지금 임대영업하고 있는 용인 D지구의 상가 수분양자인데 임대영업에 자꾸 방해가 되니 수분양자를 만나서 컨설팅을 해달라는 것이다. D지구의 상가에는 극장이 위치하고 있는데, 그 극장 매표소로 가는 동선에 있는 점포를 아이스크림 가게로 지정 분양받은 투자자가 있다는 것이다. 그런데 그 분양받은 점포를 아이스크림 전문점으로 하기에는 입지가 안 좋다는 것이다.

문제는 투자자 자신이 아이스크림 전문점을 지정받았으므로 절대 다른 업종으로 임대를 맞추기도 싫을뿐더러 매표소 앞에 다른 분양자들이 아이스크림 영업을 하는 것도 용납을 못하겠다는 것이다. 따라서 상가를 활성화하기 위해 임대 영업을 추진하는 홍차장으로서는 투자자를 어떻게든 설득해야 하는 것이다.

홍차장과 시간 약속을 하고, D지구의 상가를 찾아갔다. 투자자가 아이스크림 전문점으로 지정받은 상가는 매표소 바로 앞에 위치하고 있는 것이 아니었다. 아래층에서 매표소로 오기 위한 에스컬레이터가 있는데 그 에스컬레이터를 타고 올라와서 매표소로 오기까지 약 40미터를 걸어와야 하는 동선에 위치한 상가였다. 그러나 매표소의 주 동선은 에스컬레이터가 아니라 엘리베이터를 이용한 동선이었다. 즉 에스컬레이터 동선은 중심에서 벗어나 있으며, 또한 그 동선에 위치한 상가 점포수가 약 20여 개 정도 있었다.

주 동선 즉 엘리베이터를 이용한 동선 라인에 있는 상가라면 아주 좋았을 것이다. 또한 임대가 맞추어 지고 있는 현황도 그 주 동선을 중심으로 점포사업자가 하나 둘 채워지고 있는 것이다.

상가 활성화를 위한 위원회가 각 층별로 만들어져 있었다. 투자자는 상가 활성화에 장애 요인이 되는 수분양자로서 주변 수분양자들로부터 상당한 스트레스를 받고 있었다. 투자자도 갑갑하기는 마찬가지였다. 업종 지정에 대한 유혹을 버릴 것을 권유했다. 업종 지정을 고수해 본들, 투자자가 분양받은 점포에는 아이스크림 점포사업자가 들어오지 않는다는 것이다. 오히려 투자자가 분양받은 점포는 옆의 점포들과 합쳐서 패밀리 레스토랑이나, 젊은이들이 선호하는 퓨전 식당으로 임대를 맞추는 것이 합리적이라고 설명해주었다.

상가를 분양하다 보면 업종 지정에 대한 유혹을 받을 수밖에 없다. 업종 지정을 계약서에 명시하게 되면 보장을 받을 수 있는 것이다. 그러나 그 업종 지정이 분양받는 상가의 입지와 어울려야 하는데도 분양을 하기 위한 편법으로 아무런 검토 없이 업종 지정이란 달콤한 유혹 때문에 상가 계약을 한다면 그 투자는 실패할 수밖에 없다.

대형 상가의 경우 업종을 중복해서 지정하는 경우가 많다. 아이스크림 전문점, 편의점, 약국, 등을 3~4개 정도로 지정해 분양하는 것이다. 따라서 이러한 경우에도 업종 지정이라고 해서 무조건 좋아하면 안 된다. 예상되어지는 동선을 분석해 경쟁력 있는 업종이 지정되어야 한다.

업종 지정을 해서 성공하는 경우는 병원 건물의 약국 지정, 1층 주출입구나 코너의 편의점 지정, 대형 상가의 문구점 지정, 단지내 상가의 세탁소 지정, 부동산 중개업소 지정 정도다. 입지가 뛰어난 지역에서 업종 지정을 받은 분양 상가는 짧은 시간 안에 전매작업으로 돈을 벌 수 있는 가능성이 아주 높다.

간혹 업종 지정을 시행사가 인정해 주면서 분양가를 슬쩍 높여서 분양하는 경우가 있다. 업종 지정에 대한 가치를 분양가에 반영하는 것이다. 따라서 투자 물건의 입지와 어울리지 않는 업종 지정은 오히려 분양가격만 높여서 투자 손실로 다가 올 수 있다.

또한 업종 지정에 있어서 검토해야 할 것은 임대 가능성이다. 점포마다 업종이 지정되어 있다는 것은 지정된 업종이 아니면 임대를 할수가 없으므로 자칫하면 상가 자체가 썰렁해질 가능성이 높다. 그런 경우에는 임대료를 어쩔 수 없이 낮추어야 하므로 투자수익률이 떨어질 수밖에 없다.

장밋빛 청사진의 유혹을 이겨라

작년 여름이다. 종로에 있는 제일은행 본사가 있는 건물에 있는 커피숍에서 투자자를 만나고 있는데 낯선 사람으로부터 전화가 왔다. 전화를 건 상대방은 인터넷 카페 회원이라면서 남대문 ○○ 쇼핑몰에 투자하려고 하는데 어떻게 생각하느냐는 의견이었다.

수익률이 17%인데, 가지고 있는 투자 자금이 소액이라서 일반 상가 투자는 어려울 것 같아 쇼핑몰에 투자하겠다는 것이다. 필자는 만나본 적이 없는 회원이지만 투자를 잠시 보류하라고 권했다.

그 밖에도 종로의 ○○ 쇼핑몰에 투자하겠다는 회원, 역세권 지역의 ○○쇼핑몰, 동대문 지역의 ○○쇼핑몰 등에 투자하겠다는 전화를 참 많이 받는다. 누구나 상가 투자를 통해 정기적인 임대 소득을 보고자 하는데, 그에 대한 판단 기준은 회사에서 제시하는 수익률이다. 보통 수익률이 15% 이상인데 어떤 지역은 20%이상인 곳도 있다. 더군다나 수익률 확정보장서도 써준다고 한다. 가능하면 필자는 투자를 좀 더 생각하고, 신중하게 판단할 것을 권유하면서 투자를 보류하도록 적극적으로 이야기 한다. 세상에 1년에 1억을 투자해서 1년에 1500만 원, 2000만 원을 벌 수 있다면 어느 누가 투자를 안 하겠는 가?

그렇게 이야기를 하면, 이런 저런 핑계를 대고는 급하게 전화를 끊어 버린다. 투자를 했는지 안 했는지 알기가 참 어렵다. 그런데 나중에 회원이 이야기 했던 쇼핑몰이 과장광고, 혹은 분양 사기였다고 언론에 나오는 것을 자주 본다. 안타까울 뿐이다. 정말 좋은 쇼핑몰은 투자수익률로 투자자들을 유혹 안 한다는 것을 알아야 한다.

쇼핑몰만 그런 것이 아니다. 근린상가도 유사한 사례가 많이 있다. 아무튼 상가 투자에 관심이 있는 분들과 이야기를 하다 보면 참으로 어처구니없을 때가 많다. 상가 투자를 하고 물건이 있는데 주변 시세가 얼마인지도 모르는 사람들이 있다. 분양 대행사가 "주변 시세는 평당 3,500만 원인데 분양가격은 평당 3,000만 원입니다." 라고 하면 그 말만 믿고 주변 조사를 안 한다. 그 가격이 타당성이 있는지 없는지 현재가치와 미래가치가 적절하게 반영되었는지, 너무 미래가치만 반영된 것은 아닌지 분석을 해봐야 한다.

더블 역세권이라고 유혹을 하기도 한다. 더블 역세권이라고 하는 것은 교통량, 그리고 유동인구의 집객 효과가 뛰어 나기 때문에 투자 가치가 있는 것으로 포장이 된다. 그러나 더블 역세권에 있다고 해서 모두 좋은 것은 절대 아니다. 더블 역세권에 있는 근린상가나 주상복합 상가들 중에 미분양 되어 있는 물건들을 쉽게 찾아 볼 수 있다.

그 외에도 여러 사례들이 있지만 사업자가 제시해준 달콤한 유혹에 휩쓸려, 막연한 투자 심리로 투자 결정을 해버리는 어리석은 투자자들이 의외로 많다. 상가 투자만을 전문적으로 하면서 재테크를 하는 사람들은 그러한 실전 상가 투자에서의 허점을 잘 알아서 유혹을 받지 않는다. 그리고 몇몇 투자자들은 투자클럽이라든지 투자 동호회를 통해, 공동으로 투자 자금을 조성한 후 투자하기도 하면서 위험을 줄이기도 한다. 그러나 이러한 몇몇 경우를 제외하고는, 일반적으로 투자자들은 그렇게 빈번하게 상가 투자를 하는 경우는 드물다. 거의 일생에 몇 번 없을 것이다. 즉 한 번 실패하면 어렵다는 것이다. 따라서 의사결정에 신중을 기해야 한다.

기사형 광고에 속지마라

　일반적으로 주요 일간지에 신문 전면 광고를 하게 되면 보통 5,000만 원을 예상한다. 주요 일간지 4개 신문사에 5,000만 원의 광고를 집행한다고 하면, 2억 원의 광고 집행을 하루에 하는 셈이다. 그런데 광고라고 하는 것은 한 번만 나가서는 효과가 없으므로, 1주일 내내, 혹은 1주일에 2~4회 정도로, 수개월 동안 꾸준히 광고를 집행한다. 그래서 광고 한 번 집행한다고 하면 수십억 원을 집행하게 되는 것이다.

　광고를 본 투자자가 상담을 하고자 분양 사무실에 전화하는 것을 업계에서는 콜(call)이라고 한다. 하루에 콜이 10통 왔다고 하면, 한 콜당 2천만 원인 것이다. 이런 고액의 비용이 발생한 상담 전화를 받아서, 계약을 유도하는 것이 광고영업이다. 전화 한 통화가 얼마나 소중한 것인지 모른다. 그래서 광고 영업을 하는 영업사원들은 베테랑으로 팀을 구성하며, 투자자들을 유인하기 위한 다양한 작전을 짠다.

　그런데 최근 몇 년 전부터 이런 광고로 인한 콜이 별로 없다는 것이다. 2억 원을 집행하였건만 콜이 겨우 10개 미만인 경우가 비일비재하다. 사업자로서는 미치고 팔짝 뛸 노릇이다. 그래서 비용을 절감하고, 광고 효과와 버금가는 기사형 광고를 주요 일간지에 싣는 것이다. 간혹 언론 플레이를 통해 지명도가 있는 유령컨설턴트들을 이용해 보도자료와 같은 형태로 기획기사를 만든 후 투자자들을 유인하기도 한다.

일반 투자자들이 보았을 경우에 투자성이 있는 것처럼 보이며, 혹시나 하는 마음으로 전화를 하게 되는 것이다. 높은 수익률 제시와 경쟁력이 있는 MD 구성, 그리고 기대 이상의 분양률로 성공적인 투자가치가 있는 것처럼 보이는 것이다. 대부분의 투자자들은 이런 기사형 광고가 나가면 광고인지 잘 모르는 분들이 많다.

그리고 일반 전단 광고에 나오는 홍보성 문구는 잘 안 믿으면서도, 이런 기사형 광고에 나오는 내용들은 쉽게 믿어 버린다. 그것을 노리고 분양 대행사나 시행사가 기획기사를 쓰는 것이다. 그리고 기자처럼 착각을 할 수 있도록 마지막에는 분양 영업사원의 이름과 이메일이 들어간다.

신문법 제11조 2항에는 '정기간행물의 편집인은 독자가 기사와 광고를 혼동하지 않도록 명확하게 구분하여 편집하여야 한다.' 고 규정하고 있으나 이에 대한 구체적인 허용 기준이 없기 때문에 수익 창출을 위해 마케팅 차원에서 기사형 광고를 기획하는 것이다.

입점의향서는 믿을 게 못 된다

　투자자들에게 입점의향서를 보여주고 브리핑하게 되면 대부분은 입점이 확정되었다고 착각을 한다. 입점의향서는 말 그대로 입점을 할 수 있는지 시행사에 문의하는 그런 문서로서 법적으로 아무런 구속 요건이 없다. 101호에 스타벅스가 입점하겠다는 입점의향서만 믿고 101호를 분양받았다가 스타벅스가 입점하지 않으면 참으로 난감한 일이다.

　입점의향서는 업체에서도 쉽게 만들어준다. 즉 임대료에 대한 협상을 하기 위해 입점의향서를 제출하고 가격 협상을 하는 것이다. 101호에 스타벅스가 들어오겠다면서 보증금 5억 원, 월임대료 1,000만 원으로 입점의향서를 제출했다고 하는 것은 월 임대료 1,000만 원에 협상안을 제출하는 것이다. 회사 입장에서는 분양이 목적이므로 위 금액에 대한 수익률을 분석해 볼 것이다. 그리고 수익률이 안 좋으면 월 임대료를 높여서 협상할 것이고, 수익률이 만족스러우면 위 금액으로 일단 선 임대 계약을 추진할 것이다.

　최근에는 2층으로 금융권이 입점하는 경우가 많다. 1층에 대한 월 임대료가 높기 때문이다. 국민은행이 입점을 하겠다고 입점의향서를 제출한다. 영업사원들은 국민은행이 입점한다고 이야기하면서 투자자들에게 분양 영업을 할 것이다. 제 1금융권이 입점의향서를 제출하고 보통 검토 기간이 2~4주 정도 소요된다. 국민은행 지역 본부에서 검토하고, 본사에서 검토해 수익성 분석을 하는 것이다. 그 검토 기간 동안 자리를 확보하는 차원에서 입점의향서를 제출하는 것이다. 검토하는 중에 다른 점포사업자가 임대차계약을 할 수 있으므로, 이에 대한 방지 차원에서 먼저 협상안을 제출하는 것이다. 아무튼 수익성 분석에서 별 메리트가 없다면 입점의향서는 쓸모 없는 것이다.

제 2금융권의 경우는 금융감독원의 승인을 받아야 하는 경우도 있다. 금융감독원의 심사 기간이 보통 한 달 정도 소요된다. 이 경우도 금융감독원의 승인을 얻지 못하면 아무리 입점의향서를 제출했다고 한들 임대 계약을 할 수 없다.

한 달 정도의 검토 기간 동안 입점의향서는 투자자들을 설득하는 데에 사용된다. 그러나 투자자들은 입점의향서를 믿지 말아야 한다. 입점이 확정되었다면 임대차 계약서를 작성했을 것이다. 따라서 임대차 계약서라고 하면 믿을 수 있지만, 그렇지 않다면 아무 것도 확정된 것이 없다.

참고로 국내에 들어와 있는 외국 브랜드로 1.2위를 달리는 모 커피숍의 점포 개설 담당자는 입점의향서를 뿌리고 다닌다. 분양 사무실을 방문해 입점 가능성을 타진하면서, 임대료를 협상하는 차원에서 일단 입점의향서를 제출하고 보는 것이다. 참고로 Y역에서 필자가 분양 영업을 하고 있었을 때, 반경 100m 안에 신규 상가가 6개가 있었는데, 그는 6개 상가 전부에 입점의향서를 제출했다. 제출 가격이 일정한 것으로 보아서 100% 가격 협상을 위한 것이었다.

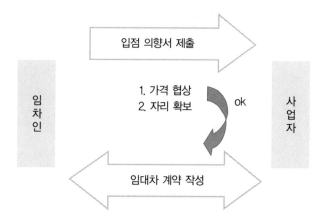

임차인

입점 의향서 제출

1. 가격 협상
2. 자리 확보

ok

사업자

임대차 계약 작성

분양 현장에 가서 테마, 쇼핑몰 상담을 받아보면 임대는 걱정말라고 한다. 분양 대행사는 말 그대로 분양 영업을 대행해주는 것이다. 분양이 사업 목적인 회사인 것이다. 임대에 대해서는 별로 관심이 없다. 그리고 투자자가 분양을 받으면 계약은 시행사와 투자자간에 하는 것이다. 따라서 분양 대행사가 영업을 하기 위해 투자자에게 제시한 구두 약속에 대해서 시행사는 알 수 없을뿐더러 설사 안다고 해도 책임을 안 질 것이다.

따라서 분양대행사의 임대 100% 보장이란 말은 정말 신뢰성이 있는지 없는지 확인해야 한다. 임점의향서는 임대 확정과 전혀 관계가 없다. 정말 선임대가 맞추어져 있다고 하면 임대차 계약서를 작성했을 것이므로, 계약서를 통해 확인 과정을 거쳐야 한다. 그리고 분양대행사가 구두로 하는 약속은 가능하면 계약서에 명시하는 것이 좋다. 그래야 책임의 소재가 명확하다. 시행사가 명시하기를 꺼려한다면 투자를 보류하는 것이 좋다.

수익률 보장을 믿는 것은 바보다

　　30대 초반의 여성분으로 추측된다. 어느 날 전화가 와서 받아보니 필자가 운영하는 카페의 회원이라면서 자문을 구했다.

　　상담 요지는 남대문의 쇼핑몰에 투자 하고자 하는데 '2년간 17%의 수익을 보장하는 보장서와 2년 뒤에 매도 하고자 하면 회사가 매입해 준다.'는 분양 회사의 구두 약속이 있었다고 한다. 그래서 투자하고 싶은데 뭐 검토해볼 것이 있는지 전화로 물어왔다. 순간 어이가 없었다. 어쨌든 그 투자자와 이야기 나누었던 요지는 다음과 같다.

　　카운슬러 : "회원님은 17%의 수익률을 믿으시나요?"

　　고객 : "그럼 신문광고에 그렇게 나왔는데 믿어야 하는 것 아닌가요?"

　　카운슬러 : "어떻게 믿을 수 있어요? 혹시 그냥 말뿐이면 어떡하지요?"

　　고객 : "수익보장서를 써주기 때문에 안전하다고 하는데요."

　　카운슬러 : "종이에 불과한 수익보장서를 믿고 회원님이 5~6년간 악착
　　　　같이 모아둔 종자돈을 다 날려 버리면 누가 책임을 질 수 있나요?
　　　　결국은 회원님 책임입니다."

고객 : "그 회사에 손해배상을 청구하면 되지 않나요? 그리고 2년 뒤에는 매도를 하고자 하면 분양가격에 회사가 매입해 준다고 약속했거든요."

카운슬러 : "세상에 밑지고 장사하는 사람 있나요? 그리고 그렇게 분양한다고 하면 세상에 어느 누가 분양을 안 받겠습니까? 분양이 안 되므로 그런 편법이 나오는 것이고, 또한 분양 받으신 다음 3개월쯤 뒤에 그 회사가 없어졌다면 수익 보장은 누가 할 것이며, 2년 뒤에 누가 그 상가를 회원 분으로부터 매입할 것인가요?

간혹 2년간 수익률 17% 확정 보장을 하면서 분양 영업을 하고, 계약서에 명시해 준다면 2년치 임대료를 분양가격에 얹어서 투자자가 분양을 받았다고 생각하는 것이 편하다. 즉 정상적인 분양가격보다 비싸게 구입을 했고 내가 17%에 해당하는 돈을 회사에 주었다가 매월 나누어서 돌려받는다고 생각해야 한다. 따라서 좋아할 것 하나도 없다.

2년간 17%의 수익률을 보장하는 5억 원의 상가를 분양받았다고 하면,

500,000,000원×0.17% = 85,000,000원

85,000,000×2년 = 170,000,000원

500,000,000원 - 170,000,000원 = 330,000,000원

따라서 정상적인 분양가는 330,000,000원인 상가를 500,000,000원에 분양 받고, 그 차액 170,000,000원을 매월 7,000,000원씩 돌려받는 것이다.

그런가 하면 필자가 S시에 있는 모 상가에 본부 단일 광고팀으로

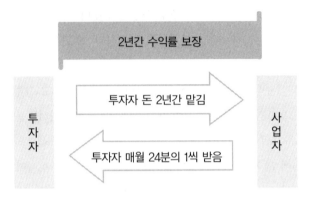

들어가서 한 4개월 정도 일을 할 때였다. 광고가 나오기까지 한 달 정도 시간이 있어서 한 달 동안 현장영업을 했다. 그러는 중에 광고 문구를 작성하기 위한 회의가 있어서 관계자들과 이야기를 하다가 수익률에 관한 이야기가 나왔다. "17%로 할까? 21%로 할까? 너무 많으면 좀 안 좋지. 한 15%, 13%, 뭐가 좋을까?" 하면서 광고 문구를 만들었다. 필자는 의사 결정권자가 아니었지만 참 어이가 없었다. 결론은 유사한 상가의 실제 월 임대 수익이 60~80만 원임에도 불구하고 임대료 수입이 월 100~150만 원인 것처럼 과장해 '수익률 15%'라는 광고 문구가 책정되었다.

즉 짜맞추기 수익률과 임대료 계산인데 책상에 앉아서 정확한 근거도 없이 투자자들이 혹할 만한 광고 문구를 만들어 낸 것이다. 이런 일이 가능한 것은 투자자 대부분이 이것이 가능한 숫자인지 아닌지 확인을 안 하고, 영업사원이 브리핑할 때 은근 슬쩍 넘어가면서 이야기 해 버리면 투자자가 알아서 긍정적으로 해석해 버리기 때문이다.

이런 분양 영업사원은 멀리해라

김미선(가명, 42세) 차장은 가명을 사용하고 다니는 영업사원이다. 대개의 경우 영업사원들이 이름을 가명으로 하는 경우가 종종 있는데 좋은 의미로 이름을 바꾸어서 다니는 것은 아닐 것이다. 그러나 성까지 바꾸는 영업사원을 본 것은 김차장이 처음이었고 아직까지도 보지 못했다. 즉 홍길동이면 홍갑돌로 명함을 만드는 것이 아니라 홍길동에서 개똥이로 아예 바꾸어 버리는 것이다. 팀장이나 본부장이 아니면 같이 일하는 팀원들도 본명을 모를 수가 있는 것이다. 이름을 바꾼다는 것은 그만큼 과장된 사기에 가까운 브리핑을 할 확률이 높다.

투자자들이 이런 영업사원들을 만난다면 정말 조심해야 한다. 그러나 투자자들이 본명인지 가명인지 알 턱이 없다. 이런 영업사원들은 계약과 동시에 수수료를 받고 현장을 떠나버린다. 더구나 전화번호를 바꾸어 버리면 흔적도 없이 사라지는 것이다. 상가 분양 현장에서 이런 영업사원들이 많은 것은 아니지만 분명 있기 때문에 조심해야 한다.

투자자들이 신규 상가에 투자하겠다고 마음먹은 다음에 제일 처음 접하는 사람들이 분양 영업사원들이다. 분양 영업사원들 명함은 대부분이 시공사의 명함을 파는 경우가 많다. 일반 사람들이 시행사에 대해서는 잘 알지 못하지만 시공사는 잘 알고 있는 경우가 많다. 그래서 거의 모든 영업사원들의 명함을 보면 건설사의 명함을 가지고 있다. 일반인들이 그 명함을 보면 건설사의 직원으로 착각하게 된다. 그러나 건설사 직원도, 시행사 직원도, 분양 대행사 직원도 아닌 것이 영업사원들이다. 그래서 영업사원들의 과감한 작전과 연출이 발생해 계약 후 영업사원이 다른 곳으로 이동하면 그 영업사원들을 찾기가 어려워진다. 더군다나 이름 자체도 본명이 아니고 가명이라고 하면 그 정체를 파악하기는 더욱 더 어려운 법이다.

투자자들은 처음 접한 자신의 담당 영업사원의 구두 약속을 믿는 경향이 많다. 예를 들면 "자신을 믿고 계약하면 프리미엄 작업을 해 주어 전매로 돈을 벌게 해 주겠다."

"계약을 하면 인테리어 기간 3개월 동안은 월 임대료를 받지 않도록 해주겠다."

"내가 추천해 주는 자리가 현재 제일 좋은 자리이며, 다른 자리들은 이미 다 분양이 되었다."

"제일 좋은 코너 자리를 잡을 수 있도록 해 줄 터이니 자신의 통장으로 3백만 원만 입금해라."

회사의 입장에서도 의심의 눈초리도 볼 수밖에 없다. 영업을 해서 계약을 이끌어냈다 해도 어떠한 방법으로 투자자들을 설득했는지, 모르기 때문에 나중에 투자자와 분쟁의 소지가 많다.

만에 하나 투자자가 이런 분양 영업사원을 만난다면 일단 상담 거절을 하고 볼 일이다. 그래서 내가 만나고 있는 분양 영업사원이 회사 차원이 아닌, 자신이 책임지고 투자자에게 이러 이러한 것을 해줄 수 있다고 한다면 유령 영업사원의 한 부류라고 보고 피하는 것이 좋다. 이름도 모르고, 성도 모르고, 그리고 연락처도 바꿀 수 있는 사람이라면 인연을 안 맺는 것이 좋다.

유령 컨설턴트를 조심해라

　인터넷이나 방송 혹은 신문에 상가 투자 전문가로 소개받는 컨설턴트들이 상당히 많이 있다. 특정 상가에 대한 논평이나 향후 상가 시장의 흐름 등에 대한 전망을 내놓기도 하며, 투자시 유의할 점 등에 대해 자세히 설명해 주기도 한다.

　그러나 간혹 아주 낯선 상황이 발생하는 것을 보게 된다. 투자 경험도 없을뿐더러, 투자 상담을 해서 성공 사례를 만들어 본적은커녕, 상가 분양 시장에서 분양 영업 경험도 없는 그런 분들이 분양 상담 전문가처럼 나오는 경우가 있다. 이야기를 들어보면 참으로 어이없다. 상가 분양 시장을 제대로 알고 있거나, 분양 영업을 해 보았거나, 실제 투자 상담을 해 보았다면 전혀 할 수 없는 그런 투자 논리를 피는 것이다.

　분양 영업시장에서 현업으로 일을 해본 적이 없기 때문에, 분양 대행사나 시행사에서 어떠한 방법으로 분양을 하는지, 영업사원들이 어떠한 마음과 작전으로 투자자들을 유인하는지 모른다. 설사 안다고 해도 단편적인 지식으로 끝난다. 그래서 엉뚱한 상담을 해 주게 되거나 보수적인 시각으로 누구나 다 할 수 있는 그런 투자 상담이 되고 만다.

　"1층 코너 상가에 투자하시기 바랍니다. 다른 층은 하지 마세요." "상가는 유동인구가 많은 곳에 투자해야 합니다." "상가는 전면부가 투자 가치가 있을 뿐만 아니라 임대에 대한 걱정을 하지 않아도 되므로 전면부에 투자하시면 안전할 것입니다." "분양 사기를 조심하기 위해서 항상 서류를 살펴보아야 합니다." 정말 이러한 언급만 믿고 투자 하면 투자에 성공하는 것인가? 그러나 현장에서는 누가 보아도 좋아 보일 수밖에 없는 1층 코너 상가, 그리고 전면부 상가에 대한 수많은 물밑작업이 진행되고 있다. 현장 경험이 없다면 90% 잘못된 투자 상담이 될 확률이 높은 것이다. 유동인구의 함정을 구분하기 위해서는 상권조사를 정확히 할 줄 알아야 한다. 전면부이지만 투자 가치가 제로인 상가도 넘쳐난다. 서류가 그럴싸하게 포장이 되어 있다면 일반 투자자들이 확인하기 어렵다는 것이다.

　물론 일반적으로 보았을 때, 실전 영업 경험이 없더라도 사물이나 현상에 대한 분석능력이 뛰어나서, 미래 예측을 정확하게 분석해 투자 상담을 하면 된다. 그러나 대부분의 부동산 전문가라고 하는 사람들은 미래의 트렌드를 예상하고, 그에 따른 부동산 가치에 대한 미래 분석을 하는 것이 아니라, 과거에 대한 통계자료를 가지고 "예전에 이러했으니 앞으로도 이러한 것을 조심하시기 바랍니다." 하는 수준의 자문을 해주는데 그친다. 즉 이미 상황이 완료된 것을 가지고 이러쿵저러쿵 자기 의견을 이야기 하는 것이다.

　갑과 을이 계약을 하는데 있어서 투자자인 을의 입장과 요구사항은 알지만 갑에 대해서 전혀 모르는 것이 유령 컨설턴트들이다. 갑의 입장에서는 일반 투자자인 을이나, 자칭 전문가라고 하는 유령 컨설턴트들이나 별반 차이가 없다. 을은 이러한 유령 컨설턴트들에게 자문을 구하면서 상담료를 지불한다.

어느 날, 상가 투자에 관심이 있는 사람들이라면 누구나 알 수 있는 그런 분으로부터 필자에게 전화가 왔다. 분양 영업 현장에서 투자 상담을 해주면서 겪은 에피소드를 이야기해 달라는 것이다. 그래서 가벼운 마음으로 이야기를 했는데, 수일 뒤에 그 이야기가 신문기사로 나온 것이다. 물론 최종적으로 그 컨설턴트의 이름과 논평이 짤막하게 실렸다. 분양 영업에 대한 개념을 몰라서, 그리고 투자 상담을 해 본적이 없기 때문에 어쩔 수 없다고는 생각했지만 필자는 썩 유쾌하지 않았다.

우연한 기회에 앞에 언급했던 분과 저녁을 먹게 되었다. 필자에게 물건을 소개해달라고 했다. 자신에게 투자 상담 의뢰가 들어왔는데 현장을 잘 알고 있으니, 객관적으로 보기에 좋은 물건이 확보되면 소개해달라는 것이다. 좋은 물건이 있으면 필자가 관리하는 투자자에게 소개하는 것이 당연하지, 그분이 관리하는 투자자에게 소개해 준다는게 말이 되는가? 어차피 그 분에게 투자 의뢰한 투자자는 내가 아니더라도 누군가에게 속을 수밖에 없는 투자자다. 그리고 잠시 뒤 투자자와 전화상담을 하는데 통화 내용이 컨설팅 개념이 아니라 분양 영업사원들의 브리핑, 즉 투자자를 꺾는 브리핑을 하고 있는 것이다. 언론에 비쳐진 전문가다운 모습은 전혀 찾아 볼 수 없었다.

그런가 하면 모 회사의 S사장은 필자가 존경하는 컨설턴트 중 한 명이다. 그분의 마인드는 사회적 책임감으로 투자 상담을 해주고 있으며, 현장 경험이 없어도 현장에 대한 이해도가 아주 뛰어난 분이다. 또한 미래의 가치를 정확하게 분석해 투자자에게 컨설팅을 해 주고자 노력하며, 분양 업계의 잘못된 관행을 잡아 보고자 고심을 하는 컨설턴트다. 사석에서 필자가 S사장에게 "사장님은 사업가가 아니라 기업가입니다." 라고 존경을 표한 적이 있다.

아무튼 몇몇 컨설턴트들이 개개인의 브랜드 마케팅을 하기 위해 언론 플레이를 한다. 다들 그런 식으로 뭔가 기회를 잡아보고자 한다. 그 방법이 잘못되었다는 것은 아니다. 단지 경험과 지식이 없이 언론 플레이로 지명도를 얻고, 그 지명도만을 믿고 투자 의뢰를 한 투자자들을 낚시에 걸린 물고기 취급하는 것에 화가 날 뿐이다.

분양상가 주변의 부동산을 조심해라

　대개의 경우 분양대행사들의 입장에서는 주변 부동산과 좋은 관계를 유지하고자 하는 의미에서 이미 입을 맞추어 놓는 경우가 종종 있다. 즉 투자자들이 분양 현장을 방문하고 주변 부동산을 슬쩍 방문해 시장 탐문 조사를 할 경우 주변 부동산에서는 이렇게 저렇게 이야기해달라고 사전에 영업사원들이 부탁을 해놓았기 때문이다. 그리고 그러한 역할을 한 부동산 업자는 당연히 계약이 되었을 경우 영업사원의 수수료에서 일정 부분을 배분해 준다.

　따라서 한두 곳만 다녀서는 안 된다. 좋은 이야기만 해 줄 것이 뻔하기 때문에 잘못된 정보를 취득하고는 긍정적인 투자 결정을 해버린다. 분양 현장은 투자자들이 어떻게든 계약서를 쓰도록 그물망을 쳐놓고 기다리고 있다는 것을 염두에 두어야 한다. 물론 다 그런 것은 아니다. 그렇지 않은 현장도 많이 있지만 투자자로서는 알 수가 없는 것이기 때문에 조심을 할 수밖에 없다. 따라서 평소부터 지속적인 관계를 맺고 있는 컨설턴트 혹은 영업사원들의 조언을 받는 것이 좋다.

대개의 투자자들은 중개업자를 신뢰하는 편이다. 아마도 공인중개 사라는 자격증을 가지고 사업을 하기 때문일 것이다. 그러나 공인 중개사 사무실에 가보면 실제로 자격을 가지고 있는 사람보다는 자격증 없이 일하는 사람들이 더 많다. 자격증 없이 중개사 사무소에서 일을 하는 사람들을 중개사법에서는 중개 보조원으로 분류하고 있다. 이들도 월급제로 운영이 되는 것이 아니라 분양 영업사원들처럼 수수료로 일하고 있다. 따라서 수수료에 대한 유혹이 분양 영업사원들처럼 늘 있게 마련이다.

분양 영업사원들 중 필드 영업사원들은 부동산과 늘 긴밀한 관계를 가지고 있다. 많은 투자자들이 중개업소에 투자 의뢰를 해놓는 경우가 많기 때문에 이들로부터 투자자들을 소개 받고자 하는 것이다. 그리고 중개업자들도 능력 있는 분양 영업사원들과 친밀한 관계를 가지고자 한다. 물건에 대한 정보를 분양 영업사원들로부터 얻을 수 있기 때문이다. 즉 투자자에 대한 정보와 물건에 대한 정보를 서로

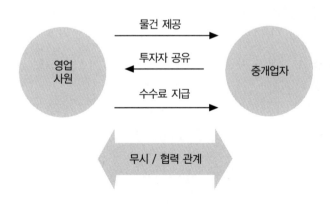

공유하는 것이다.

중개업소에 있는 사람들은 앉아서 손님을 기다리면서 영업을 하는 분들이다. 대외 업무를 한다해도 지역적으로 그리 넓은 지역을 다니지 않는다. 그러나 분양 영업 직원들은 앉아서 투자자를 기다리는 것이 아니라 투자자들을 찾아다니면서 일을 한다. 그래서 중개업소에 근무하는 분들은 분양 영업사원들을, 분양 영업사원들은 중개업소에 근무하는 분들을, 서로가 무시하기도 하고 때로는 존중하기도 하면서 정보를 공유한다.

필드 영업사원들은 분양 현장에 투입이 되면 부동산 작업부터 한다. 영업사원들이 수많은 중개사 사무실을 방문해도 자기와 맞는 중개업자가 따로 있는 법이다. 중개업자들도 수많은 영업사원들이 사무실을 방문하지만 아무하고나 하는 것이 아니라 자기와 맞는 영업사원과 일을 하는 것이다. 서로가 호흡이 맞는다고 생각하면 비즈니스 파트너가 되는 것이다.

대개의 경우 분양 사무실을 방문해 분양 상가에 대한 브리핑을 받고나서, 좀 현명한 투자자들은 주변의 부동산을 방문해 브리핑에 대한 검증을 하거나, 시장 조사를 할 것이다. 이 때 가능하면 많이 다니는 것이 좋다. 그리고 어느 정도 확신이 들면, 부동산을 자주 방문해 친밀도를 형성하기 바란다. 그러면 미처 검토하지 못했던 숨어 있던 정보들이 나온다.

실전에 바로 써 먹는
상가 투자 노하우 8가지

투자 목적 및 자금 계획을 세워라

홍순철(가명, 50대) 사장은 서울 강남구 도곡동에 사는데 천안에서 중소기업을 운영하는 분이었다. 자금도 어느 정도 있었지만 그것 보다는 부동산에 투자해서 소위 재미라는 것을 본 분이었다. 땅도 해 보았고, 아파트도 하고, 상가도 하면서 돈을 벌어서 강남 도곡동 타워팰리스에 거주하는 분이었다.

홍사장은 강남에 있는 모 주상 복합의 1층 측면에 있는 상가점포 2개를 분양 받았다. 한 점포당 약 19억 원 정도해서 두 점포의 합계가 38억 원이다. 강남의 대로변에 위치한 주상복합건물이라 쉽게 전매가 가능할 것이라고 판단한 것이 홍사장의 발목을 잡은 것이다. 그것도 전문가의 도움을 받아서 의사결정을 한 것이 아니라, 지나가다가 필드 영업사원의 권유로 브리핑을 받았고, 전면부는 이미 다 분양이 되어서 남아 있는 점포 중에 가장 좋아 보이는 상가를 분양받은 것이다.

홍사장의 투자 목적은 계약금을 걸어 놓고 준공까지는 약 2년 정도의 시간이 있으므로 중간에 전매를 통해 시세 차익을 보고자 함이었다. 그러나 전매 작업이 실패하고, 건물 준공이 가까이 다가오자 시행사에서는 잔금 납부를 독촉하면서 준공일 이후에도 중도금과 잔금을 치루지 않을 경우에는 연체금에 대한 이자를 부과하겠다고 으름짱을 놓았는데, 그 연체금에 대한 이자가 상당한 금액이었다.

자신이 투자할 수 있는 자금의 규모를 넘어서 무리한 투자를 한 경우였다. 이미 중도금은 은행 대출로 처리했으므로 빠져 나갈 방법이 없었다. 회사에서 인정해 주면 좋지만 계약을 해지하게 되면 회사의 손실이 발생하는 것을 알면서 계약을 해약해줄 회사는 없다. 회사가 해약을 안 해주니, 분양 사기라고 주장하는 데 이러한 경우는 분양 사기가 될 수 없다.

최악의 경우를 고려해 자신이 감당할 수 없는 투자 규모는 조심스럽게 검토해야 한다. 그리고 자금의 운용을 어떻게 할런지 구체적인 계획이 있어야 한다. 홍사장은 여윳돈이 없으므로 자신이 분양 받은 상가를 자신이 경영하는 법인의 이름으로 바꾸어 버렸다. 그래서 결국 총무부의 조부장이란 사람이 필자를 찾아온 것이다. 홍사장은 자신의 판단 미스로 38억 원에 대한 투자 금액을 날리게 되자 그 피해를 은근슬쩍 회사에 넘겨버린 것이다.

조부장은 돌파구를 찾고자 필자와 몇 차례 만남 중에 묘안이 없음을 알고는 긴 한숨을 내쉬면서 "결국 우리가 회사에서 일을 해서 돈을 벌어주면, 홍사장이 여기 상가에 투자한 돈의 손실을 메꾸겠군요. 참 나, 남의 집 머슴살이 하는 것 더럽네요. 다음 주에 사표나 써야겠습니다."

홍사장은 슬기롭게 자신의 손실을 피해나갔는지 모른다. 그러나 자신의 무모한 투자 목적과 개념 없는 자금 계획은 자신이 경영하는 회사에 경영 손실로 이어졌고, 결국은 자신을 믿고 일하던 직원마저 잃어버린 것이다. 그런 홍사장이 성공적으로 사업을 이끌어 갈 것이라고 보기는 어렵다. 물론 지금까지는 운이 좋아서 부동산으로 돈을

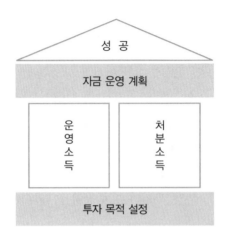

벌고, 사업으로 돈을 벌 수 있었는지 모르지만 결국 한 번의 실수로 모든 것을 놓칠 위기에 처한 것이다.

투자는 돈을 벌기 위함이다. 그래서 투자를 할 때는 반드시 투자 목적을 정해야 한다. 특히 상가 투자에서는 전매를 통한 시세 차익인지, 안정적인 임대 소득인지, 향후 2~3년 뒤의 처분소득인지, 자신의 주어진 환경에 맞는 투자 목적을 정해야 하고, 그 투자 목적대로 이루어지지 않을 경우 자신이 감당할 수 있는 자금 운영이 합리적인지 아닌지 판단해 최종적인 의사결정을 해야 할 것이다.

인터넷을 가까이 해라

부동산을 하나 사놓고 앉아서 가치가 올라가기를 기다리는 사람이나, 정부의 다양하고 강력한 규제로 부동산 투자로 더이상 돈 벌기가 어렵다고 생각하는 사람들은 부동산 투자에 대해 갑론을박 할 필요는 없다.

대부분 사람들이 정보화 시대라고 하는 변혁기를 쉽게 생각한다. 농업사회에서 산업사회로 변해가는 과정에서 산업사회의 도래를 예견하고 준비한 사람들이 성공할 확률이 높았을 것으로 예상할 수 있다. 또 산업사회의 도래를 우습게 생각하고 시장을 농업사회의 틀에 맞추어 경제 행위를 한 사람들은 시대에 뒤쳐져 하루가 다르게 발전하는 사회에서 낙오자가 되었을 것이다.

지금은 정보화사회로 변해가는 과정이다. 그 과정이 한 두 해로 끝나는 것이 아닌 수십 년간 계속 될 것이며, 그 속도 또한 하루가 다르게 사회, 문화, 정치, 생활, 교육 등 사회의 밑둥이부터 엄청나게 변화되는 과정이다. 정보화사회의 변화 속도는 빌게이츠가 이야기한 생각의 속도만큼이나 빠른 것이다.

부동산이란 시장도 그러한 변화의 거대한 패러다임에서 몸부림 치고 있다고 생각한다.

무수히 많은 정보가 온라인 상으로 오프라인 상으로 끊임없이 생성되고 돌아다니고 있다. 그 중에 거의 대부분은 쓰레기라고 생각할 것이다. 사실 가치가 있는 정보는 그리 많지 않다. 부동산 정보도 마찬가지다. 투자 정보, 개발에 대한 정보, 역세권에 대한 정보, 중개업자들에 대한 정보, 시행사 및 분양사들에 대한 정보, 정책 정보, 유망 투자 지역정보, 상가 분양 정보, 세금 정보, 상권에 대한 정보, 신도시 및 뉴타운에 대한 정보 등이 넘쳐 난다.

인터넷으로 단어 하나만 검색해도 수많은 관련 정보들을 쉽게 손에 쥘 수 있다. 이렇게 많은 정보 중에서 좋은 정보를 어떻게 취득하고 관리하고 분석해야 정확한 미래 예측이 가능한 새로운 정보자료를 만들어 낼 수 있는지 연구해야 한다. 정보의 중요성을 알고, 새로운 각도로 혹은 전혀 다른 방법으로 해석해 봄으로써, 이런 저런 가능성을 살펴봐야 한다. 이러한 과정에서 우연하게 혹은 필연적으로 얻게 되는 사소한 정보가 막대한 부가가치를 가져다 준다.

확실한 정보라는 누구누구의 이야기만 믿고, 서류상으로는 하자가 없다고, 혹은 공증된 기관에서 나온 자료라고 덜커덕 믿고 투자하지 않았으면 한다. 땅을 사자고 하면서 땅이 어떤 땅인지도, 그 곳까지 가는 길도 모르고 계약하는 사람들, "날 잡아 잡수쇼!" 하는 것과 같은 것이다. 상가 투자를 하면서 주변의 시세가 얼마인지도 모르고 분양회사가 책정한 가격에 덜컥 계약하는 투자자들의 투자금은 '눈먼 장님 돈'이고, '먼저 보는 놈이 임자'다.

개인이 가지고 있는 돈으로 가장 큰 매매 행위를 하는 것이 부동산이다. 부동산 투자는 거의 모든 사람들이 자신이 가지고 있는 모든 자금을 끌어 모아 투자하는 경우가 일반적이다. 그렇기 때문에 남의 말을 믿지 말고, 본인이 직접 정보를 모으고 검토하고 분석해봐야 한다. 중개업자, 분양업자, 시행사 혹은 그 누구의 말도 믿어서는 안 된다. 그 사람들은 영업적인 화법을 전개하기 때문에 순간적으로 유혹당할 수 있다. 만에 하나 잘못된 투자는 나의 재산을 다 날릴 수 있다는 것을 명심해야 한다.

인터넷의 발전으로 정보는 손쉽게 얻을 수 있다. 손가락 한번 까닥거리는 클릭으로 도박인지 아닌지 분별할 수 있는 정보들이 넘쳐나고 있음을 알아야 한다.

남보다 한발 앞선 정보라면 과감히 투자해라

임장활동은 기본이다

부동산 시장에서는 새로운 정보가 투자의 갈림길에 있는 투자자들의 고민을 한방에 해결해 주는 경우가 비일 비재하다. 남들하고 같은 정보를 가지고 남들보다 내가 발 빠르게 투자할 것이라고 생각하면 오산이다. 투자는 항상 남보다 한 발짝 앞선 것이어야 한다. 그렇다면 한 발짝 앞서기 위해서는 우리는 끊임없이 정보 취득을 위해 눈과 귀를 열어 놓아야 한다.

특히 부동산의 특성상 임장활동은 기본이라는 것은 언급할 필요 없이 '기본 중의 기본'인 것이다. 임장활동은 내가 투자하고자 하는 부동산을 직접 눈으로 확인하고, 물어보면서 지역 조사를 하는 것이다.

또 임장활동은 내가 확보한 정보가 얼마나 가치가 있는지 검토하는 과정이다. 그 근거를 현장 조사를 통하여 검토하고, 수정하고, 따져 보고, 나에게 돌아올 금전적 가치에 대한 가능성을 평가해 보는 것이다.

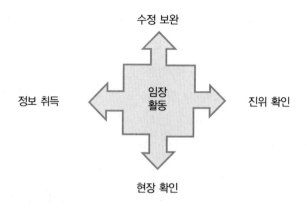

수정 보완

정보 취득   임장 활동   진위 확인

현장 확인

부동산학에서 이야기 하는 정보의 의미

자본주의의 특성을 지어주는 것 중에 하나가 바로 시장이란 개념일 것이다. 시장에서 경쟁력을 확보하기 위해서는 정보력이 필수다.

'부동산 시장에서는 새로운 정보가 얼마나 빠른 시간에 그 대상 부동산의 가치에 반영되는가' 하는 것이 포인트다. 그런데 이 정보가 시장에 오픈되자마자, 시간적 공백 없이 즉각적으로 부동산 시장에서 부동산 가치에 반영이 된다면 이익을 본다는 것이 불가능 할 것이다. 이러한 현상을 '효율적 시장' 이라는 것으로 표현한다. 효율적 시장은 다시 약성, 준 강성, 강성 효율적 시장 세부분으로 나누어 정리하는 것이 부동산학에서 이야기 하는 학문적 견해다.

우리가 알고 있던 모르고 있던, 모든 정보는 가치에 이미 반영이 되어있다. 이것은 강성 효율적 시장이며, 우리가 잘 알고 있는 완전 경쟁시장하고 가장 가까운 것이다. 어느 누구도 과거, 현재, 미래의 모든 정보를 이용해 이익을 볼 수 없다는 것이다. 약성 효율적 시장은 현재의 시장가치는 과거의 자료를 충분히 반영한 시장가치이므로 과거의 자료를 가지고는 수익을 얻을 수 없다는 것을 이야기 한다. 준 강성 효율적 시장은 새로운 정보가 나오자마자 바로 시장가치에 반영된 시장으로서 초과이윤을 얻을 수 없는 시장을 말한다.

사람들이 일반적으로 투자 활동을 하는 주식이나 부동산은 준 강성 효율적 시장으로 분류한다. 그렇다면 약성, 준 강성 효율적 시장은 시장의 정보가 모두 다 공개된 것이 아니기 때문에(현재나 미래의 정보) 완전 경쟁시장이 아니라 불완전 경쟁시장이라고 본다.

따라서 정보비용이 발생하는 것은 완전 경쟁시장이 아니라 불완전 경쟁시장이기 때문인 것으로 유추할 수 있다. 불완전 경쟁시장에서 타인보다 좀 더 고급 정보를 얻기 위한 비용 발생은 어쩔 수 없다.

부동산 시장은 불완전 경쟁시장이라고 하면 정보 자체가 불완전하므로 초과이윤이 발생할 수도 있고, 그렇지 않을 수도 있다. 그래서 부동산 시장이 매도인과 매수인이 직접 만나서 매매가 이루어지는 시장이 아니라 정보를 가지고 있는 공인중개사, 컨설턴트나 분양 대행사 영업사원들이 매도인과 매수인 사이에 있어서 활동을 하고 있다.

정보를 가진 사람이 이길 수밖에 없다

투자자에게 제공되는 정보의 양과 질, 획득 시기는 다 다를 것이다. 거기서 파생될 수 있는 이윤도 다 다를 것이며, 정보를 획득해 나가는 과정에서의 비용도 투자자마다 다 다를 수밖에 없다. 정보라고 하는 것이 모든 사람에게 동일한 조건으로 동일한 시간에 동일한 내용으로 주어지는 것이 아님을 알아야 한다.

부동산 시장에 왜 투기가 발생하는가 하는 문제도 이론적으로는

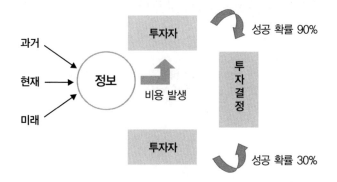

여기서 찾아 볼 수 있다. 부동산 시장에서 특정한 몇몇 투자자들만이 초과이윤이 발생하는 것은 시장 자체가 할당 효율적이지 못하기 때문이다. 특정한 몇몇 사람들이 비공개적으로 정보를 독점하기 때문에 한 발짝 늦는 사람은 투자 수익을 얻기가 힘들어진다. 그리고 거짓된 정보, 가공의 정보, 악의의 정보인 경우에는 오히려 투자 손실을 볼 수밖에 없다.

그렇다면 정보의 비용을 지불하고 정보의 양과 질을 높여 남들보다 한발 앞선 객관적 정보라면 과감하게 투자하는 것이 남보다 한발 앞선 투자의 모습일 것이다. 정보의 비용을 거절하고 초과이윤을 바라는 것은 도둑놈 심보와 별반 다를 것이 없다. 정보를 가진 사람 A와 정보를 가지지 못한 B가 계약을 한다면, 당연히 정보를 가지고 있는 A가 유리한 것이다. 정보가 없는 B는 아무런 정보가 없으니, 계약 내용에 대해서도 정확한 진단을 할 수 없게 된다.

쇼핑몰은 유통과 소비문화의 변화로 이해해라

한약 전문, 어린이 의류 및 용품 전문, 명품 전문, 애완동물 용품 전문, 보석 전문, 악세사리, 생활용품 전문 등 최근 몇 년간 유행처럼 분양한 테마 전문 쇼핑몰들이지만 지금 성공적인 투자수익률을 올리고 있는 곳은 찾아보기 힘들다.

동대문이나 남대문 그리고 기타 역세권에 있는 테마, 쇼핑몰을 직접 가보면 안다. 우리나라에서 대표적인 테마 쇼핑몰 하면 서울 동대문을 꼽을 수 있다. 그곳에도 몇몇 쇼핑몰만 그럭저럭 경쟁력이 있다. 그나마 아래층에 있는 1층, 2층, 3층 정도지 위로 올라가면 썰렁하다. 대로변이 아닌 뒤쪽에 있는 쇼핑몰의 경우 한두 시간 둘러보면 분양받은 투자자의 속마음을 이해할 수 있을 것이다.

왜냐하면 테마 전문 쇼핑몰은 백화점과 비교하면 상품의 품질과 브랜드로 밀리고, 온라인 쇼핑몰과 비교하면 가격에 밀리는 경향이 있다. 또한 지역적 한계가 있으므로 타 지역에 있는 잠재적 고객까지 끌어들일 수 있는 집객 효과를 발휘하지 못한다면 지역의 유동인구 분포 및 성향에 따라 매출이 좌우되기 때문에 성장하는데 한계가 있다.

동대문 쇼핑몰이나 기타 지역의 테마 상가들이 나타난 것은 소비문화의 변화 때문이라고 해석하는 것이 좋다. 필자가 중고등학교 시절 집안 사정으로 인해 새벽시장을 다닌 적이 있다. 평화시장, 신 평화시장, 남대문시장 등을 어머니와 함께 다니면서 장사할 물건들을 준비해 놓아야 했다. 그 당시에도 부지런한 쇼핑객들은 상인들 틈새에서 새벽시장을 휩쓸고 다니면서 값싸고 저렴하게 의류를 구입하곤 했다.

그러다가 인터넷이 발전하고, 전자상거래가 유통의 한 축을 이루면서 고전적인 상품 유통구조의 변화가 생겼다. 인터넷으로 쇼핑을 하면서 물품을 구입하는 전혀 새로운 쇼핑 문화가 급속도로 확산된 것이다. 그러면서 특별한 상품만을 집중적으로 판매하는 전문 테마상가와 전통적인 대형 도매상인 남대문시장이나 동대문시장이 소비자들의 소비문화에 맞추어 현대화해서, 소비자들에게 접근한 것이 쇼핑몰이다.

그러한 시점에 외환위기가 닥친 것이다. 이로 인해 전체적인 부동산 시장이 얼어붙어 버렸다. 수많은 건설사들이 부도로 사업을 정리했고, 인원을 감축하거나 정리해고 했다. 그러면서 시행과 시공을 같이 하던 대형 건설업체들이 금융 및 자금 부담으로 시행사업 부서들을 폐지하고, 본업인 시공에만 집중하기 시작했다. 이때부터 시행사업만을 전문적으로 하는 업체들이 본격적으로 시장에 나타나게 된 것이다.

IT사업의 발달로 인한 유통구조와 소비문화의 변화는 외환위기와 함께 시행사업의 확산을 가져오게 되었다. 이러한 과정에서 새로운 유통구조인 쇼핑몰을 유행처럼 공급하게 된 것이다. 물론 그 전부터 테마상가와 쇼핑몰은 있었지만 성공 여부에 대한 불안으로 확산되지는 않았다. P산업의 전자상가가 대표적인 테마상가일 것이다.

유행은 유행일 뿐이다. 바람이 지나고 나면 남는 것은 먼지일 뿐이
다. 쇼핑몰에 투자해서 돈을 번 투자자들도 의외로 많다. 그들은 바
람과 함께 움직인다. 이들은 유통구조의 변화를 사전에 예측하고 초
반에 뛰어든 투자자들이다. 지금도 새로운 유통구조의 변화가 꾸준
히 발생하고 있다. 그 변화를 리드해 나갈 수 있는 테마상가나 쇼핑
몰이라면 투자해 볼 만 하다. 단 초반에 치고 빠져야 한다. 바람이 지
나고 나면 남는 것은 먼지, 그 먼지를 먹자고 덤벼드는 어리석은 투
자는 하지 말아야 한다.

1층만 고집하면 돈 벌 확률이 높다

  S시에서 일을 했던 적이 있었다. 그때 필자와 인연을 맺은 투자자인데 아주 특이해서 기억에 남는다. 그분은 1층의 편의점 자리만 찾아 투자하는 분이라 다른 물건은 쳐다보지도 않고, 듣지도 않는다. 필자와 처음 만났을 때 당시 영업사원으로서 필자가 영업하던 물건은 주상복합건물이었다. 1층 측면으로는 로드 샵, 그리고 편의점, 약국, 등이 있으며, 2층 전체는 증권사가 입점 예정인 건물이었다.

  직접 분양 사무실을 찾아온 투자자였다. 두 분이 같이 오셨는데 두 분은 올케와 시누이 사이였다. 30여 분 브리핑을 마치고 나니, 필자에게 서로 번갈아 가면서 질문을 하는데 투자 기대수익률, 예상 임대료에 대한 타당성, 주변의 상권과 유동인구, 그리고 버스 노선 수, 정류장까지의 거리, 분당 연장선이 개통되었을 경우의 미래가치, 주변의 발전 가능성, S시에서 이 지역에 대한 개발 정책 여부, 주변 사무실의 종류, 낮 시간과 저녁 시간 유동인구의 분포 등 상당히 날카롭고 깊이 있는 질문을 하는 것이었다. 수없이 브리핑을 했지만 이런 깊이 있는 질문을 받아보기는 처음이었다.

그렇게 질문과 대답을 하는 가운데 시누이 되는 분이 밖으로 나가더니 아이스크림을 사왔다. 분양 영업하면서 투자자로부터 아이스크림을 얻어먹어 보기는 처음이었다.

대화 중에 그분들의 투자 패턴을 알았다. 올케와 시누이는 그렇게 둘이 같이 다니면서 1층 편의점 자리가 될 만한 분양상가를 분양받고, 전매가 가능한 경우는 전매하고, 그렇지 않는 경우는 1~2년 보유하고 있다가 매도하는 것이었다. 그렇게 다섯 번을 했다고 한다. 서울 및 경기도의 주요 도시를 돌아다니면서 시장조사를 하고, 발품을 팔아서 물건을 보러 다니는데, 신문에 나오는 분양 상가 광고가 나오면 읽어보고, 전화하여 영업사원의 간략한 이야기를 듣고, 직접 현장에 와서 조사하는 형태였다. 초기 투자 자금은 상속받은 돈을 이용했다고 한다. 상속받은 돈을 N분의 1로 나누어 가지려고 하다가, 가족회의에서 상가 투자를 해서 돈 뭉치를 키워 나가고, 투자해서 번 돈은 N분의 1로 분배한다는 것이다. 투자의 의사결정은 올케와 시누이가 담당하기로 했다는 것이다.

1층 편의점 자리만 고집하는 이유는 부동산 및 상가 투자와 관련된 책을 보면서 내린 결론이라고 한다. 항상 신규 분양 상가 중에서 제일 처음 임대가 맞추어 지는 것도 '약국'과 '편의점'이고, 평당 가격도 가장 높은 가격이라고 판단해 약국도 공략대상이었지만 병원이 훼방을 놓는 것을 경험하고는 약국은 미련 없이 포기하고, 오로지 편의점만 공략하고 있다고 한다. 그러면서 필자에게 하는 말이 "투자 대상에 2층을 포함했다면 손해는 안 보았을지는 모르지만 5번씩 사고팔지는 못했을 것이다."라고 하면서 필자에게 1주일의 시간을 달라면서 상담을 끝냈다.

그 올케와 시누이를 보내고, 다소 늦은 시간에 점심을 먹기 위해 분양사무실 근처에 있는 식당을 가던 도중, 중개사무소가 있어서 슬쩍 고개를 돌려 보니 그 투자자들이 중개사 사무소에서 상담 중인 것이었다. 아마도 탐문조사 중이었을 것이다.

상당한 내공을 갖고 있는 투자자들이다. 상가 투자로 성공을 한 많은 투자자들이 1층 아니면 쳐다보지 않는다는 것은 비밀 아닌 비밀이다.

상권 분석은 동선에 대한 분석이다

나무와 숲을 동시에 보는 것이 좋다

　상권을 알고자 하면 유동인구의 동선을 정확하게 파악하고 냉정하게 분석해낼 수만 있어도 칠할이나 팔할은 상권 분석을 다한 것이나 마찬가지다. 그 정도로 중요한 것이 동선에 대한 자료수집과 분석이다. 장사를 직접할 점포사업자든, 상가에 투자를 할 투자자든, 상권에 대한 검토는 투자 대상이 상가인 이상 '검토 1순위'로 동선에 대한 분석을 놓아도 무리가 아니다.

　조사 및 사물에 대한 분석을 하고자 할 때, 우리가 일반적으로 자주 인용하는 예화 중의 하나가 나무와 숲이다. 숲을 못보고 나무만 보아서도 안 되며, 나무는 못보고 숲만 보아서도 안 된다는 것이다. 전체를 보게 되면 부분을 못 보게 되고, 부분을 보게 되면 전체를 못 보게 되는 것을 의미하는 예화다. 누구나 이 비유의 의미를 알고 있다. 상권에 있어서 숲에 비유 할 수 있는 것들은 외부적 요인이고 나무에 비유할 수 있는 것들은 내부적 요인일 것이다.

숫자 놀음하지 마라

상권이라고 하는 지리적, 공간적 개념에 사람들이 그 지역으로 진입하여 들어오는 중심된 입구가 있다. 상권이란 지역적 공간에 진입해 들어오는 사람을 봐야 한다. 그것이 흔히 이야기 하는 유동인구다. 버스 정류장, 지하철, 자가용을 이용해, 혹은 인접 상권에서 유입되든, 여러 가지 다양한 방법으로 그 지역에 들어오는 사람들을 조사, 분석해야 한다.

상권 분석을 해보라고 하면, 대개의 일반인들은 흔히 알고 있는 지식에 근거해 그 상권 안에서 이동하는 버스노선 숫자와 버스를 이용하는 인구 수 분포, 지하철을 이용하는 이용객 수, 그리고 지나가는 사람들의 수, 주민들의 수, 유동인구의 분포 등을 파악하는데 그치고 허황된 숫자 놀음을 하고 있다. 유동인구가 수만 명이라는 둥, 버스노선수가 몇 개라는 둥, 역세권이라서 뭘 하든 될 것이라는 둥, 모래알 같은 숫자 놀음에 스스로 도취돼 버린다. 그러한 숫자 짜집기에 의해 나온 자료를 투자자는 찰떡같이 믿고 투자 결정을 하는 것이다.

그러나 가장 중요한 것은 위에서 언급한 유동인구들이 상권 안으로 포섭되어 소비 행위를 해줄 사람들인지 아닌지 그 성향과 동선을 파악하고 조사해야 한다. 여기서부터가 진정한 상권조사의 시작점이 된다.

지하철의 역세권이라고 좋아하면 뭐하는가? 버스 노선이 많으면 뭐하나? 상권 안으로 들어오는 가망 고객이 아니라 빠져나가버리는 사람들이라면 역세권이든, 버스 노선이 많든, 그것은 더이상 상권 조사의 중요 포인트가 되지 못한다. 그러한 조사는 점포사업자의 마케팅 자료로서 점포 영업 전략을 세울 때나 데이터로서 활용되어져야 할 것이다.

●● 동선의 흐름을 파악하라

따라서 상권으로 진입해 소비 행위를 해줄 사람들에 대한 동선 파악이 중요하다는 것이다. 어떤 대중교통을 이용해 어떤 움직임으로 지역 상권에 들어오는가? 혹시 지역 상권과는 관계없이 그냥 흘러 나가는 사람들은 아닌가? 같은 지하철이라도 출구에 따라 상권이 다르다. 1번 출구로 움직이는 사람들은 상권으로 진입하는 사람들인데 3번 출구는 상권과 전혀 관계없이 무의미한 사람들일 수가 있다. 대중교통이 좋은 것은 상권 발달에 플러스 요인이 되지만, 그 자체가 상권에 반드시 좋다고 말할 수는 없다는 것이다. 횡단보도나 4차선 도로가 있다면, 사람들의 움직임이 어떻게 움직이는지 봐야 한다. 이쪽 편과 저쪽 편을 사람들이 쉽게 이동하면서 소비 행위를 하는지 안 하는지 움직임을 봐야 한다.

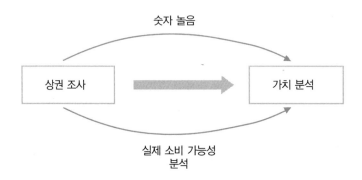

어떤 상권이든지 주 출입이 있는 법이다. 명동 중심가, 강남 중심통로, 신천지역의 먹자골목, 이대 앞 중심 통로, 인사동 거리, 등으로 불리는 메인 통로라고 하면 이해가 빠를 것이다. 상권 내에서 움직이고 있는 사람들이 가장 큰 소비 행위를 하는 곳이다. 그 중심 통로를 진입하는 사람들의 움직임을 파악해야 한다. 그 중심 통로를 길 건너 역에서 오는지, 돌아서 오는지, 주차장에 차를 두고 오는지, 처음부터 천천히 주변 상가들을 보면서 오는지, 아니면 주변 상가를 무시하고 오는지, 하나에서 열까지 사람들의 움직임을 보고, 분석해 데이터를 산출해야 한다.

연계해서 시너지 효과로 소비가 발생하는 것이 좋다

유동인구의 소비 패턴을 분석해야 한다. 유동인구가 상권에 들어와서 주로 어떤 소비를 하는지 살펴봐야 한다. 그리고 상권 내에서 그 지역을 대표하는 중심된 상가가 있다면, 그 상가를 중심으로 어떻게 유동인구들이 움직이는지 조사해야 한다. 상권의 중심 상가에서 소비 행위를 하고는 그냥 빠져 나가는 사람들은 아닌지 파악해야 한다는 것이다.

소비 행위도 파도치는 것처럼 연계해서 일어나야 시너지 효과가 있는 법이다. 내가 투자 하고자 하는 상가가 지역적 요인, 즉 상권은 좋은 곳에 있지만 유동인구의 동선이 대상 상가를 그냥 흘러가는 동선에 위치한 상가라면, 좀 더 신중하게 검토해야 한다. 점포사업자라면 마케팅이란 작업을 통해 해결책을 찾아 갈 수 있을 것이지만 투자자라고 하면 점포사업자를 선정할 수는 있지만 점포사업에 대한 선택권을 가지는 것은 아니다. 따라서 투자자로서 상가의 가치를 증대시키기 위한 마케팅은 제한적일 수밖에 없다.

오늘 가보고 내일 가보면 느낌이 달라진다

상권은 항상 움직이고 변화가 언제든지 일어날 수 있다. 그래서 상가 투자가 어렵다. 다른 부동산 투자보다 수익이나 시세 차익을 빨리 볼 수가 있는 것만큼 위험요인을 안고 있는 것이다. 그 위험요인은 바로 상권의 변화다. 유동인구의 동선이 변하기 시작하면서 상권의 변화가 일어나는 것이다.

같은 지역이라고 해도 오늘 가보고 내일 가보면 다른 느낌이 들게 된다. 내가 지나다니면서 소비 행위를 해보고 탐문조사를 하다보면 지역 주민으로부터 전혀 예상치 못한 이야기를 듣게 되는 경우가 많다. 1급 상권이라고 해도 가보면 1년에 점포사업자가 서너 번씩 바뀌는 점포가 있다. 그런 점포가 시세 차익을 안겨줄 것이라고 생각하면 문제가 있는 투자자다.

더 중요한 것이 있다면 앞으로 도로의 변화가 예상되는지 살펴봐야 한다. 최근에는 기존의 건물을 리모델링도 하고, 신규 건물로 재건축 하는 경우가 비일비재하며, 몇몇 지주들이 모여서 대형 상가 건물을 건축하는 경우도 있다. 이러한 경우, 현재의 동선이 불편하고 안 좋다면 향후 상가 건물 주변으로 도로의 변화가 생길 수 있기 때문이다. 즉 도로만이 아니라 주변이 개발될 여건이 있는지 없는지도 살펴봐야 한다. 그러한 것 중 하나가 상권에 들어오는 사람들의 숫자를 하늘과 땅차이로 변화시킬 중요한 요소이기 때문이다.

한번 휙 지나가면서 상권을 보고서는 "아 거기 상권이 좋구나" 하는 것들은 그냥 숲만 보는 것이다. 나무를 보게 되면 처음에는 보기 좋았던 상권이 점차 실망스러운 상권으로 보여지는 경우가 많다. 몇몇 부동산에서 부동산 중개인들이 하는 이야기를 듣고, 몇몇 상가가 호황인 것만 보고, "아 여기 상권이 좋은가 보네" 하는 것은 나무만 보고 숲을 못 보는 것이다.

내가 소비자라고 생각하고 몇 번이고 그 지역을 가봐야 한다. 그리고 내가 구매 행위, 소비 행위를 한다는 생각으로 움직여 봐야 한다. 최소한 열댓 번은 가서 걸어보고 움직여보고 물어보고 들어보고 난 뒤에 만들어진 상권조사가 제대로 된 조사다. 허황된 숫자 놀음에 의한 자료 분석은 투자 실패로 가는 지름길이다.

내부 상권을 무시해서는 안 된다

아파트 시행사업을 주로 해온 K건설이다. S지역에 주상복합건물을 분양하고 있는데 준공이 나도록 분양률이 저조한 상태에서 필자에게 분양 대행에 대한 의뢰가 들어와서 필자가 분양 본부를 차린 적이 있다. 결론부터 이야기 하면 3개월 동안 분양 영업을 하다가 영업을 포기하고 현장을 나와버린 아픈 추억이 있다.

지하 2층부터 지상 3층까지가 상가로 구성된 건물이다. 3층은 병원으로 MD구성이 되어 있지만 임대가 하나도 맞추어지지 않고 있었다. 그래도 3층은 분양이 완료되었다. 그러나 1층과 2층은 전면부만 분양이 되었고, 지하 1층은 푸드 코너로 분양을 해 약 50여 개 점포 중 8개 정도만 분양이 되었다. 아무튼 필자가 투입되었을 때 분양도 저조했지만 임대 또한 전무했다. 건물 준공이 나서 아파트는 입주가 시작되고 있었다.

분양가도 1층 전면부의 경우는 평당 6천만 원이었다. 1층 후면부도 4,500만 원 정도이며, 2층은 1,800만 원, 지하 1층은 1,700만 원, 지하 2층은 400만 원이었다.

썰렁하기 그지없는 상가를 분양받을 투자자는 없다. 건물은 화려하게 잘 지었지만 영업을 하고 있는 점포가 하나도 없는데 투자자로 하여금 투자 가치를 느끼게 하기는 어려운 것이다. 그래서 필자가 판단한 영업 전략은 내부 상권의 활성화였다. 그래서 먼저 선임대 영업을 하고, 임대가 맞추어 지면 분양 영업을 하기로 했다. 그래서 직원들로 하여금 2층에 금융권과 패밀리 레스토랑 유치를 하도록 했다. 또한 회사로부터 수분양자 명단을 받아서 3층의 수분양자를 전부 다 만나서 병원을 유치할 테니 임대료에 대한 욕심을 버리도록 했다.

3층의 수분양자들의 요구는 수익률 6~7%이지만 필자가 영업 가능한 임대수익률은 4%내외 였다. 수분양자들의 반발이 있었지만 어쩔 수 없었다. 2층의 미분양 물건에 대한 임대 가능 수익률은 4%내외였다. 이 또한 회사의 반대가 심했다. 임대가 중요한 것이 아니라 회사로서는 분양이 중요한 것인데, 4%내외에서 임대를 맞추어 버리면 분양을 정상 가격으로 할 수 없다는 것이 회사의 입장이었다.

그러나 필자는 계속적으로 설득해 나갔다. 이유는 하나다. 내부 상권이 활성화되지 않으면 전부 다 망하는 것이기 때문이다. 준공이 나도록 영업을 시작하고 있는 점포가 하나도 없는 텅빈 상가로 있는 한, 시행사나 수분양자들이나 다들 힘들어질 것이다. 돈에 대한 욕심을 수분양자들도 버려야 하고, 시행사도 버려야 한다. 회사에서는 2층의 임대수익률을 5%이상 요구했다. 금융권으로부터 입점의향서도 받아보고, 패밀리 레스토랑에서도 입점의향서를 받아서 영업을 했지만 회사의 요구조건을 충족시키기는 힘들었다.

내부 상권이 활성화되기 위해서는 일단 임대를 맞추어야 하는 것이다. 그리고 사람들이 들락날락 하고, 북적거리면 자연히 내부 상권이 활성화될 것이다. 그리고 가격 조정해서 분양을 해버리면 될 것을 가격 조정에 대한 부담으로 회사가 승낙을 안 하는 것이다. 그러면서 수분양자들에게는 4%라도 임대를 맞추라고 권유하고 있으니 회사는 살고, 수분양자들은 죽으라는 이야기나 마찬가지다.

　K건설 사장은 내부 상권을 활성화 한 뒤에 분양을 하기 위한 필자의 영업 전략을 이해하지 못했다. 정상적인 가격에 분양을 하라는 것이다. 수차례의 영업 회의를 통해 K건설 사장의 마인드를 바꾸어 보고자 노력했지만 실패했다. 그 결과 필자가 현장을 포기하고 말았다. 시행사의 입장에서는 다른 여러 사업적 검토가 있었을 것이다. 그러나 그 사업적 검토가 무엇이든 '시간이 지나면 지날수록 침몰하는 배' 라고 판단되면 과감하게 의사결정을 해야 한다.

　상가 투자자들 대부분은 전면부를 원하지만 가지고 있는 자금 부족으로 인해 내부에 있는 상가에 투자할 수밖에 없는 경우가 있다. 전면부에 있는 상가라면 상가 앞을 지나가는 유동인구들의 유입이 자연스러우나 내부에 있는 상가라면 그렇지 않음을 알아야 한다. 밖의 유동인구는 그림의 떡이다. 자체적으로 소화시킬 수 있는 상권이 형성이 되어야 하는 것이다. 그런 내부 상권이 활성화되기 힘들다면 투자하지 말아야 한다.

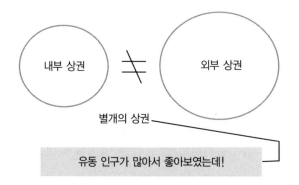

호객 행위에 넘어가지 말고 컨설팅을 받아라

호객 행위

"강팀장님 김차장에게 손님이 걸렸습니다. 지금 사무실 쪽으로 가는 중입니다. 브리핑 준비하시기 바랍니다."

현장 주변에 있던 영업사원이 하루 종일 행인들에게 전단지를 전해주다가 사무실에 있는 팀장에게 전화해 준다. 현장에서 행인들에게 전단지를 나눠주고 있던 김차장에게 관심을 보인 투자자는 김차장의 설득으로 사무실에 가서 브리핑을 잠깐 받아보기로 한 것이다.

고객이 사무실에 들어서자 직원이 상담 자리를 안내해주고 강팀장은 투자자를 맞이한다. 강팀장이란 사람이 제시해 주는 브리핑 자료는 상가에 대한 조감도, 각 층별 도면, 그리고 분양가와 예상수익률표다. 간혹 자료를 더 준비한 팀장들은 상권에 대해 간략하게 요약해 놓은 자료를 보여 주기도 하지만 대부분 인터넷에 돌아다니는 자료들을 짜깁기한 수준인 것이다.

간략하게 전체적인 개요와 예상수익률에 대한 브리핑을 받은 투자

실전에 바로 써 먹는
상가 투자 노하우 8가지

자는 나름대로 판단을 위해 결정을 보류하고, 다음 기회에 다시 이야기하기로 하고 전화번호를 교환한다. 그렇게 헤어진 다음, 영업사원인 김차장은 이틀에 한번 꼴로 그리고 강팀장은 사나흘에 한번 꼴로 끈질기게 투자자 설득 작업을 하는 것이다.

이것이 가능한 이유는 지금 당장은 투자할만한 자금 여력이 없어서 투자를 못하지만 투자할 수 있다면 '상가 하나 가지고 싶다.'는 그런 마음이 다 있기 때문이다. 그래서 지나가던 행인들에게 상가 분양 광고 전단지를 주면서 형식적인 영업 멘트를 하면 상당히 많은 행인들이 솔깃해 하면서 이야기에 집중한다. 혹은 투자 자금은 있지만 아직 누군가로부터 동기 부여를 받지 못해서 못하는 경우도 있다. 이러한 이유로 실제 현장에서 투자자들은 어설픈 상식으로 투자하게 되는 것이다. 제대로 된 정보와 분석을 통해 투자하는 것이 아닌 호객 행위에 의한 투자 행위를 하면서 막대한 손실을 보는 경우가 비일비재하다.

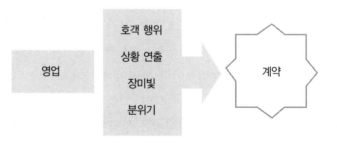

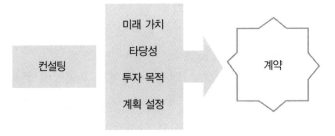

| 컨설팅 | 미래 가치
타당성
투자 목적
계획 설정 | → | 계약 |

영업이 아닌 컨설팅이 필요하다

"상가 투자에서 컨설팅이 왜 필요한가?"라고 물으면 우선적으로 많은 사람들의 관심이 상가에 몰려 있지만 실제 상가 투자의 허와 실에 대해서는 너무나 모르기 때문이라고 할 수 있다. 다들 상가 투자를 통해서 재테크를 하고 싶어 하고, 실제로 투자 행위를 하고 있다. 일반적으로 자본주의 사회에서 일반 개인들이 사고파는 구매 행위에서 부동산을 능가하는 고액의 계약 행위 및 투자 자금은 없을 것이다. 그럼에도 불구하고 정확한 정보나 가치의 분석을 통해 투자 결정을 하는 것이 아니라 분위기와 장밋빛 수익률에 현혹되어 계약을 하는 경우가 많다.

그 다음으로 상가의 투자 마인드가 매매차익을 통한 수익 창출에서 벗어나서, 상가의 효율적 이용을 통한 임대료 수익에 관심이 증가하면서, 컨설팅의 개념이 상가에도 나타난 것이 아닌가 생각해 본다. 컨설팅을 하기 위해서는 상가의 개발, 기획, 법적사항, 자금 관리, 시행, 시공, 분양, 세무, 민법 등에 대한 전문적인 지식이 있어야 할 것이다. 그러나 현실이 그렇지 않다.

수요와 공급에서 수요가 많으면 마케팅이란 개념이 필요 없는 것이다. 항상 구입하고자 하는 니즈가 있기 때문이다. 물건이 시장에 나오자마자 수요 초과로 인해 즉각 수요가 발생한다면 마케팅은 있을 필요가 없다. 시장이 생성, 발전, 소멸해가는 과정에서 시장 구조가 확장되어 수요보다 공급이 많아지면 공급자로서 자신이 기획한 상품이 시장에서 경쟁력을 가지고 살아남기 위한 차별화된 전략이 바로 마케팅인 것이다.

상가 투자에서도 마찬가지 원리다. 예전에는 적당히 상가 하나 사 놓고 어느 정도의 시간이 지나면 그 시세 차익을 쉽게 볼 수 있었다. 그런데 지금은 부동산을 잘못 구입해 오히려 세금만 꼬박꼬박 납부하고, 관리비에 허덕거리며 이러지도 저러지도 못하는 사람들을 자주 보게 된다. 이유는 생산자가 마케팅으로 상품을 포장했기 때문이다.

그 화려한 포장을 벗겨낼 수 있는 사람이 바로 컨설턴트다.